Du même auteur chez Marabout :

- *L'officiel des prénoms d' Europe* (1502).

Philippe Raguin

10 000 PRÉNOMS
DU MONDE ENTIER

© 1995, **Marabout.**

SOMMAIRE

PRÉFACE

Français, Anglais, Allemand, Belge, Luxembourgeois, Autrichien, Danois, Espagnol, Hongrois, Irlandais, Italien, Norvégien, Hollandais, Polonais, Russe, Suédois, Suisse, Algérien, Marocain, Tunisien, Tahitien... ou de religion chrétienne, musulmane ou hébraïque, ce livre vous concerne : vous faites partie de la future «grande Europe» qui se forme jour après jour. Ou plutôt ce sont vos enfants et petits-enfants qui feront partie de cette Europe sans frontières, sans visas... mais porteuse d'une multitude de prénoms nouveaux.

Notre descendance sera européenne et le pas est déjà marqué avec l'intégration de nombreux prénoms venus des quatre points cardinaux, aux sonorités multiples :
— Boris, David, Leila, Dimitri, Nadia, Rachelle, Audrey, Kevin...

D'autres prénoms évoluent d'un point de vue orthographique :
— Hadrien pour Adrien,
— Josselyn pour Josselin,
— Bryan pour Brian,
— Carole Anne pour Carolane.

L'immigration fait son chemin, apportant un mixage de cultures fortes en images et en histoires, que ce soit en France, en Allemagne, en Italie ou ailleurs. Aussi n'est-il pas rare que nos oreilles soient frappées par des sons nouveaux, des mélodies slaves ou des musiques arabes. Allez faire un tour dans une cour d'école maternelle ou une crèche, vous allez entendre dans le tumulte de la récréation la maîtresse ou les enfants lancer des :

— Mohamed, Ali, Omar, Moustapha, Fatima, Latifa, Zora, Aïcha, Farida… des pays du Maghreb,

— Andreas, Jörg, Karl, Niels, Sven, Karin, Kristen, Petra… des pays nordiques,

— Ivan, Anton, Katia, Maria… des pays slaves,

— José, Juan, Enrique, Dolores, Carmen… d'Espagne,

— Giovanni, Mario, Luigi, Paola… d'Italie,

— Miguel, Jorge, Teresa, Arlette… du Portugal,

sans parler de la multitude de prénoms d'Afrique noire et nouvellement de l'arrivée de nombreux prénoms pakistanais, sri-lankais… A suivre !

Vous trouverez dans cet ouvrage, aboutissement de nombreuses recherches, une liste de 10 000 prénoms, qui aujourd'hui résonnent chez nous et demain peut-être partout ailleurs.

Tous ces prénoms vous sont livrés avec leur origine souvent bien surprenante, ainsi que leur signification originelle, parfois amusante ou romantique. Il n'y a qu'à rêver à l'île mythique de Tahiti où par exemple Hihiura n'est autre qu'un rayon rouge du beau coucher de soleil chez les hommes et, pour les femmes, Hani qui est la femme caressée par le soleil. Bref autant de découvertes insolites que d'informations qui nous montreront que chacun de ces prénoms a sa beauté.

ORIGINE DES PRÉNOMS

Les prénoms peuvent être étudiés du point de vue de leur fonction sociale ou du point de vue de leur signification, c'est-à-dire des raisons qui amènent à composer un nom d'une façon ou d'une autre.

L'orthographe d'un prénom déterminé varie évidemment en fonction du système de transcription adopté dans chaque pays et des avatars phonétiques subis par le prénom en question.

C'est ainsi que Marie est Mary en anglais, Maria en italien ou espagnol; Jean est John en anglais, Yann en breton, Sean en gaélique, Iban en basque, Ivan en russe, Johan ou Hans en allemand, Juan en espagnol, etc.

Ces évolutions orthographiques cachent souvent la signification originelle de ces prénoms dont beaucoup sont d'origine **sémitique**, **grecque**, **latine** ou **germanique**, en allant des plus anciens aux plus récents.

Dans les **prénoms d'origine sémitique**, c'est-à-dire liés aux langues parlées en Terre Sainte, du temps du Christ, on peut citer la plupart des prénoms se terminant en «el», racine d'Allah qui signifie «Dieu». Ainsi : Michel : «qui est comme Dieu» ; Emmanuel : «Dieu est avec nous» ; Raphaël : «Dieu a guéri»...

Parmi les autres prénoms originaires de cette région, on peut citer Elisabeth : «Dieu est mon serment», et son évolution phonétique : Isabelle.

Les prénoms provenant du grec sont surtout des noms composés : Christophe : «qui porte le Christ» ; Philippe : «qui aime le cheval» ; Hyppolite : «qui dompte le cheval» ; Eugène : «de noble race».

On trouve aussi des noms simples : Stéphane (même mot qu'Étienne) : «couronne» ; Basile, équivalant à Vassili : «le roi» ; Grégoire : «celui qui veille» ; Catherine : «la pure».

Les prénoms latins ont établi leurs prénoms sur base de l'activité de leur société et comprennent entre autres : César, Jules, Antoine, Placide, Aimé, René (né à nouveau, par le baptême), Félix (heureux), Régine (reine), Victor (vainqueur).

Les prénoms d'origine germanique proviennent de noms païens portés par des hommes ultérieurement canonisés : Bernard (Bernhardt) : «ours fort», Richard : «roi fort», Hughes : «intelligence», Albert : «noble et célèbre».

La plupart des prénoms traités dans ce livre proviennent des langues du **groupe indo-européen** (le latin, le grec, le français, l'anglais, l'allemand, le suédois, le russe, le breton, l'arménien et bien d'autres), ainsi que des **langues sémitiques** (l'arabe et l'hébreu). Un clin d'œil est fait au groupe des **langues agglutinantes** (dont le japonais), à celui des **langues polynésiennes** (le tahitien) et **dravidiennes** (parlées en Inde).

LES PRÉNOMS À LA MODE

En France, le retour aux sources est à la mode : besoin de nature, de retrouver ses racines, son terroir. Ainsi nous voyons resurgir pléthore de prénoms médiévaux : Adeline, Aude, Mathilde, Aimeric, Arnaud, Thibaud… romains : Aurélie, Camille, Julie, Adrien, Antoine, Florian… écologiques : Claire, Coraline, Fleur, Flore, Flora, Iris, Lilas, Violaine…

Voici la liste des prénoms qui « montent » :

MASCULINS

Adrian	Bastien	Édouard	Gaubert
Adrien	Brian	Émeric	Gauthier
Alan	Brice	Émilien	Gaylord
Alban	Camille	Enguerrand	Geoffrey
Alexis	Christopher	Étienne	Germain
Amaury	Clément	Fabian	Ghislain
Anthony	Colin	Félix	Gildas
Antonin	Côme	Ferdinand	Grégoire
Arthur	Corentin	Flavien	Grégorie
Augustin	Cyprien	Florian	Gregory
Aurélien	Davy	Franck	Hugo
Axel	Dimitri	Gaétan	Jason
Baptiste	Donatien	Gary	Jean-Baptiste
Bastian	Dorian	Gatien	Jimmy

Joachim
Jordan
Josselin
Jules
Julian
Justin
Kévin
Louis
Lucas
Martial
Martin
Mathias
Maxence

Maxime
Maximilien
Méderic
Michaël
Morgan
Nathan
Nelson
Paul
Pierre
Pierrick
Quentin
Régis
Remy

Robin
Romain
Ronan
Rudy
Sébastian
Simon
Stanislas
Tanguy
Teddy
Térence
Thibault
Timothée
Tommy

Tristan
Valentin
Victor
Vivian
Vivien
Vladimir
Xavier
Yann
Yannick
Yannis
Yoann

FÉMININS

Adélaïde
Agathe
Alexia
Alicia
Alison
Alix
Alizée
Ambre
Anaïs
Anne-Laure
Anne-Sophie
Ariane
Astrid
Aude
Bérengère
Bérénice
Blandine
Camille
Cécilia
Célia
Charlène
Charline
Charlotte

Chloé
Cindy
Claire
Clarisse
Clélia
Clémence
Clémentine
Clothilde
Constance
Coralie
Coraline
Cynthia
Daphné
Déborah
Diane
Doriane
Edwige
Éléonore
Élise
Éloïse
Elsa
Elvire
Émeline

Emma
Esther
Eugénie
Ève
Fanny
Faustine
Fiona
Flora
Flore
Floriane
Florine
Gladys
Iris
Jade
Johanna
Judith
Julia
Justine
Kelly
Laura
Laure
Laurène
Lauriane

Laurie
Léa
Leslie
Lilas
Lisa
Lise
Lucie
Lucille
Ludivine
Manon
Margaux
Margot
Marianne
Marie
Marine
Marion
Marjolaine
Marlène
Mathilde
Maud
Mélinda
Mélissa
Mélodie

Morgane	Olivia	Perrine	Ségolène
Myléne	Ophélie	Priscilla	Solène
Nancy	Paméla	Rébécca	Tiphaine
Noémie	Pascaline	Roxane	Tiphanie
Nolwen	Pauline	Samantha	
Océane	Pénélope	Sarah	

AI-JE LE DROIT ?

Catherine va mettre au monde l'enfant tant attendu. Philippe, son mari, lui pose à nouveau la question : mais comment va-t-on l'appeler ? Amoureuse de la nature et de la beauté des plantes, un prénom surgit dans son esprit : Lilas, Lilas… ? Mais avons-nous le droit ?

Ancien texte

Le choix des prénoms pour les enfants était limité aux prénoms bibliques, historiques, légendaires et à ceux des calendriers en usage dans les pays d'où sont originaires les parents du nouveau-né.

Nouveau texte (8 janvier 1993)

Art 57-2
L'officier de l'état civil porte immédiatement sur l'acte de naissance les prénoms choisis.

Lorsque ces prénoms ou l'un deux, seul ou associé aux autres prénoms ou au nom, ont une apparence ou une consonance ridicule, péjorative ou grossière, l'officier de l'état civil en avise sans délai le procureur de la République. Celui-ci peut saisir le juge aux affaires familiales.

Si le juge estime que le prénom n'est pas conforme à l'intérêt de l'enfant pour l'un des motifs indiqués à l'alinéa précédent, il en ordonne la suppression sur les registres de l'état civil. Il attribue, le cas échéant, un autre prénom qu'il détermine lui-même, à défaut d'un nouveau choix des parents, conforme à l'intérêt de l'enfant.

La mention de la décision est portée en marge des actes de l'état civil de l'enfant.

Art 57-3
Tout prénom inscrit dans l'acte de naissance peut être choisi comme prénom usuel.

En ce qui concerne l'identification de l'enfant, le projet institue tout d'abord le principe du libre choix des prénoms par les parents.

Afin de diminuer les divergences constatées dans l'appréciation de la recevabilité d'un vocable en qualité de prénom, la modification introduite réduit le contrôle juridictionnel à un contrôle a posteriori, exercé sur l'apparence ou la consonance du vocable choisi et dans la stricte limite de l'intérêt de l'enfant.

Des dispositions assouplissent, en outre, les règles prévues en matière de francisation de noms et de prénoms afin de faciliter l'intégration à la communauté nationale des personnes qui acquièrent la nationalité française.

Grâce à la ratification de cette loi, la possibilité d'intégration de nouveaux prénoms nous confirme ce retour aux sources où les événements et la vie commandaient à la dénomination.

SAINTS PATRONS
DE CONFRÉRIES
ET GUÉRISSEURS

De tout temps, les femmes et les hommes ont cherché refuge et assistance religieuse auprès de celles et ceux qui sont devenus nos saintes et nos saints, fiers représentants d'une spécialité.

En effet, l'invocation de ces saintes et saints permet d'espérer (voire d'obtenir !) soit une solution à un problème donné (par exemple pour un objet perdu on invoque saint Antoine de Padoue), soit la prévention d'un fléau, d'une maladie (saint Génès pour la fièvre) ou d'une catastrophe naturelle (saint Donatien pour la foudre et les inondations), soit l'assurance professionnelle (saint Éloi : patron des orfèvres, des fermiers…)

Si vous ne savez pas à quel saint vous vouer, voici de quoi vous éclairer !

Cette liste est faite d'extraits empruntés au Dictionnaire hagiographique de Migne.

Sainte Agathe, patronne des nourrices, est invoquée contre les maux de seins, et aussi contre l'incendie.

Saint Amable : on l'invoque pour les fous et pour les démoniaques.

Saint Ambroise est invoqué pour les abeilles, pour les animaux domestiques et particulièrement pour les oies.

Saint André, apôtre, patron des pêcheurs et des poissonniers, est aussi invoqué pour les femmes qui veulent devenir mères.

Sainte Anne est la patronne des fripiers, des lingères, des dentellières, des ménagères, des menuisiers, des tourneurs, des ébénistes, des valets d'écurie et des fabricants de balais. On l'invoque en outre contre la pauvreté et pour retrouver les objets perdus.

Saint Antoine du Désert, patron des charcutiers, des porchers et des vanniers, est aussi invoqué contre la contagion, contre les maladies de la peau, et pour les pourceaux.

Saint Antoine de Padoue est invoqué pour les ânes et les chevaux, et surtout pour retrouver les objets perdus.

Sainte Apolline : on l'invoque contre les maux de dents.

Saint Arnoul de Metz est invoqué contre l'incendie.

Saint Arnoul de Soissons, patron des meuniers et des brasseurs, est aussi invoqué par les femmes enceintes.

Sainte Audrey ou **Alfrède** passe pour guérir les maux de gorge.

Sainte Balbine est invoquée contre les écrouelles.

Saint Balthazar, patron des fabricants de cartes à jouer et des scieurs de bois, est aussi invoqué contre l'épilepsie.

Sainte Barbe, patronne des pompiers, mathématiciens, artificiers, artilleurs, architectes, fondeurs, salpétriers, peaussiers, brasseurs, armuriers, chapeliers, couvreurs, maçons, mineurs et charpentiers, est en outre invoquée contre la foudre, la mort subite et l'impénitence finale.

Saint Barthélémy est le patron des bouchers, des tanneurs et des relieurs.

Saint Benoît : on l'invoque contre les maléfices, les inflammations, les érésypèles, la fièvre et la gravelle.

Sainte Bibiane a été prise comme patronne par les buveurs en Allemagne. On l'invoque contre les maux de tête et l'épilepsie.

Saint Blaise, patron des tisseurs de laine et des cardeurs, des ouvriers du bâtiment et des tailleurs de pierre, est en outre invoqué contre les bêtes farouches, la toux, la coqueluche, le goitre et les maux de gorge, et aussi pour les porcs.

Sainte Blandine est la patronne des jeunes filles.

Saint Brice est invoqué contre les maux de ventre.

Saint Bruno est invoqué contre la peste.

Saint Caprais de Lérins passe pour guérir les rhumatismes et les maladies nerveuses.

Sainte Catherine d'Alexandrie est la patronne des philosophes, des vieilles filles, des écoliers, des rémouleurs, des meuniers, des charrons, des tanneurs, des tourneurs et des fileuses.

Sainte Cécile est la patronne des musiciens, des luthiers et autres fabricants d'instruments de musique.

Le bienheureux Charles le Bon est invoqué contre les fièvres.

Saint Christophe, patron des arbalétriers, des portefaix, des forts de la halle, des foulons, des fruitiers, des automobilistes, est invoqué contre la mort subite, les orages, la grêle, les maux de dents et l'impénitence finale.

Saint Clair, patron des miroitiers, émailleurs, brodeurs, boisseliers et vidangeurs, est aussi invoqué pour les yeux.

Sainte Claire est la patronne des brodeurs, des doreurs, des blanchisseuses et des repasseuses. On l'invoque contre les maux d'yeux et pour avoir du bon temps.

Saint Clément est le patron des bateliers ; on le prie pour les enfants malades.

Saint Cloud est le patron des cloutiers ; on l'invoque contre les furoncles.

Saint Côme est invoqué contre la gourme ; c'est le patron des médecins, des chirurgiens, des pharmaciens et des sages-femmes.

Saint Conrad de Plaisance est invoqué contre les hernies.

Saint Crépin et **saint Crépinien** sont les patrons des cordonniers, des gantiers et des tisserands.

Saint Cuthbert, patron, en Angleterre, des bergers et des marins.

Saint Cyriaque est invoqué contre les maux d'yeux.

Saint Damien, patron des médecins.

Saint Denis l'Aréopagite est invoqué contre les maux de tête et dans les cas d'infestation diabolique.

Saint Donatien : on l'invoque contre la foudre et les inondations.

Saint Éloi est le patron des orfèvres, maréchaux, forgerons, charrons, vétérinaires, selliers, couteliers, chaudronniers, mineurs, serruriers, horlogers, carrossiers, batteurs d'or, taillandiers, monnayeurs, ferblantiers, doreurs, cochers, fermiers, maquignons, valets de ferme et laboureurs. On l'invoque aussi pour les chevaux malades et contre les chevaux méchants.

Saint Émilien est invoqué contre les hernies, la gravelle et les maux de tête.

Saint Étienne, patron des fondeurs et des tailleurs de pierre.

Saint Euloge, patron des charpentiers.

Saint Eustache passe pour combattre efficacement les incendies et nous protéger des feux éternels.

Saint Expédit est invoqué dans toutes sortes de circonstances, surtout pour les affaires qui traînent en longueur.

Saint Fiacre est invoqué contre les hémorroïdes ; il est le patron des jardiniers, des potiers d'étain, des layetiers, des bonnetiers et des tuiliers.

Saint Florian est invoqué contre les incendies.

Saint François-Xavier passe pour préserver ou guérir de la peste.

Saint Frumence est un des patrons des négociants.

Saint Gauthier de Pontoise est invoqué pour obtenir la délivrance des prisonniers.

Saint Genès est invoqué contre la fièvre.

Saint Gengou est un des patrons des mal mariés.

Saint Georges est invoqué contre la dartre.

Saint Ghislain est invoqué contre les convulsions des enfants.

Saint Gilles ou **Egide**, patron des estropiés et des éperonniers. On l'invoque contre le cancer, la stérilité des femmes, les frayeurs nocturnes et la folie.

Sainte Godeliève : on l'invoque contre les maux de gorge et contre l'esquinancie.

Saint Grégoire le Grand est le patron des chantres et des écoliers.

Saint Guy ou **Vite :** on l'invoque pour les chiens et contre la rage, et aussi contre le besoin anormal de dormir, l'épilepsie et la danse qui porte son nom.

Saint Hilaire est invoqué contre les serpents.

Saint Honoré, patron des boulangers.

Saint Hubert est le patron des chasseurs, des forestiers, des fondeurs, des pelletiers et des fabricants d'instruments de précision. On l'invoque contre la rage et pour les chiens.

Saint Hughes est invoqué contre la fièvre.

Les Saints Innocents, patrons des enfants de chœur et des enfants trouvés.

Saint Isidore, patron des laboureurs.

Saint Jean, l'apôtre, est le patron des théologiens.

Saint Jean-Baptiste, patron des oiseliers, des couteliers, des fourbisseurs, des tailleurs et des peaussiers, est aussi invoqué contre les spasmes, les convulsions, l'épilepsie, la grêle ; on le prie également pour les agneaux.

Saint Jean Népomucène : on lui demande de protéger les ponts ; on l'invoque contre l'indiscrétion et la calomnie ; on le prie pour faire une bonne confession.

Saint Jérôme est un des patrons des étudiants.

Saint Joseph de Cupertin vient en aide à ceux qui doivent passer des examens.

Saint Josse est invoqué contre l'incendie des récoltes.

Saint Jules 1er est le patron des vidangeurs.

Saint Julien l'Hospitalier est le patron des ménétriers, jongleurs, saltimbanques, bergers, pèlerins, hôteliers, passeurs d'eau et des voyageurs qui cherchent un bon gîte.

Saint Laurent est invoqué particulièrement contre le lumbago et l'incendie, et aussi pour les vignes. C'est le patron des cuisiniers, cuisinières, traiteurs et rôtisseurs.

Saint Léger, patron des meuniers.

Saint Léonard est invoqué pour les accouchements. C'est le patron des prisonniers, des chaudronniers, des forgerons, des serruriers, des portefaix, des houilleurs, et ici et là des fruitiers et des tonneliers.

Saint Louis est le patron des ouvriers du bâtiment, des boutonniers, des brodeurs et des merciers, des distillateurs, des coiffeurs et des barbiers, des académies françaises et des académies des sciences. On l'invoque aussi contre l'acidification de la bière.

Saint Loup ou **Leu** : on l'invoque contre la peur, contre le mal caduc et contre les maux d'entrailles.

Saint Luc est le patron des médecins, des peintres, des verriers, des passementiers, des artistes en général, et particulièrement de ceux qui se servent de couleurs et du pinceau.

Sainte Lucie ou **Luce** est invoquée contre les maux d'yeux, la dysenterie et en général contre toute hémorragie.

Sainte Lydie, patronne des teinturiers.

Saint Madelgaire ou **Mauger**, on l'invoque contre les chenilles et les reptiles.

Saint Marc, patron des vitriers et des notaires, est particulièrement invoqué contre la gale et l'impénitence finale.

Saint Marcel, patron des palefreniers.

Sainte Marguerite guérit des maux de reins et vient en aide aux accouchées.

Sainte Marie-Madeleine, patronne des parfumeurs, des mégissiers, des gainiers, des gantiers, et des femmes et filles repenties.

Sainte Marie l'Égyptienne est aussi la patronne des anciennes pécheresses.

Sainte Marie d'Oignies est invoquée contre les fièvres et pour les femmes enceintes.

Saint Marin, patron des tailleurs de pierre.

Sainte Marthe, patronne des aubergistes, des hôteliers et des lavandières.

Saint Martin, patron des hôteliers, des cavaliers et des tailleurs, est particulièrement invoqué pour les oies.

Le bienheureux **Martin de Porrès** est le patron des mulâtres et est invoqué contre les rats.

Saint Mathias, patron des charpentiers, des tailleurs et des buveurs repentants, est particulièrement invoqué contre la petite vérole.

Saint Mathurin, patron des bouffons et des potiers, est invoqué contre la folie, la possession démoniaque et pour se préserver de la méchanceté des femmes.

Saint Maur est invoqué contre le coryza.

Saint Maurice est le patron des teinturiers et on l'invoque contre la goutte.

Saint Médard est, en certains pays, le patron des brasseurs ; on l'invoque pour les vignes et contre le mal de dents.

Saint Michel, patron des tonneliers, des chapeliers, des escrimeurs, des merciers, des fabricants de gaufres et d'oublies, des épiciers et des étuvistes, est beaucoup invoqué pour la bonne mort.

Saint Nicolas, patron des écoliers, des bateliers, des pêcheurs, des débardeurs et des marins, des tonneliers et des brasseurs, des voyageurs et des pèlerins, et de ceux qui ont injustement perdu leurs procès ; on l'invoque aussi contre les voleurs.

Saint Odon : on le prie pour avoir de la pluie.

Saint Ouen : on l'invoque contre la surdité.

Saint Paul, patron des cordeliers, est invoqué contre la grêle et les morsures de serpents.

Le bienheureux **Pèlerin** est invoqué contre les maux de dents.

Saint Pierre est le patron des serruriers et des savetiers ; en Picardie, il est aussi le patron des moissonneurs ; on le prie pour réussir dans les affaires traitées en cour de Rome.

Saint Pierre Chrysologue est invoqué contre la rage et les fièvres pernicieuses.

Saint Pierre Damien guérit les maux de tête.

Saint Prix : on l'invoque dans les maladies incurables.

Saint Quentin est invoqué contre la toux.

Saint Raymond Nonnat, patron des sages-femmes ; on l'invoque pour les femmes en couches et les petits enfants.

Saint Remacle est invoqué contre la stérilité des femmes.

Saint Roch, patron des paveurs et des chirurgiens ; on l'invoque contre la peste, les maux de genou et les maladies du bétail.

Saint Romain : on le prie pour les frénétiques et les noyés.

Sainte Scholastique est invoquée contre les orages.

Saint Servais : on l'invoque contre les rats, les souris, les maux de jambe et, en général, pour le bon succès des entreprises.

Saint Sigismond est invoqué contre les fièvres.

Saint Simon, patron des corroyeurs.

Sainte Solange : on la prie pour avoir de la pluie.

Saint Thomas, patron des architectes et des maçons.

Sainte Ursule, patronne des institutrices et des petites filles, est invoquée pour la bonne mort.

Saint Vaast ou **Gaston :** on l'invoque pour les enfants qui tardent à marcher.

Saint Valentin, patron des fiancés et des jeunes gens à marier, est particulièrement invoqué contre l'épilepsie, la peste et les évanouissements.

Saint Victor, patron des meuniers ; on l'invoque contre la foudre.

Saint Vincent, patron des vignerons.

Saint Vincent Ferrier, patron des tuiliers, des briquetiers, des couvreurs, des plombiers.

Saint Wulstan, patron des laboureurs et des faucheurs.

Saint Werner ou **Verny** est un des patrons des vignerons.

Saint Willibrord est invoqué contre l'épilepsie et les convulsions.

Saint Wolfganf, patron des charpentiers, et particulièrement invoqué contre la paralysie et l'apoplexie.

Saint Yves est le patron des hommes de loi, jurisconsultes, avocats, notaires, huissiers, et celui des orphelins.

Sainte Zite, patronne des servantes et des femmes de charge.

CALENDRIER DES SAINTS

Certains se plaindront de ne pas voir figurer leurs prénoms dans les almanachs courants. Qu'ils se rassurent, ils ne sont pas oubliés pour autant !

La rubrique présentée ici vous permettra de découvrir ou de confirmer si on doit vous souhaiter votre fête en juillet ou en janvier.

Parmi ces 1 030 fêtes répertoriées, cherchez bien, vous y êtes peut-être !

S.	**Saint**
Ste	**Sainte**
Bx	**Bienheureux**
Bse	**Bienheureuse**

JANVIER

1. Marie Mère de Jésus ; S. Fulgence ; S. Télémaque ; S. Odilon.
2. S. Basile le Grand ; S. Grégoire de Nazianze ; S. Nom de Jésus.
3. Ste Geneviève ; S. Gordius.
4. S. Robert ; Ste Angèle de Foligno ; Ste Betty-Ann Seton.
5. S. Édouard ; S. Télésphore ; S. Siméon Stylite ; Ste Émilienne ; Bx Jean-Népomucène.
6. Épiphanie ; S. Mélaine ; S. Melchior ; S. Balthazar ; S. Gaspard ; Bse Raphaële.
7. S. Raymond de Penafort ; S. Renaud ; S. Cedde ; Ste Virginie.
8. Ste Peggy ; S. Severin ; S. Lucien ; Ste Gudule.
9. Bse. Alix ; S. Adrien ; Ste Marcienne.
10. S. Guillaume ; S. Gonzalve ; S. Pierre Orséolo.
11. S. Vital de Gaza ; S. Théodose le Cénobiarque ; S. Paulin.
12. Ste Tatiana ; S. Ailred ; Ste Césarine ; Bse Marguerite Bourgeoys.
13. S. Hilaire ; Bse Yvette ; Bx Hildemar.
14. Ste Nina ; S. Sava ; S. Séraphin de Sarov.
15. S. Remi ; S. Maur ; Ste Rachel ; S. Alexandre l'Acémète.
16. S. Marcel ; S. Honorat ; S. Othon ; S. Bérard.
17. S. Antoine le Grand ; Bse Roseline ; S. Amalbert
18. Ste Prisca ; S. Libert ; S. Déicole.
19. S. Marius ; S. Canut ; Ste Marthe ; S. Wulstan.
20. S. Sébastien ; S. Fabien ; S. Euthyme le Grand.
21. Ste Agnès ; S. Meinrad
22. S. Vincent ; Bx Gautier de Bruges.
23. S. Barnard ; S. Alphonse ; S. Jean l'Aumônier.
24. S. François de Sales ; Ste Xénia ; S. Macédoine.
25. Conversion de S. Paul ; S. Ananie ; S. Prix.
26. S. Timothée ; S. Tite ; Ste Paule ; Ste Eustochium.
27. Ste Angèle Mérici ; S. Julien du Mans.
28. S. Thomas d'Aquin ; S. Jacques le Palestinien ; S. Charlemagne.
29. S. Gildas ; S. Sulpice Sévère ; S. Julien l'Hospitalier.
30. Ste Martine ; S. Charles 1er Stuart ; Ste Bathilde ; Ste Jacinthe.
31. S. Jean Bosco ; Ste Marcelle.

FÉVRIER

1. Bse Ella; Ste Viridiane; Bx André de Segni.
2. Chandeleur; Ste Jeanne de Lestonac; S. Corneille; Bx Théophane.
3. S. Blaise; S. Oscar; S. Anatole; S. Yadin.
4. Ste Véronique; S. Gilbert; S. Théophile le Pénitent.
5. Ste Agathe; S. Avit.
6. S. Paul Miki; S. Pierre-Baptiste; S. Gaston; S. Amand.
7. Bse Eugénie; S. Partène; S. Sarkis; S. Mardiros.
8. S. Jérôme Emilien; Bse Jacqueline.
9. Ste Apolline; Bx Miguel de Cuenca.
10. Ste Scholastique; Bx Arnaud.
11. Notre-Dame de Lourdes; S. Adolphe; S. Svevolod.
12. Ste Eulalie; S. Félix d'Abitène.
13. Bse Béatrice; S. Martinien; Bx Polyeucte; Bx Jourdain.
14. S. Cyrille; S. Méthode; S. Valentin; S. Maron.
15. Bx Claude de la Colombière; S. Faust; Ste Georgette.
16. Ste Julienne; Ste Lucile; S. Onésime.
17. S. Alix Falconieri; S. Gérardin; S. Ricovère; Ste Marianne.
18. Ste Bernadette; S. Flavien.
19. S. Gabin; Bx Conrad.
20. Bse Aimée; S. Eucher.
21. S. Pierre-Damien; Bx Noël Pinot.
22. Chaire de S. Pierre; Bse Isabelle de France; Ste Marguerite de Cortone.
23. S. Polycarpe; S. l'Iconographe.
24. S. Modeste; S. Vartan de Rome.
25. S. Avertan; Bx Roméo; S. Taraise.
26. S. Nestor; S. Porphyre.
27. Ste Honorine; S. Léandre.
28. S. Romain; S. Lupicin; Bse Antoinette
29. Bx Auguste Chapdelaine; S. Grégoire de Narek.

MARS

1. S. Aubin ; Ste Eudoxie.
2. Bx Charles le Bon ; S. Chad.
3. S. Guénolé ; S. Marin ; S. Astère.
4. S. Casimir ; S. Sadok.
5. S. Olive ; S. Jean-Joseph ; S. Gérasime.
6. Ste Colette ; S. Fridolin.
7. Ste Perpétue ; Ste Félicité ; S. Paul le Simple.
8. S. Jean de Dieu ; S. Philémon ; S. Apollone ; S. Arien.
9. Ste Françoise Romaine ; S. Grégoire de Nysse.
10. S. Vivien ; S. Doctrovée ; S. Caïus ; S. Eunoïque ; S. Méliton.
11. Ste Rosine ; S. Euloge.
12. Ste Justine ; Ste Fina ; S. Maximilien ; S. Pol de Léon.
13. S. Rodrigue ; Bx Agnello ; S. Salomon de Cordoue.
14. Ste Mathilde ; S. Eithychès.
15. Ste Louise de Marillac ; Ste Lucrèce ; S. Clément-Marie.
16. Ste Bénédicte ; S. Christodule.
17. S. Patrice ; S. Théostéricte.
18. S. Cyrille ; S. Alexandre de Jérusalem.
19. S. Joseph ; Bse Sibylle.
20. Ste Photine ; S. Herbert. S. Photius.
21. S. Nicolas de Flue ; Bse Clémence ; S. Lupicien.
22. Ste Léa ; S. Bienvenu.
23. S. Turibe ; S. Victorien ; S. Luc le Nouveau.
24. Ste Catherine de Suède ; Ste Hildelitte.
25. Annonciation ; S. Humbert ; S. Dismas.
26. Ste Larissa ; S. Ludger ; Ste Anna ; Ste Mamica.
27. S. Habib ; Bx Pélerin.
28. S. Gontran ; Bx Venturin.
29. Ste Gladys ; S. Eustase ; S. Jonas ; S. Barachise.
30. S. Amédée ; S. Jean Climaque.
31. S. Benjamin ; Ste Balbine ; S. Acace.

AVRIL

1. S. Hughes; S. Valery.
2. S. François de Paule; Bse Sandrine; Ste Marie l'Égyptienne.
3. S. Richard; Ste Fare.
4. S. Isidore; S. Zozime; S. Platon.
5. S. Vincent Ferrier; Ste Irène; S. Gérald de Corbie.
6. S. Marcellin; S. Prudence.
7. S. Jean-Baptiste de la salle; Bx Hermann de Cologne.
8. Ste Julie Billiard; Bse Constance; Bx Albert de Jérusalem.
9. S. Gautier de Picardie; S. Vadim; Ste Waudrun; Ste Maldeberge; Ste Adeltrude.
10. S. Fulbert; Bx Antoine Neyrot.
11. S. Stanislas; S. Gutlac.
12. S. Jules; S. Zénon de Vérone.
13. S. Martin 1er; Bse Ida; S. Mars.
14. S. Maxime; Ste Lidwine; S. Tiburce; S. Valérien.
15. S. Paterne; Bx Luchésio.
16. S. Benoît-Joseph Labre; S. Druon.
17. S. Étienne Harding; S. Anicet; S. Macaire de Corinthe.
18. S. Parfait; S. Apollonius; Bse Marie de l'Incarnation.
19. Ste Emma; S. Werner.
20. Ste Odette; S. Marcellin; S. Géraud; Ste Hildegonde.
21. S. Anselme; S. Conrad de Parzham.
22. S. Alexandre; S. Epipode; Ste Opportune; S. Léonie.
23. S. Georges; S. Egide.
24. S. Fidèl de Sigmaringen; S. Sava.
25. S. Marc; S. Anien.
26. Bse Alida; S. Riquier; S. Paschase.
27. Ste Zita; S. Anthime.
28. S. Pierre Chanel; Ste Valérie; S. Louis-Marie; Ste Théodora.
29. Ste Catherine de Sienne; S. Tropez.
30. S. Pie V; S. Robert de Molesme; S. Adjuteur; Bse Rosemonde.

MAI

1. S. Joseph l'Artisan; S. Jérémie; S. Sigismond.
2. S. Athanase; S. Théodule; Ste Zoé; S. Exupère.
3. S. Philippe; S. Jacques; S. Théodose de Petchersk.
4. S. Sylvain; S. Grégoire l'Illuminateur; S. Florian; S. Antonin.
5. Ste Judith; S. Hilaire; S. Ange.
6. Bse Prudence; S. Marien; S. Évode.
7. Bse Gisèle; Ste Flavie.
8. S. Désiré; S. Pierre de Tarentaise.
9. S. Pacôme; S. Isaïe; S. Tudi.
10. Ste Solange; S. Isidore le Laboureur.
11. Ste Estelle; S. Mamert; S. Gengou.
12. S. Nérée; S. Achillée; S. Pancrace; S. Épiphane.
13. Ste Rolande; S. Servais.
14. S. Mathias; S. Michel Garicoïts; Ste Aglaé; Bx Gilles.
15. Ste Denise; S. Victorin; S. Achille.
16. S. Honoré; S. Ubald.
17. S. Pascal Baylon; Ste Restituta.
18. S. Éric; S. Dioscore; Ste Phanie; Ste Euphrasie; Ste Claudia.
19. S. Yves; S. Célestin.
20. S. Bernardind de Sienne; S. Outrille.
21. S. Constantin; Ste Gisèle; S. Venant.
22. S. Émile; Ste Rita; Ste Julie; S. Jean-Vladimir.
23. S. Didier; S. Guilbert.
24. S. Donatien; S. Maël.
25. S. Bède le Vénérable; Ste Madeleine-Sophie Barat.
26. S. Philippe Néri; S. Bérenger; Ste Anne-Marie Parédès.
27. S. Augustin de Canterbury; S. Jules.
28. S. Germain de Paris; Ste Ripsimène.
29. S. Aymard; Ste Géraldine; Ste Martory; S. Maximin.
30. Ste Jeanne d'Arc; S. Ferdinand.
31. Visitation de Marie; Ste Pétronille.

JUIN

1. S. Justin; S. Caprais; S. Ronan; S. Pamphile.
2. Ste Blandine; S. Pothin; S. Algise; Ste Biblis; S. Alcibiade.
3. S. Charles Lwanga; S. Kevin; S. Vartan l'Arménien.
4. Ste Clothilde; Ste Vincentine; S. Ascagne.
5. S. Boniface; S. Igor; S. Marc le Nouveau.
6. S. Norbert; S. Gérase; S. Agobard.
7. S. Gilbert; Ste Marie-Thérèse; S. Mériadec; Ste Péron-
   nelle.
8. S. Médard; S. Tiridate; Ste Achène.
9. S. Ephrèm; Bse Diane; Ste Anne-Marie Taïgi; S. Félicien.
10. S. Landry de Paris; Ste Olive.
11. S. Barnabé; Ste Alice; Ste Yolande.
12. Bx Guy; S. Onuphre.
13. S. Antoine de Padoue; S. Rambert.
14. S. Élysée; S. Valère de Basoches; S. Rufin.
15. Ste Germaine; S. Bernard de Menthon.
16. S. Jean-François Régis; S. Cyr; Ste Julitte; S. Férréol;
    S. Aurélien.
17. S. Hervé; S. Rainier; S. Bessarion.
18. S. Léonce; Bse Osanna.
19. S. Romuald; Bse Micheline; S. Gervais; S. Protais.
20. S. Silvère; Ste Florentine.
21. S. Louis de Gonzague; S. Rodolphe; S. Basilide; S. Hé-
    ron; Ste Héraïs.
22. S. Paulin de Nole; S. John Fisher; S. Thomas More;
    S. Alban.
23. Ste Audrey; S. Walter; Bse Marie d'Oignies.
24. S. Jean-Baptiste; S. Jean le Nouveau.
25. S. Prosper; S. Salomon le Breton; Ste Éléonore.
26. S. Anthelme; S. David de Salonique.
27. S. Cyrille d'Alexandrie; S. Ferdinand; S. Crescent; S. La-
    dislas.
28. S. Irénée; S. Heimrad.
29. S. Pierre et S. Paul; Ste Chouchan.
30. S. Martial; S. Adolphe; Ste Érentrude; S. Rupert.

JUILLET

1. S. Thierry ; S. Servan.
2. S. Martinien ; S. Odon ; S. Processe.
3. S. Thomas l'Apôtre ; Bx Raymond Lulle.
4. Ste Isabelle de Portugal ; S. Florent ; Ste Berthe.
5. S. Antoine-Marie Zaccaria ; Bx Hélie de Bourdeille.
6. Ste Marietta Goretti ; Ste Godelaine.
7. S. Raoul ; S. Roger Dickenson ; Ste Aubierge ; S. Guilbaud.
8. S. Thibaut ; S. Kilien ; S. Edgar.
9. Bse Amandine ; Bse Andrée ; Bse Iphigénie ; Bse Irma ; S. Théodoric ; S. Nicaise.
10. S. Ulric ; Bx Pacifique.
11. S. Benoît ; Ste Olga.
12. Bx Olivier ; S. Jean Gualbert.
13. S. Henri ; S. Joël ; Ste Cunégonde ; S. Eugène ; Ste Clélia ; Ste Mildrède.
14. S. Camille de Lellis ; S. Wladimir.
15. S. Bonaventure ; S. Donald.
16. N.-D. du Mont-Carmel ; Ste Elvire ; S. Milon.
17. Bse Charlotte ; S. Alexis ; Ste Marcelline.
18. S. Frédéric ; S. Arnoul.
19. S. Arsène ; Ste Aure.
20. Ste Marguerite ; S. Aurèle ; S. Élie.
21. S. Laurent de Brindes ; S. Victor ; S. Albéric ; S. Longin.
22. Ste Marie-Madeleine ; S. Wandrille.
23. Ste Brigitte ; S. Apollinaire.
24. Ste Christine ; S. Gleb ; Ste Sigolène.
25. S. Jacques le Majeur ; S. Christophe.
26. S. Joachim ; Ste Anne ; Bx Joris.
27. Ste Natalie ; Ste Liliose.
28. S. Samson ; S. Nazaire ; S. Celse.
29. Ste Marthe ; S. Loup de Troyes ; S. Lazare de Béthanie.
30. S. Pierre Chrysologue ; Ste Juliette.
31. S. Ignace de Loyola ; S. Germain l'Auxerrois.

AOÛT

1. S. Alphonse de Liguori ; S. Éléazar.
2. S. Eusèbe de Verceil ; S. Julien.
3. Ste Lydie ; S. Nicomède.
4. S. Jean-Marie Vianney ; S. Aristarque.
5. S. Abel ; S. Oswald ; Ste Afra.
6. Transfiguration ; Bx Octavien ; S. Pasteur.
7. S. Sixte II ; S. Gaétan ; S. Donat.
8. S. Dominique ; S. Cyriaque ; S. Érasme.
9. S. Amour ; S. Marcien ; S. Viateur ; Bx Maurille.
10. S. Laurent ; S. Dieudonné ; Ste Philomène.
11. Ste Claire ; Ste Suzanne ; Ste Gilberte ; S. Géry.
12. Ste Clarisse ; S. Bénilde ; Ste Hilarie.
13. S. Pontien ; S. Hippolyte ; Ste Radegonde.
14. Bx Évrard ; Bx Maximilien-Marie ; Ste Athanasie.
15. Assomption ; S. Alfred ; S. Tarcisius.
16. S. Étienne de Hongrie ; S. Armel ; S. Roch.
17. S. Hyacinthe ; S. Libérat ; S. Rogat.
18. Ste Hélène ; S. Agapit.
19. S. Jean Eudes ; Bx Guerric.
20. S. Bernard ; S. Samuel ; S. Philibert.
21. S. Pie X ; Ste Grâce ; S. Léovigild.
22. S. Fabrice ; S. Symphorien ; S. Siegfried.
23. Ste Rose de Lima ; S. Philippe Béniti.
24. S. Barthélémy ; S. Ouen ; S. Cosmas ; S. Tikhon.
25. S. Louis ; S. Genès.
26. Ste Natacha ; S. César.
27. Ste Monique ; S. Guérin.
28. S. Augustin ; S. Linda ; S. Hermès.
29. Martyre de S. Jean-Baptiste ; Ste Sabine ; Ste Sérapie ; S. Takla.
30. S. Fiacre ; S. Sacha ; Bse Jeanne Jugan.
31. S. Aristide ; S. Raymond Nonnat.

SEPTEMBRE

1. S. Gilles ; S. Leu.
2. Bse Ingrid ; S. Viateur ; Bx Saintin.
3. S. Grégoire le Grand ; S. Remacle.
4. Ste Rosalie ; Ste Iris ; Ste Irma ; S. Marin.
5. Ste Raïssa ; S. Bertin.
6. Bx Bertrand ; S. Magne ; Ste Eve.
7. Ste Reine ; S. Cloud.
8. Nativité de Marie ; S. Corbinien.
9. S. Omer ; Bx Alain ; Bse Séraphine ; Bx Jacques-Désiré.
10. Ste Inès ; Ste Pulchérie ; S. Aubert.
11. S. Adelphe ; Bx Jean-Gabriel ; Ste Vinciane ; S. Landoald.
12. Bx Apollinaire ; Bse Victoire.
13. S. Jean Chrysostome ; S. Aimé.
14. Exaltation de la croix ; S. Materne.
15. Bx Roland ; S. Joseph le Nouveau.
16. S. Corneille ; S. Cyprien ; Ste Edith ; Ste Ludmilla.
17. S. Robert Bellarmin ; S. Renaud ; S. Lambert ; Ste Hildegarde.
18. Ste Nadège ; Ste Ariane ; Ste Véra, Ste Sonia.
19. S. Janvier ; Ste Émilie.
20. S. Eustache ; Bx Davy.
21. S. Matthieu ; Ste Déborah.
22. S. Maurice ; S. Serge de Radonech.
23. S. Constant ; Ste Thècle.
24. N.-D. de la Merci ; S. Andoche.
25. Bx Hermann ; S. Firmin.
26. S. Côme ; S. Damien ; S. Nil le Jeune.
27. S. Vincent de Paul ; S. Bonfils ; S. Elzéar de Sabran.
28. S. Wenceslas ; S. Faust ; S. Exupère.
29. S. Michel ; S. Gabriel ; S. Raphaël ; S. Alaric.
30. S. Jérôme ; S. Kurt.

OCTOBRE

1. Ste Thérèse de Lisieux ; Ste Arielle ; S. Bavon.
2. Sts Anges Gardiens ; S. Léger.
3. S. Gérard ; Ste Blanche ; S. Ewald.
4. S. François d'Assise ; Ste Oriane.
5. Ste Fleur ; S. Placide.
6. S. Bruno ; Ste Foy.
7. N.-D. du Rosaire ; S. Serge ; S. Gustave ; S. Arthaud.
8. Ste Pélagie ; Ste Thaïs.
9. S. Denys ; Ste Sibile ; S. Eleuthère.
10. S. Ghislain ; S. Virgile ; S. Agnel ; S. Ugolin.
11. S. Firmin ; Ste Zénaïde ; Ste Soledad.
12. S. Wilfrid ; S. Séraphin.
13. S. Géraud ; S. Théophile d'Antioche.
14. S. Calixte 1er ; S. Just ; S. Céleste ; Ste Parascève.
15. Ste Thérèse d'Avila ; Ste Aurélie.
16. Ste Hedwige ; Ste Marguerite-Marie ; S. Gall ; S. Bertrand.
17. S. Ignace ; S. Baudoin ; Ste Zélie.
18. S. Luc ; S. Amable ; Ste Gwenn.
19. S. Pierre d'Alcantara ; S. René Goupil ; S. Paul de la Croix ; Ste Laure.
20. Bse Adeline ; Ste Irène ; S. Caprais.
21. Ste Céline ; Ste Ursule ; S. Hilarion ; S. Opréa.
22. Ste Salomé ; Ste Elodie ; Ste Nunilon.
23. S. Jean de Capristan, Bse Régine ; Bse Liévine ; Bse Augustine.
24. S. Florentin ; S. Magloire ; S. Antoine-Marie Claret.
25. S. Crépin ; Ste Théodorine ; S. Chrysanthe.
26. S. Démétrius ; Bse Bonne.
27. Bse Émeline ; Bse Antonia ; S. Frumence.
28. S. Simon ; S. Jude ; S. Engerand.
29. S. Narcisse ; Ste Ermelinde ; S. Béranger.
30. Bse Bienvenue ; Bse Dorothée.
31. S. Quentin ; S. Wolfgang.

NOVEMBRE

1. Toussaint ; S. Bénigne ; S. Berthold.
2. Jour des morts ; S. Malachie ; S. Victorin.
3. S. Martin de Porrès ; S. Hubert ; S. Guénaël.
4. S. Charles Borromée ; S. Amance ; S. Emeric ; S. Jesse.
5. Ste Sylvie ; S. Zacharie ; Ste Bertille.
6. S. Léonard ; S. Winnoce.
7. Ste Carine ; S. Engelbert ; S. Ernest ; S. Willibrord.
8. S. Geoffroy ; S. Clair ; Bx Duns Scot.
9. S. Théodore ; S. Mathurin ; Ste Eustolie ; Ste Sosipatra.
10. S. Léon le Grand ; Ste Natalène ; S. Baudolin.
11. S. Martin ; S. Véran.
12. S. Josaphat, S. Christian ; S. René ; S. Emilien.
13. S. Brice ; S. Didace.
14. S. Saëns ; S. Sérapion.
15. S. Albert le Grand ; S. Malo ; Bx Arthur ; S. Léopold.
16. Ste Marguerite d'Écosse ; Ste Gertrude ; S. Otmar.
17. Ste Élisabeth de Hongrie ; S. Grégoire de Tours ; Ste Hilda.
18. Ste Aude ; S. Odon ; Bse Philippine.
19. S. Tanguy ; S. Patrocle.
20. S. Edmond ; S. Octave ; S. Adventor ; S. Solutor.
21. Présentation de Marie ; S. Gélase.
22. Ste Cécile ; S. Philémon.
23. S. Colomban ; S. Clément ; Ste Rachilde.
24. Ste Flore ; Ste Walatta ; Ste Maria.
25. Ste Catherine d'Alexandrie ; Ste Catherine Labouré.
26. Ste Delphine ; S. Innocent ; S. Sirice ; S. Conrad.
27. S. Séverin ; S. Fergal ; S. Maxime.
28. S. Jacques de la Marche ; S. Sosthène ; Ste Quiéta.
29. S. Saturnin ; S. Radbod ; Bx Cuthbert.
30. S. André ; S. Zosime de Tyr.

DÉCEMBRE

1. S. Éloi; Ste Florence; S. Tugdual.
2. Ste Viviane; Bx Jean Ruysbroeck.
3. S. François Xavier; S. Galbano.
4. S. Jean Damascène; Ste Barbe; S. Osmond.
5. S. Gérald; S. Sabas; S. Attale.
6. S. Nicolas; Ste Denise; S. Majoric; Ste Léontia.
7. S. Ambroise; Ste Marie-Josephe.
8. Immaculée Conception; Ste Frida; Ste Édith.
9. S. Pierre Fourier; Ste Léocadie; Bse Claire-Isabelle.
10. S. Romaric; Ste Eulalie; Ste Valérie.
11. S. Damase 1er; S. Daniel.
12. Ste Jeanne de Chantal; S. Corentin.
13. Ste Lucie; Ste Odile; S. Josse.
14. S. Jean de la Croix; S. Nicaise; S. Venace Fortunat.
15. Ste Christiane; S. Mesmin.
16. Ste Alice; S. Évrard.
17. S. Judicaël; Ste Olympe; S. Lazare; Ste Wivine; Ste Tissa.
18. S. Gatien; S. Flavy; S. Winebald; Ste Walburg.
19. Bx Urbain; Ste Sametane.
20. S. Abraham; S. Zéphirin; S. Ursanne; S. Ptolémée; S. Philogone.
21. S. Pierre Canisius; S. Psoté.
22. S. François-Xavier; Bx Gratien.
23. Bx Armand; S. Évariste; Ste Anatolie; S. Thorlakur; Ste Victoire.
24. Ste Adèle; S. Charbel; Ste Irmine; Bse Paule-Élisabeth.
25. Noël; Ste Eugénie; Ste Anastasie.
26. S. Étienne; S. Irinarh.
27. S. Jean; Ste Fabiola.
28. Sts Innocents; S. Gaspard.
29. S. Thomas Becket; S. David.
30. S. Roger; S. Sabin.
31. S. Marius; Ste Mélanie la jeune; Ste Colombe; S. Sylvestre.

LES PRÉNOMS RÉGIONAUX
DE FRANCE

Il est certain que les amoureux des petites routes qui sillonnent nos régions ont entendu venir à leurs oreilles des façons de parler aux consonances inhabituelles pour eux, parce que des mots changent, des noms se transforment, mais leur usage subsiste, ce qui fait la richesse de notre terroir.

Les prénoms n'échappent pas à cette règle. Bien au contraire, la sonorité des syllabes est spécifique à chaque pays, à chaque région, à chaque ville, à chaque village.

Le classement par région en devient donc nécessaire car vous pourrez vous apercevoir que votre prénom ne vient pas forcément de là où vous croyiez…

PRÉNOMS RÉGIONAUX FÉMININS

Alsace

Brunehilde
Du germain : bouclier, combat

Cathel
Du grec : pure

Cathelle
Du grec : pure

Edwige
Du germain : richesse, combat

Faustine
Du latin : heureux

Frida
Du germain : paix, roi

Fursy
Du germain : prince

Gertrude
Du germain : lance, fidélité

Greta
Du grec : perle

Gretel
Du grec : perle

Hansy
De l'hébreu : Dieu est miséricordieux

Hilda
Du germain : combat

Hildegarde
Du germain : combat, maison

Hildegonde
Du germain : combat, guerre

Hildelitte
Du germain : combat, travail

Hiltrude
Du germain : combat, fidèle

Himeline
Du germain : ciel, doux

Himelinda
Du germain : ciel, doux

Irmengarde
Du germain : armée, moi

Irmentrude
Du germain : armée, moi

Iseline
De l'hébreu : Dieu est mon serment

Katel
Du grec : pure

Katell
Du grec : pure

Katelle
Du grec : pure

Kineburge
Du germain : enfant, forteresse

Kineswide
Du germain : enfant, forêt

Lidy
Du grec : celle qui est cultivée

Lioba
Du germain : amour

Maggie
Du grec : perle

Maggy
Du grec : perle

Margaret
Du grec : perle

Odetta
Du germain : richesse

Odile
Du germain : richesse

Othilie
Du germain : richesse, peuple

Petra
Du latin : pierre

Reinalda
Du germain : conseil, combat

Reinilde
Du germain : conseil, combat

Ruth
Du germain : gloire

Suzel
De l'hébreu : le lys

Suzelle
De l'hébreu : le lys

Trudie
Du germain : lance, fidélité

Trudy
Du germain : lance, fidélité

Ulrica
Du germain : patrie, roi

Walberte
Du germain : qui gouverne, brillant

Walburge
Du germain : qui gouverne, forteresse

Wilhelmine
Du germain : volonté, casque

Auvergne

Bastienne
Du grec : honoré

Brune
Du germain : bouclier

Brunehaut
Du germain : bouclier, qui gouverne

Douce
Du latin : bon

Doulce
Du latin : bon

Mabel
Du latin : aimable

Mabelle
Du latin : aimable

Mavelle
Du latin : aimable

Bretagne

Adenor
Honneur

Adenora
Honneur

Aela
Ange

Aelaïg
Ange

Aelez
Ange

Aelezig
Ange

Ahez
Bon, magie

Alana
Pierre

Alanez
Pierre

Alara
Noble et fort

Albina
Blanc

Albinenn
Blanc

Alera
Noble et fort

Ana
Grâce

Andrea
Viril

Andreva
Viril

Anna
Grâce

Annaïg
Grâce

Annig
Grâce

Aodrena
Relevé, royal

Aodrenell
Relevé, royal

Aouregan
Dont la naissance est brillante

Aouregen
Dont la naissance est brillante

Aouregon
Dont la naissance est brillante

Aourell
Or

Aourellig
Or

Aourgen
Or, beauté

Arc'hantael
Argent, noble

Arc'hantel
Argent, noble

Argantael
Argent, noble

Argantel
Argent, noble

Armel
Ours, guerrier, prince

Armela
Ours, guerrier, prince

Arzhel
Ours, guerrier, prince

Arzhela
Ours, guerrier, prince

Arzhelenn
Ours, guerrier, prince

Arzhelez
Ours, guerrier, prince

Arzhula
Ours, guerrier

Arzhulenn
Ours, guerrier

Azhura
Ours, guerrier

Arzhurenn
Ours, guerrier

Arzhvael
Ours, guerrier, prince

Arzvaelig
Ours, guerrier, prince

Avela
Vent

Awena
Élegant, inspiration poétique

Azenor
Honneur

Azenora
Honneur

Azenorig
Honneur

Aziliz
Noble

Barba
Étrangère

Barban
Étrangère

Benniga
Béni

Bennigez
Béni

Brec'hed
La très élevée

Beuzega
Victorieux

Biganna
Goutte de mer

Bina
Blanc

Binenn
Blanc

Blaeza
Natte

Blaezaouig
Natte

Blaezou
Natte

Bleiza
Qui bégaie

Bleizenn
Qui bégaie

Bleuenn
Fleur

Bleunienn
Fleur

Bleuzenn
Fleur

Bleza
Natte

Blezaouig
Natte

Blezou
Natte

Brandana
Petit corbeau

Bredig
Disposition d'esprit

Briaga
Irlande

Briagell
Irlande

Briagenn
Irlande

Briagez
Irlande

Briega
Élévation

Briegenn
Élévation

Briegez
Élévation

Brivaela
Élévation

Brivela
Élévation

Charleza
Viril

Dahud
Bon, magie

Deniela
Dieu est seul juge

Denielez
Dieu est seul juge

Denoela
Dieu est seul juge

Dezig
Richesse

Dunvel
Prince, chef

Dunvelig
Prince, chef

Ederna
Grand, énorme

Edernez
Grand, énorme

Efflamma
Rayonnant

Afflammel
Rayonnant

Afflamez
Rayonnant

Elara
Noble et fort

Elen
Brun

Elena
Brun

Enor
Honoré

Enora
Honoré

Enorig
Honoré

Eozena
Bon, talent

Eozenez
Bon, talent

Erell
Pointe, extrémité

Erellig
Pointe, extrémité

Erwana
L'if

Erwanez
L'if

Euriell
Ange

Fanchenn
Relatif aux Francs

Fant
Relatif aux Francs

Fantig
Relatif aux Francs

Fantou
Relatif aux Francs

Flamell
Feu, flamme

Flamellig
Feu, flamme

Flamenn
Feu, flamme

Flamennig
Feu, flamme

Fragana
Nom d'un druide

Fraganenn
Nom d'un druide

Fraganez
Nom d'un druide

Franseza
Relatif aux Francs

Gael
Étrangère

Gaela
Étrangère

Gaelig
Étrangère

Gaïd
Perle

Gaïdig
Perle

Gallez
Bravoure, exploit

Gallezig
Bravoure, exploit

Gallezou
Bravoure, exploit

Gladez
Richesse

Gladezig
Richesse

Glannon
Très pure

God
Perle

Godig
Perle

Goulvena
Prière, blanc, heureux

Goulvenez
Prière, blanc, heureux

Goulwena
Prière, blanc, heureux

Goulwenez
Prière, blanc, heureux

Gurvana
Désir, passion

Gurvanez
Désir, passion

Gwellaouen
Blanc, heureux, joyeux

Gweltaza
Chevelure

Gweltazenn
Chevelure

Gwenael
Blanc, heureux, généreux

Gwenaela
Blanc, heureux, généreux

Gwenhael
Blanc, heureux, généreux

Gwenhaela
Blanc, heureux, généreux

Gwenn
Blanc, heureux, béni

Gwenna
Blanc, heureux, béni

Gwennael
Blanc, heureux, généreux

Gwennaïg
Blanc, heureux, béni

Gwennan
Blanc, heureux, béni

Gwennanig
Blanc, heureux, béni

Gwenneg
Blanc, heureux, béni

Gwennenn
Blanc, heureux, béni

Gwennez
Blanc, heureux, béni

Gwennhael
Blanc, heureux, généreux

Gwennig
Blanc, heureux, béni

Gwennina
Blanc, heureux, béni

Gwenno
Cri de guerre

Gwennoal
Blanc, bienheureux

Gwennoalig
Blanc, bienheureux

Gwenola
Blanc, heureux, béni

Gwenvred
Blanc, heureux, béni, disposition d'esprit

Gwenvredig
Blanc, heureux, béni, disposition d'esprit

Gwilhamet
Volonté, casque

Gwilhmet
Volonté, casque

Heodez
Qui élève, qui pouponne

Hervéa
Fer, vif, ardent

Herveva
Fer, vif, ardent

Hervevenn
Fer, vif, ardent

Hoela
Qui voit bien

Hoelenn
Qui voit bien

Houarneva
Fer, vif, ardent

Houarnevenn
Fer, vif, ardent

Ivona
L'if

Izold
Belle

Jakeza
Que Dieu favorise

Jezekela
Seigneur, généreux

Jildaza
Chevelure

Jildazez
Chevelure

Joela
Dieu est Dieu

Kanna
Blanc, éclatant

Kannaïg
Blanc, éclatant

Kaoura
Secours

Kaourantina
Secours

Katarin
Pure

Katell
Pure

Katellig
Pure

Katou
Pure

Kavanenn
Combat, pensée, sage

Kavanez
Combat, pensée, sage

Klervi
Joyau, perle

Klervïa
Joyau, perle

Koulm
Colombe

Koulma
Colombe

Koulmenn
Colombe

Koulmez
Colombe

Koulmig
Colombe

Kristell
Chrétien

Kristina
Chrétien

Laïg
Grand

Lara
Noble et fort

Lena
Brun

Lenaïg
Brun

Lennig
Grand

Lera
Noble et fort

Levenez
Joie, liesse

Leveneza
Joie, liesse

Levenezig
Joie, liesse

Lezig
Grand

Lezou
Passion, étranger

Lid
Perle

Lidig
Perle

Liz
Illustre, bataille, combattant

Liza
Illustre, bataille, combattant

Lizaïg
Illustre, bataille, combattant

Lizig
Illustre, bataille, combattant

Loeiza
Illustre, bataille, combattant

Loeizaïg
Illustre, bataille, combattant

Madalen
Bon

Madenn
Bon

Madennig
Bon

Madez
Bon

Madezig
Bon

Madezou
Bon

Madin
Bon

Madina
Bon

Maela
Grand

Maelaïg
Grand

Maelenn
Grand

Maelennig
Grand

Maelez
Grand

Maelezig
Grand

Magod
Perle

Maï
Goutte de mer

Maïna
Goutte de mer

Maïwenn
Goutte de mer

Manna
Goutte de mer

Mannaïg
Goutte de mer

Maodanna
Jeune homme, feu

Maodanez
Jeune homme, feu

Marc'haïd
Perle

Marc'harid
Perle

Margaïd
Perle

Mariannig
Goutte de mer

Mari-Madalen
Goutte de mer

Marivon
Goutte de mer

Marivona
Goutte de mer

Marivonig
Goutte de mer

Mari-Vorgan
Goutte de mer, grand

Mari-Wenn
Goutte de mer, blanc, heureux, béni

Mazheva
Don de Dieu

Mazhevenn
Don de Dieu

Mer
Perle

Met
Volonté, casque

Metig
Volonté, casque

Mevena
Bien portant

Mevenez
Bien portant

Mikaela
Qui est comme Dieu

Mikela
Qui est comme Dieu

Modana
Prince, feu

Modanez
Prince, feu

Mon
Perle

Marana
Grand

Moranenn
Grand

Moranez
Grand

Morgan
Mer, fait de naître

Morgana
Mer, fait de naître

Morganenn
Mer, fait de naître

Morganez
Mer, fait de naître

Morvana
Fait de se porter en avant

Morvanenn
Fait de se porter en avant

Morvanez
Fait de se porter en avant

Naïg
Pierre

Nanig
Blanc, heureux, béni

Nellig
Agneau

Neneg
Sommet, élévation

Nenega
Sommet, élévation

Nenog
Sommet, élévation

Nenoga
Sommet, élévation

Nevena
Ciel

Nevenez
Ciel

Nezig
Ciel

Nina
Blanc, heureux, béni

Ninenn
Blanc, heureux, béni

Ninnog
Sommet, élévation

Ninoga
Sommet, élévation

Ninogan
Sommet, élévation

Noal
Nom de lieu

Noalig
Nom de lieu

Noela
Dieu est Dieu

Nolwenn
Nom de lieu

Nolwennig
Nom de lieu

Norig
Honoré

Nouela
Dieu est Dieu

Oanell
Agneau

Oanellig
Agneau

Oanez
Agneau

Oanezig
Agneau

Onenn
Personne solide, simple

Onenna
Personne solide, simple

Onnen
Personne solide, simple

Oregan
Dont la naissance est brillante

Oregen
Dont la naissance est brillante

Oregon
Dont la naissance est brillante

Padernez
Paternel

Padriga
Patricien

Padrigez
Patricien

Paola
Petit, faible

Paskell
Pâques

Paskella
Pâques

Pederna
Paternel

Perez
Pierre

Perezig
Pierre

Perlezenn
Perle

Plezota
Tresse, natte

Plezou
Tresse, natte

Plezouta
Tresse, natte

Pola
Petit, faible

Predena
Nom donné à la Bretagne

Primela
Belle apparence, prince, chef

Primelez
Belle apparence, prince, chef

Privela
Belle apparence, prince, chef

Privelez
Belle apparence, prince, chef

Privelina
Belle apparence, prince, chef

Reunana
Petit phoque

Renanenn
Petit phoque

Reunanez
Petit phoque

Rivanon
Roi, frapper, piquer

Riwalenn
Roi valeureux

Riwalez
Roi valeureux

Riwanenn
Roi, frapper, piquer

Riwanez
Roi, frapper, piquer

Riwanon
Roi, frapper, piquer

Ronana
Petit phoque

Ronanenn
Petit phoque

Ronanez
Petit phoque

Rozenn
Rose

Rozennig
Rose

Ruvona
Romain

Ruvonenn
Romain

Ruvonez
Romain

Seza
Relatif aux Francs

Sezaïg
Relatif aux Francs

Sklaera
Clair

Sklaerder
Clair

Sklaerenn
Clair

Soaz
Relatif aux Francs

Soazig
Relatif aux Francs

Solen
Solennel

Solena
Solennel

Solenez
Solennel

Steredenn
Étoile

Steredennig
Étoile

Steren
Étoile

Sterennig
Étoile

Tina
Pure

Tinaïg
Pure

Trestana
Tumulte

Tristana
Tumulte

Tuala
Peuple, valeur

Tualenn
Peuple, valeur

Tudalenn
Peuple, valeur

Tudalez
Peuple, valeur

Tunvel
Prince, chef

Uriell
Ange

Ursula
Or

Venaïg
Ciel

Vona
Perle

Yanna
Dieu est miséricordieux

Yannez
Dieu est miséricordieux

Zaïg
Illustre, bataille, combattant

Centre

Chantal
De l'occitan : roche

Margot
Du grec : perle

Marion
De l'hébreu : goutte de mer

Est

Jacquemine
De l'hébreu : que Dieu favorise

Jacquotte
De l'hébreu : que Dieu favorise

Jacquine
De l'hébreu : que Dieu favorise

Madeline
De l'hébreu : tour

Manon
De l'hébreu : goutte de mer

Marion
De l'hébreu : goutte de mer

Lorraine

Alla
De l'indo-européen : harmonieux

Faustine
Du latin : heureux

Frida
Du germain : paix, roi

Fursy
Du germain : prince

Hilda
Du germain : combat

Hildegarde
Du germain : combat, maison

Hildegonde
Du germain : combat, guerre

Hildelitte
Du germain : combat, travail

Hiltrude
Du germain : combat, fidèle

Himeline
Du germain : ciel, doux

Himelinda
Du germain : ciel, doux

Irmengarde
Du germain : armée, moi

Irmentrude
Du germain : armée, moi

Iseline
De l'hébreu : Dieu est mon serment

Loraine
Du latin : apaiser

Lorraine
Du latin : apaiser

Midi

Abina
Du latin : blanc

Armande
Du latin : aimable

Aymone
Du germain : conseil, protecteur

Césarie
Du latin : pratiquer une césarienne

Césarine
Du latin : pratiquer une césarienne

Donna
Du latin : maîtresse

Esteva
Du grec : couronné

Esteve
Du grec : couronné

Fabianne
Du latin : fève

Fabrizia
Du latin : forgeron

Fabriziane
Du latin : forgeron

Florentine
Du latin : en floraison

Fortunat
Du latin : fortuné

Fortunata
Du latin : fortuné

Francine
Du latin : Franc, homme libre

Gaïetana
Du latin : habitant de Caieta

Gaillarde
Du latin : fleur

Geraldy
Du germain : lance, commande, gouverner

Grazia
Du latin : grâce

Graziella
Du latin : grâce

Grazilla
Du latin : grâce

Julia
Du latin : qui vient de Julier

Julie
Du latin : qui vient de Julier

Juliane
Du latin : qui vient de Julier

Laur
Du latin : laurier

Ludivica
Du germain : illustre combattant

Mafalda
Du latin : tromper

Magali
Du grec : perle

Maïté
Du grec : perle

Mary
Du grec : perle

Miranda
Du grec : perle

Oliva
Du latin : olive

Olive
Du latin : olive

Ortolana
Du latin : le jardin

Romary
Du germain : gloire, roi

Rosa
Du latin : la rose

Silvana
Du latin : forêt

Tiphaine
Du grec : délicatesse

Typhaine
Du grec : délicatesse

Valéry
Du latin : être bien portant

Vera
Du latin : vrai

Vérana
Du latin : vrai

Nord

Alditha
De l'hébreu : juive

Astrid
Du scandinave : la cavalière de Dieu

Birgitt
Du celte : force

Birgitta
Du celte : force

Britta
Du celte : force

Carren
Du grec : pure

Caren
Du grec : pure

Edwige
Du germain : richesse, combat

Eileen
Du grec : éclat du soleil

Eliette
De l'hébreu : Jehovah est Dieu

Enguerrande
Du germain : ange, corbeau

Fanchon
Du germain : franc, homme libre

Ghislaine
Du germain : otage, doux

Guilaine
Du germain : otage, doux

Guillaine
Du germain : otage, doux

Isaure
De l'hébreu : Dieu est mon serment

Marietta
De l'hébreu : goutte de mer

Mariette
De l'hébreu : goutte de mer

Osanna
De l'hébreu : soit propice

Osanne
De l'hébreu : soit propice

Percie
Lieu normand

Percy
Lieu normand

Rauline
Du germain : conseil, loup

Renaude
Du germain : conseil, gouverner

Wanda
Du germain : tourner

Wandrille
Du germain : tourner

Occitanie

Aliénor
Du latin : apaiser la douleur

Aubrée
Du latin : blanc

Bastiane
Du grec : honoré

Bertrane
Du germain : corbeau brillant

Damia
Du grec : déesse de la fertilité

Elissa
De l'hébreu : Dieu est mon serment

Fantine
Du latin : enfant

Franca
Du latin : les Francs

France
Du latin : Franc, homme libre

Galia
Du latin : les Gaulois

Gallia
Du latin : les Gaulois

Guyenne
Du germain : forêt

Guyonne
Du germain : forêt

Lena
Du grec : éclat du soleil

Mage
Du grec : perle

Magge
Du grec : perle

Magnerie
Du grec : perle

Maïté
De l'hébreu : goutte de mer

Malva
Du latin : fleur

Malvane
Du latin : fleur

Malvina
Du germain : ami du droit

Malvy
Du germain : ami du droit

Margalide
Du grec : perle

Martianne
Du latin : guerrier

Mary
De l'hébreu : goutte de mer

May
De l'hébreu : goutte de mer

Metge
Du grec : perle

Nora
Du latin : apaiser la douleur

Nore
Du latin : apaiser la douleur

Pia
Du latin : pierre

Renata
Du latin : né une seconde fois

Renate
Du latin : né une seconde fois

Romane
Du latin : romain

Sabrina
Du latin : princesse

Saby
Du latin : princesse

Salvia
Du latin : sauvé

PRÉNOMS RÉGIONAUX MASCULINS

Alsace

Albrecht
Du germain : noble, brillant

Bruno
Du germain : bouclier

Claus
Du germain : victoire, peuple

Dietrich
Du germain : souverain du peuple

Elmer
Du vieil anglais : noble, renommé

Ernst
Du germain : sérieux, combat

Faustin
Du latin : heureux

Franck
Du latin : Franc, homme libre

Franz
Du latin : Franc, homme libre

Frantz
Du latin : Franc, homme libre

Fredrich
Du germain : puissant, protection

Fulrad
Du germain : abondance, conseil

Gerbert
Du germain : épée, brillant

Gerebern
Du germain : lance, ours

Guerard
Du germain : lance, dur

Guérarht
Du germain : lance, dur

Hans
De l'hébreu : Dieu est miséricordieux

Hansie
De l'hébreu : Dieu est miséricordieux

Hendrick
Du germain : maison du roi

Hermann
Du germain : armée, homme

Hilbert
Du germain : combat, brillant

Hildebert
Du germain : combat, brillant

Hildebrand
Du germain : combat, cuirasse

Hildeman
Du germain : combat, homme

Hildevert
Du germain : combat, brillant

Himelin
Du germain : ciel, doux

Iselin
De l'hébreu : Dieu est mon serment

Jack
De l'hébreu : que Dieu favorise

Kasper
De l'hébreu : gérer les trésors

Lorenz
Du latin : laurier

Ludwig
Du germain : illustre combattant

Matthis
De l'hébreu : don de Dieu

Max
Du latin : le plus grand

Norman
Du germain : nord, brillant

Normann
Du germain : nord, brillant

Odiano
Du germain : richesse

Oswald
Du germain : Dieu, forêt

Othon
Du germain : richesse, peuple

Otton
Du germain : richesse, peuple

Peter
Du latin : pierre

Reinhardt
Du germain : conseil, dur

Renald
Du germain : conseil, gouverner

Renaldo
Du germain : conseil, gouverner

Reynold
Du germain : conseil, gouverner

Rodolph
Du germain : conseil, loup

Ronald
Du germain : décret, régner

Roseind
Du germain : cheval, doux

Rumwald
Du germain : gloire, qui gouverne

Rupert
Du germain : gloire, brillant

Ruth
Du germain : gloire, brillant

Sigfrid
Du germain : victoire, paix

Siegfried
Du germain : victoire, paix

Stephan
Du grec couronné

Ulmer
Du germain : patrie, célèbre

Ulric
Du germain : patrie, roi

Ulrich
Du germain : patrie, roi

Walbert
Du germain : qui gouverne, brillant

Walter
Du germain : gouverner, armée

Werner
Du germain : qui vient protéger l'armée

Wilhelm
Du germain : volonté, casque

Auvergne

Amable
Du latin : qui est aimé

Archibald
Du germain : naturel, audacieux

Bastien
Du grec : honoré

Pays basque

Indalecio
Force

Javier
Maison neuve

Saverio
Maison neuve

Saveuo
Maison neuve

Xablier
Maison neuve

Xaveer
Maison neuve

Xaver
Maison neuve

Xaverl
Maison neuve

Xavier
Maison neuve

Xever
Maison neuve

Xidi
Maison neuve

Bretagne

Ael
Ange

Aelig
Ange

Alan
Pierre

Alar
Noble et fort

Alarig
Noble et fort

Alban
Irlande

Albin
Blanc

Albinig
Blanc

Aler
Noble et fort

Alerig
Noble et fort

Andrev
Viril

Annaeg
Grâce

Annaog
Grâce

Aodren
Joint, royal

Aodrenig
Joint, royal

Armel
Ours, guerrier, prince

Arzhael
Ours, guerrier, prince

Arzhaelig
Ours, guerrier, prince

Arzhel
Ours, guerrier, prince

Arzhelig
Ours, guerrier, prince

Arzhul
Ours, guerrier

Arzhulig
Ours, guerrier

Arzhur
Ours, guerrier

Arzhurig
Ours, guerrier

Arzhvael
Ours, guerrier, prince

Avel
Vent

Avelig
Vent

Awen
Élegant, inspiration poétique

Awenig
Élegant, inspiration poétique

Aza
Père de la multitude

Benead
Béni

Benedig
Béni

Bennigan
Béni

Benniged
Béni

Bernez
Ours fort

Beuzeg
Victorieux

Beuzegig
Victorieux

Bi
Goutte de mer

Binidig
Bien nommé

Binig
Blanc

Blaez
Tresse

Bleiz
Qui bégaie

Bleizig
Qui bégaie

Bleizou
Qui bégaie

Blez
Tresse

Bodeg
Victorieux

Bozael
Victorieux

Boze
Victorieux

Bozel
Victorieux

Brendan
Petit corbeau

Brendanig
Petit corbeau

Breval
Corbeau, prince

Brevala
Petit corbeau

Brevalaer
Petit corbeau

Brevalan
Petit corbeau

Brevaler
Petit corbeau

Brevara
Petit corbeau

Brewal
Petit corbeau

Brewalan
Petit corbeau

Briag
Irlande

Brieg
Irlande

Briegig
Irlande

Briegou
Irlande

Briog
Irlande

Brivael
Irlande

Brivel
Irlande

Budig
Lieu où pousse le buis

Budog
Lieu où pousse le buis

Budogan
Lieu où pousse le buis

Buvael
Lieu où pousse le buis

Buvel
Lieu où pousse le buis

Buzig
Lieu où pousse le buis

Charlez
Viril

Charlig
Viril

Charlou
Viril

Cheu
Bon, talent

Dagan
Pierre

Deniel
Dieu est seul juge

Denielig
Dieu est seul juge

Denig
Bon

Denoel
Dieu est seul juge

Denoelig
Dieu est seul juge

Derog
Roi, valeureux

Derrien
Ennemi, roi

Devi
Bon, magie

Dewi
Bon, magie

Divi
Bon, magie

Drenig
Joint, royal

Drev
Viril

Edern
Grand, énorme

Edernig
Grand, énorme

Efflamm
Rayonnant

Efflamming
Rayonnant

Eflamm
Rayonnant

Eflamming
Rayonnant

Ehouarn
Bon, fer

Elar
Noble et fort

Elarig
Noble et fort

Elen
Brun

Eler
Noble et fort

Elerig
Noble et fort

Eliaz
Jéhovah est Dieu

Eliez
Jéhovah est Dieu

Elorn
Roi

Elouan
Bon, lumière

Elouen
Bon, lumière

Enored
Honoré

Envel
Gallois

Envelig
Gallois

Eozen
Bon, talent

Eozenig
Bon, talent

Eozenou
Bon, talent

Erlé
nombreux, lien

Erwan
L'if

Erwanig
L'if

Eudon
Bon, talent

Euzen
Bon, talent

Evan
L'if

Even
L'if

Evon
L'if

Ewan
L'if

Ewen
L'if

Fanch
Relatif aux Francs

Fanchig
Relatif aux Francs

Fanchou
Relatif aux Francs

Flamm
Feu, flamme

Flammig
Feu, flamme

Fragan
Nom d'un druide

Fraganig
Nom d'un druide

Fransez
Relatif aux Francs

Fransezig
Relatif aux Francs

Fregan
Nom d'un druide

Freganig
Nom d'un druide

Gael
Étrangère

Gaelig
Étrangère

Gall
Étrangère

Gallig
Étrangère

Gallou
Étrangère

Gien
Gai, vif

Gion
Gai, vif

Glen
Pays, terre, monde

Glenn
Pays, terre, monde

Gleran
Grâce, plein

Gleren
Grâce, plein

Goal
Combat, valeureux

Golven
Prière, blanc, heureux

Gouenou
Cri de guerre

Gouezeg
Cri de guerre

Goulven
Prière, blanc, heureux

Goulvenig
Prière, blanc, heureux

Goulwen
Prière, blanc, heureux

Goulvenig
Prière, blanc, heureux

Goulwen
Prière, blanc, heureux

Gourvan
Désir, passion

Gralon
Grâce, plein

Gurval
Combat, valeureux

Gurvan
Désir, passion

Gurvanig
Désir, passion

Gurvant
Désir, passion

Gurwal
Combat, valeureux

Gwalé
Blanc, heureux, béni

Gwaloé
Blanc, heureux, béni

Gweltaz
Chevelure

Gweltazig
Chevelure

Gwenael
Blanc, heureux, généreux

Gwenal
Blanc, heureux, généreux

Gwendal
Blanc, heureux, valeur

Gwenegan
Chien, guerrier

Gwenel
Blanc, heureux, généreux

Gwenhael
Blanc, heureux, généreux

Gwenn
Blanc, heureux, béni

Gwennael
Blanc, heureux, généreux

Gwenneg
Blanc, heureux, béni

Gwennhael
Blanc, heureux, généreux

Gwennin
Blanc, heureux, béni

Gwenno
Cri de guerre

Gwennog
Blanc, heureux

Gwennolé
Blanc, heureux, béni

Gwennou
Cri de guerre

Gwenolé
Blanc, heureux, béni

Gwenvael
Blanc, heureux, prince

Gwenvel
Blanc, heureux, prince

Gwenwal
Blanc, heureux, béni

Gwilherm
Volonté, casque

Gwilhermig
Volonté, casque

Gwilhou
Volonté, casque

Gwion
Gai, vif

Gwiziav
Savoir, science

Gwizio
Savoir, science

Haervev
Fer, vif, ardent

Helori
Généreux, sage

Helouri
Généreux, sage

Herlé
Nombreux, lien

Hervé
Fer, vif, ardent

Herveig
Fer, vif, ardent

Hervo
Fer, vif, ardent

Hoel
Qui voit bien

Hoelig
Qui voit bien

Houarné
Fer, vif, ardent

Houarnev
Fer, vif, ardent

Houarno
Fer, vif, ardent

Houarvev
Fer, vif, ardent

Houarvian
Fer, vif, ardent

Howel
Qui voit bien

Iduned
Prince, chef

Ifig
L'if

Ikel
Seigneur, généreux

Iv
L'if

Ivon
L'if

Ivonig
L'if

Iwan
L'if

Iwen
L'if

Izikel
Seigneur, généreux

Jagu
Que Dieu favorise

Jakez
Que Dieu favorise

Jakezig
Que Dieu favorise

Jakou
Que Dieu favorise

Jaoua
Père

Jegu
Que Dieu favorise

Jekel
Seigneur, généreux

Jezekael
Seigneur, généreux

Jezekel
Seigneur, généreux

Jezekelig
Seigneur, généreux

Jikael
Seigneur, généreux

Jikel
Seigneur, généreux

Jildaz
Chevelure

Jildazig
Chevelure

Job
Dieu ajoute

Jobig
Dieu ajoute

Joel
Dieu est Dieu

Judikael
Seigneur, généreux

Juzel
Seigneur, généreux

Kadeg
Combat

Kado
Combat

Kadog
Combat

Kadou
Combat

Kadvael
Combat

Kadvan
Combat, sage

Kadvoz
Combat

Kaelig
Seigneur, généreux

Kann
Blanc, éclatant

Kannig
Blanc, éclatant

Kaour
Pure

Kaourantin
Pure

Kaourig
Pure

Kaourintin
Pure

Karadeg
Ami

Karadog
Ami

Karanteg
Ami

Kavan
Combat, sage

Kavanig
Combat, sage

Kelig
Seigneur, généreux

Kola
Victoire, peuple

Kolaïg
Victoire, peuple

Kolaz
Victoire, peuple

Konan
Chien, guerrier

Koneg
Chien de guerre

Konog
Chien de guerre

Konogan
Chien, guerrier

Konvael
Grand

Kou
Que Dieu favorise

Kouig
Que Dieu favorise

Koulm
Colombe

Koulman
Colombe

Koulmig
Colombe

Kristen
Chrétien

Kristian
Chrétien

Lan
Pierre

Lanig
Pierre

Laou
Volonté, casque

Laouig
Volonté, casque

Larig
Noble et fort

Lerig
Noble et fort

Loeiz
Illustre, bataille, combattant

Loïg
Illustre, bataille, combattant

Loiz
Illustre, bataille, combattant

Loizig
Illustre, bataille, combattant

Lom
Volonté, casque

Lomig
Volonté, casque

Louan
Bon, lumière

Louen
Bon, lumière

Madeg
Bon

Maden
Bon

Madenig
Bon

Madog
Bon

Mael
Grand

Maelan
Grand

Maeldan
Prince, feu

Maelig
Grand

Mahé
Don de Dieu

Malo
Garantie, lumineux

Malou
Garantie, lumineux

Maner
Manoir

Maodan
Jeune homme, feu

Maodanig
Jeune homme, feu

Maodez
Jeune homme, feu

Mazhé
Don de Dieu

Mazho
Don de Dieu

Mazhou
Don de Dieu

Meler
Or

Meriadeg
Le devant de la tête

Meurzh
Guerrier

Meven
Bien portant

Mevenig
Bien portant

Mikael
Qui est comme Dieu

Mikaelig
Qui est comme Dieu

Mikel
Qui est comme Dieu

Mikelig
Qui est comme Dieu

Min
Bien portant

Minig
Bien portant

Modan
Jeune homme, feu

Modanig
Jeune homme, feu

Modez
Jeune homme, feu

Moran
Grand

Moranig
Grand

Mordiern
Mer, chef

Morgad
Mer, combat

Morgan
Mer, fait de naître

Morvan
Fait de se porter en avant

Morvanig
Fait de se porter en avant

Morvanou
Fait de se porter en avant

Nan
Petit phoque

Nanig
Petit phoque

Nedeleg
Relatif à la naissance

Nenan
Élévation

Neven
Ciel

Nevenig
Ciel

Neveno
Ciel

Nevenoé
Ciel

Nevenou
Ciel

Neventer
Ciel

Nikolaz
Victoire, peuple

Nikolazig
Victoire, peuple

Noel
Relatif à la naissance

Noelig
Relatif à la naissance

Nolo
Blanc, heureux, béni

Nomen
Ciel

Nominoé
Ciel

Nouel
Relatif à la naissance

Nouelig
Relatif à la naissance

Oan
Agneau

Oanig
Agneau

Onenn
Agneau

Paban
Peuple, valeur

Pabu
Peuple, valeur

Padarn
Paternel

Padern
Paternel

Padernig
Paternel

Padraeg
Patricien

Padrig
Patricien

Paol
Petit, faible

Paolig
Petit, faible

Paskal
Pâques

Paskalig
Pâques

Paskou
Pâques

Pedern
Paternel

Pedernig
Paternel

Per
Pierre

Peran
Pierre

Peranig
Pierre

Pereg
Pierre

Perig
Pierre

Pierig
Pierre

Pol
Petit, faible

Polig
Petit, faible

Preden
Nom donné à la Bretagne

Predenig
Nom donné à la Bretagne

Premel
Belle apparence, prince, chef

Prevel
Belle apparence, prince, chef

Primel
Belle apparence, prince, chef

Primelig
Belle apparence, prince, chef

Privael
Belle apparence, prince, chef

Privel
Belle apparence, prince, chef

Privelig
Belle apparence, prince, chef

Privelin
Belle apparence, prince, chef

Reunan
Petit phoque

Ruenanig
Petit phoque

Rieg
Roi

Riog
Roi

Riou
Roi

Riwal
Roi

Riwalig
Roi

Riwall
Roi

Riwan
Roi, frapper, piquer

Riwalig
Roi, frapper, piquer

Riwall
Roi, félicité

Riwan
Roi, frapper, piquer

Riwanig
Roi, frapper, piquer

Riware
Roi, félicité

Ronan
Petit phoque

Ronanig
Petit phoque

Rumon
Romain

Ruvon
Romain

Ruvonig
Romain

Sadorn
Blanc, éclatant

Saïg
Relatif aux Francs

Salaün
Royaume de la paix

Samson
Le petit soleil

Samzun
Le petit soleil

Segal
Ancien, parent, ami

Selaven
Royaume de la paix

Sez
Relatif aux Francs

Sezig
Relatif aux Francs

Soa
Relatif aux Francs

Soaïg
Relatif aux Francs

Soïg
Relatif aux Francs

Solen
Solennel

Stefan
Couronne

Steon
Couronne

Steonig
Couronne

Stevan
Couronne

Steven
Couronne

Tadeg
Père

Tadou
Père

Talan
Pierre

Tangi
Feu, chien

Tangou
Feu, chien

Tanig
Tumulte

Tefanig
Couronne

Tegoneg
Chien de guerre

Tehen
Ancien

Tenenan
Élévation

Teozen
Bon, talent

Tevrieg
Considération

Tevriog
Considération

Tewenneg
Blanc, heureux, béni

Tewennog
Blanc, heureux, béni

Tewinnin
Blanc, heureux, béni

Tin
Pure

Tinig
Pure

Tivio
Fait de savoir

Tivizio
Fait de savoir

Touezeg
Cri de guerre

Tremeur
Victoire, grand

Trestan
Tumulte

Trestanig
Tumulte

Treveur
Victoire, grand

Tristan
Tumulte

Tristanig
Tumulte

Tual
Peuple, valeur

Tualig
Peuple, valeur

Tudal
Peuple, valeur

Tudalig
Peuple, valeur

Tudeg
Bon, peuple

Tudi
Bon, peuple

Tudual
Peuple, valeur

Tuzwall
Peuple, valeur

Venig
Ciel

Venou
Ciel

Vi
Goutte de mer

Walig
Roi

Yann
Dieu est miséricordieux

Yannig
Dieu est miséricordieux

Yannou
Dieu est miséricordieux

Yekel
Seigneur, généreux

Yeltaz
Chevelure

Yeltazig
Chevelure

Yeun
Bon, talent

Youen
L'if

Lorraine

Dietrich
Du germain : souverain du peuple

Franck
Du latin : Franc, homme libre

Franz
Du latin : Franc, homme libre

Frantz
Du latin : Franc, homme libre

Fulrad
Du germain : abondance, conseil

Gall
Du celtique : seigneur, généreux

Gerbert
Du germain : épée, brillant

Gerebern
Du germain : lance, ours

Hendrick
Du germain : maison du roi

Hermann
Du germain : armée, homme

Hilbert
Du germain : combat, brillant

Hildebert
Du germain : combat, brillant

Hildebrand
Du germain : combat, cuirasse

Hildeman
Du germain : combat, homme

Hildevert
Du germain : combat, brillant

Himelin
Du germain : ciel, doux

Iselin
De l'hébreu : Dieu est mon serment

Kasper
De l'hébreu : gérer les trésors

Lorenz
Du latin : laurier

Matthis
De l'hébreu : don de Dieu

Max
Du latin : le plus grand

Midi

Adrian
Du latin : de Adria, ville de Vénétie

Albaric
Du germain : noble, roi

Albéric
Du germain : noble, roi

Albin
Du latin : blanc

Andéol
Du grec : virilité, énergie

Angelo
Du latin : ange

Armand
Du latin : aimable

Arthaud
Du germain : fort, vieux

Aymon
Du germain : conseil, protecteur

Bertram
Du germain : ours, corbeau

Césaire
Du latin : pratiquer une césarienne

César
Du latin : pratiquer une césarienne

Colomban
Du latin : colombe

Dieudonné
Du latin : donner par Dieu

Emilian
Du grec : ruse

Fabian
Du latin : fève

Ferréol
Du latin : sorte de vigne

Florentin
Du latin : en floraison

Francis
Du latin : Franc, homme libre

Gaubert
Du germain : qui gouverne, brillant

Geoffrey
Du germain : Dieu, paix

Gérald
Du germain : lance, commande, gouverner

Gregory
Du grec : qui veille

Grimaud
Du germain : casque, qui gouverne

Gringoire
Du germain : casque, qui gouverne

Jordi
Du grec : travailleur de la terre

Jules
Du latin : qui vient de Julier

Julian
Du latin : qui vient de Julier

Ludovic
Du germain : illustre, bataille, combattant

Manfred
Du germain : homme, paix

Marian
De l'hébreu : goutte de mer

Marius
Du latin : la mer

Oliver
Du latin : olive

Olivier
Du latin : olive

Ollivier
Du latin : olive

Orlando
Du germain : gloire, pays

Rainier
Du germain : conseil

Raynier
Du germain : conseil

Rambert
Du germain : conseil, brillant

Régis
Du latin : diriger

Silvan
Du latin : forêt

Tony
Du latin : inestimable

Urbain
Du latin : citadin

Valens
Du latin : fort, vigoureux

Vivian
Du latin : vivant

Normandie

Algernon
Avec une moustache

Algie
Avec une moustache

Baldwin
Du germain : audacieux, ami

Baudoin
Du germain : audacieux, ami

Darrell
Nom de lieu dans le Calvados

Edgar
Du germain : richesse, lance

Enguerrand
Du germain : ange, corbeau

Eudelin
Du grec : de noble race

Galeran
Du germain : qui gouverne, corbeau

Ghislain
Du germain : otage, doux

Gudule
Du germain : guerre, doux

Guillain
Du germain : otage, doux

Jore
Du grec : travailleur de la terre

Millicent
Du vieux français : mille, chemin

Omar
Du germain : richesse, illustre

Omer
Du germain : richesse, illustre

Renaud
Du germain : conseil, gouverner

Sacheverell
Nom de lieu (Santé, chevreuil)

Troy
Troyes (la ville)

Vaneng
Du germain : qui gouverne, pointe
de lame

Vernon
Lieu de Normandie

Wibert
Du germain : bois, brillant

Occitanie

Aimeric
Du latin : Maure, Africain

Alaric
Du germain : noble, roi

Aldebert
Du germain : noble, brillant

Aldric
Du germain : noble, roi

Amalric
Du germain : noble, roi

Bastian
Du grec : honoré

Edard
Du germain : richesse, garder

Elzéar
Du latin : dauphin

Enric
Du germain : maison du roi

Enrique
Du germain : maison du roi

Esteban
Du grec : couronné

Fantin
Du latin : enfant

Florian
Du latin : fleuri

Foulques
Du germain : peuple, faucon

Gaston
Du germain : hôte

Gaudens
Du latin : se réjouir

Isarn
Du germain : glace, aigle

Juan
De l'hébreu : Dieu est miséricordieux

Magneric
Du germain : force, roi

Mahaut
Du germain : force, audacieux

Mahault
Du germain : force, audacieux

Majoric
Du germain : force, roi

Malvy
Du latin : fleur

Pieyre
Du latin : pierre

Ramon
Du germain : conseil, protection

Roman
Du latin : romain

Romaric
Du germain : gloire, roi

Sérénic
Du latin : serein

Steve
Du grec : couronne

Ubald
Du germain : intelligence, hardi

PRÉNOMS DE A À Z

Par un souci de clarté, les prénoms sont classés par ordre alphabétique, par genre féminin ou masculin, avec l'origine puis la signification.

Les dérivés français ou étrangers et les diminutifs sont classés comme des prénoms à part entière soit :

— Jack	Hébreu	que Dieu favorise
— Jackie	Hébreu	que Dieu favorise
— Jacob	Hébreu	que Dieu favorise
— Jacques	Hébreu	que Dieu favorise
— Jacobus	Hébreu	que Dieu favorise
— Giacomo	Hébreu	que Dieu favorise

Jacob est le point de départ car il vient de l'hébreu « ya'aqob », « que Dieu favorise » ; **Jackie** est un diminutif de **Jack**, lui-même étant la forme américanisée ; **Jacobus** est la forme latinisée, **Giacomo** est la forme méridionale et **Jacques** la forme française.

Il nous a semblé que l'intérêt principal des futurs parents était de connaître l'origine et la signification de départ et non pas de savoir si tel ou tel prénom était un diminutif ou un dérivé français ou étranger de celui-ci.

A

FÉMININ

Aaltje *Germanique*
De noble forme et façon

Aata *Tahitien*
L'enfant gai de la lune

Abaigeal *Hébreu*
Le père de l'exaltation

Abbey *Hébreu*
Le père de l'exaltation

Abby *Hébreu*
Le père de l'exaltation

Abelia *Hébreu*
Fragilité des choses qui passent

Abelina *Hébreu*
Le souffle

Abelinda *Hébreu*
Fragilité des choses qui passent

Abeline *Hébreu*
Fragilité des choses qui passent

Abelke *Germanique*
Noble, célèbre

Abella *Hébreu*
Fragilité des choses qui passent

Abelone *Grec*
Dédié à Apollon

Abida *Arabe*
Qui vit en état d'adoration constante

Abigail *Hébreu*
Le père de l'exaltation

Abir *Arabe*
Le safran

Abondance *Latin*
Richesse, abondance

Achéqa *Arabe*
Amoureuse

Achila *Grec*
Prénom moderne de Akkileus (héros de l'Iliade)

Achilina *Grec*
Prénom moderne de Akkileus (héros de l'Iliade)

Achillea *Grec*
Prénom moderne de Akkileus (héros de l'Iliade)

Achiqa *Arabe*
Amoureuse

Achoura *Arabe*
10e jour du mois

Ada *Hébreu*
Ornement

Ada *Germanique*
De race noble

Adah *Hébreu*
Ornement

Adalberta *Germanique*
Noble, brillant

Adalgard *Germanique*
Noble et premier

Adalgisa *Germanique*
Noble flèche

Adela *Germanique*
Noble

Adéla *Arabe*
Juste

Adéla *Germanique*
Noble

Adelaida *Germanique*
Noble

Adelaide *Germanique*
Noble

Adelberga *Germanique*
Noble, protectrice

Adelcisa *Germanique*
Noble flèche

Adèle *Germanique*
Noble

Adelgund *Germanique*
Noble et combattant

Adelheid *Germanique*
De noble forme et façon

Adélie *Germanique*
Noble

Adelina *Germanique*
Noble

Adeline *Germanique*
Noble

Adelita *Germanique*
Noble

Adelmut *Germanique*
Noble

Adiba *Arabe*
Cultivée

Adila *Arabe*
Juste

Adina *Germanique*
De race noble

Adinolfa *Germanique*
Noble loup

Adolfa *Germanique*
Noble loup

Adolfina *Germanique*
Noble loup

Adolphine *Germanique*
Noble loup

Adoucha *Germanique*
Noble

Adriana *Latin*
Qui vient de la ville d'Adria

Adriane *Latin*
Qui vient de la ville d'Adria

Adrienne *Latin*
Qui vient de la ville d'Adria

Aella *Hébreu*
Seigneur Dieu

Afaf *Arabe*
Sobriété

Afaq *Arabe*
Horizons

Afia *Arabe*
Guérison

Afifa *Arabe*
Qui fait preuve de retenue

Afra *Latin*
L'Africaine

Agata *Grec*
Bonne (femme)

Agatella *Grec*
Bonne (femme)

Agatha *Grec*
Bonne (femme)

Agathe *Grec*
Bonne (femme)

Agda *Grec*
Bonne (femme)

Aggie *Grec*
Pure, chaste

Aggy *Grec*
Bonne (femme)

Aghna *Irlandais*
Suffixe latin pour les prénoms féminins

Agi *Grec*
Pure, chaste

Aglaé *Grec*
Eclat

Aglaia *Grec*
Eclat

Aglaïane *Grec*
Eclat

Agnès *Grec*
Pure, chaste

Agnésa *Grec*
Pure, chaste

Agnese *Grec*
Pure, chaste

Agnesina *Grec*
Pure, chaste

Agnete *Grec*
Pure, chaste

Agnethe *Grec*
Pure, chaste

Agustina *Latin*
Vénérable, majestueux

Ahlam *Arabe*
Rêves

Ahlem *Arabe*
Rêves

Ahu'ra *Tahitien*
Robe rouge royale du coucher de soleil

Aiata *Tahitien*
La femme mangeuse des nuages du ciel

Aicha *Arabe*
Pleine de vitalité

Aïcha *Arabe*
Pleine de vitalité

Aifa *Tahitien*
Temple Aifa du gouvernement féodal

Aifric *Irlandais*
Africain

Aignéis *Grec*
Pure, chaste

Ailbhe *Germanique*
Elfe

Aileen *Grec*
Eclat du soleil

Ailis *Germanique*
Noble

Ailise *Germanique*
Noble

Aimée *Latin*
Aimé

Aimie *Latin*
Aimé

Aimone *Germanique*
Patrie

Aine *Hébreu*
Grâce

Aingeal *Grec*
Messagère

Aischa *Turque*
Epouse du prophète Mohammed

Aja *Italien*
La gouvernante

Alana *Celte*
Pierre

Alara *Germanique*
Tout, puissant

Alary *Germanique*
Tout, puissant

Alastriona *Grec*
Repousser, guerrier

Alba *Latin*
Blanc

Albane *Latin*
Blanc

Alberta *Germanique*
Noble, célèbre

Alberte *Germanique*
Noble, célèbre

Albertine *Germanique*
Noble, célèbre

Albina *Latin*
Blanc, clair

Alcisa *Germanique*
Noble flèche

Alda *Germanique*
Ancien

Aldegonde *Germanique*
Noble, guerre

Alderina *Germanique*
Vieux

Aldesina *Germanique*
Vieux

Aldesira *Germanique*
Vieux, commander

Aldina *Germanique*
Vieux

Aleandra *Grec*
La femme du peuple

Alena *Hébreu*
Tour

Alesia *Grec*
Protecteur

Alessa *Grec*
Défendre, guerrier

Alessandra *Grec*
Défendre, guerrier

Alessia *Grec*
Défendre, guerrier

Alessina *Grec*
Défendre, guerrier

Alexandrine *Grec*
Défendre, guerrier

Alexane *Grec*
Défendre, guerrier

Alexia *Grec*
Défendre, guerrier

Alexiane *Grec*
Défendre, guerrier

Alexine *Grec*
Défendre, guerrier

Alexis *Grec*
Défendre, guerrier

Alfgard *Germanique*
Elfe, nature, protection, gardien

Alfia *Latin*
Blanc

Alfina *Latin*
Blanc

Alfreda *Germanique*
Tout, paix, plus, conseil

Alfredina *Germanique*
Tout, paix, plus, conseil

Alfredine *Germanique*
Tout, paix, plus, conseil

Alfrida *Germanique*
Tout, paix, plus, conseil

Alfrun *Germanique*
Elfe, naturel, charme

Algisa *Germanique*
Noble flèche

Alia *Arabe*
Elevé, noble

Alice *Germanique*
Noble

Alicia *Germanique*
Noble

Alida *Germanique*
De noble forme et façon

Aliénor *Latin*
Apaiser la douleur

Aliette *Germanique*
Noble

Alina *Germanique*
Noble

Aline *Germanique*
Noble

Aliona *Grec*
Eclat du soleil

Alionka *Grec*
Eclat du soleil

Alison *Germanique*
Noble

Alissa *Germanique*
Noble

Alix *Grec*
Défendre, guerrier

Aliya *Arabe*
Noble

Alizée *Germanique*
Noble

Alizon *Germanique*
Noble

Alke *Germanique*
De noble forme et façon

Alla *Germanique*
Noble

Allegra *Latin*
Fougueux

Alma *Latin*
Gracieux

Almerica *Germanique*
Les règles du travail

Almina *Latin*
Qui donne la vie

Almira *Arabe*
Princesse

Almut *Germanique*
Noble

Aloisa *Germanique*
Illustre, bataille, combattant

Aloisia *Germanique*
Illustre, bataille, combattant

Aloysia *Germanique*
Illustre, bataille, combattant

Alphonsine *Germanique*
Noble, rapide

Alrun *Germanique*
Noble magicienne

Alta *Latin*
Elevé

Althea *Grec*
Guérisseur

Alva *Latin*
L'épouse, la femme

Alvara *Germanique*
Prudent entre tous

Alvarina *Germanique*
Prudent entre tous

Alvina *Germanique*
Prudent entre tous

Alvise *Germanique*
Illustre, bataille, combattant

Alwine *Germanique*
Prudent entre tous

Alys *Germanique*
Noble

Alyssa *Germanique*
Noble

Amabel *Latin*
Aimable

Amabella *Latin*
Aimable

Amadea *Latin*
Aime Dieu

Amadèa *Latin*
Aime Dieu

Amadia *Latin*
Aime Dieu

Amalia *Germanique*
Travail, puissant

Amana *Arabe*
Loyauté, fidélité

Amanallah *Arabe*
La protection divine

Amance *Latin*
Digne d'être aimé

Amanda *Latin*
Digne d'être aimé

Amandine *Latin*
Digne d'être aimé

Amane *Arabe*
Invulnérable

Amani *Arabe*
Vœux

Amanoullah *Arabe*
La protection divine

Amarante *Grec*
Qui se flétrit

Amaryllis *Grec*
Nom de fleur

Amata *Latin*
Bien aimé

Amata *Tahitien*
Premières bûchettes du feu rouge

Amatallah *Arabe*
Servante de Dieu

Amatoullah *Arabe*
Servante de Dieu

Amaya *Latin*
Aimé

Amber *Arabe*
L'ambre

Ambre *Grec*
Immortel

Ambrine *Arabe*
L'ambre

Ambrogia *Grec*
Immortel

Ambrogina *Grec*
Immortel

Ambroisie *Grec*
Immortel

Ambroisine *Grec*
Immortel

Ambrosia *Grec*
Immortel

Amedea *Latin*
Qui aime Dieu

Amédée *Latin*
Qui aime Dieu

Amel *Arabe*
Espérance

Amelia *Germanique*
Protecteur, valeureux

Amelie *Germanique*
Puissant

Amélie *Germanique*
Puissant

Ameline *Germanique*
Puissant

Amelita *Germanique*
Puissant

Amellia *Germanique*
Travail, puissant

America *Germanique*
Les règles du travail

Ameriga *Germanique*
Les règles du travail

Amie *Latin*
Aimé

Amina *Arabe*
Digne de confiance

Amira *Arabe*
Destiné a une longue vie, féconde et prospère

Amöna *Germanique*
Gracieuse

Amra *Arabe*
Vie, longévité, religion

Amura *Tahitien*
Epoque de l'éclipse du Dieu soleil

Amy *Latin*
Aimé

Ana *Hébreu*
Grâce

Anane *Arabe*
Nuage, horizon

Anastasia *Grec*
Né une nouvelle fois

Anastasiane *Grec*
Né une nouvelle fois

Anastasie *Grec*
Né une nouvelle fois

Anasthase *Grec*
Né une nouvelle fois

Anata *Tahitien*
La grotte doublement tatouée de Vaitea (eau claire)

Anaïs *Hébreu*
Grâce

Anatolia *Grec*
Aurore

Anatolie *Grec*
Aurore

Anatoline *Grec*
Aurore

Andrea *Grec*
Illustre parmi les hommes

Andrée *Grec*
Illustre parmi les hommes

Anebar *Arabe*
L'ambre gris

Ange *Grec*
Messagère

Angela *Grec*
Messagère

Angèle *Grec*
Messagère

Angeles *Grec*
Messagère

Angelica *Grec*
Messagère

Angelika *Grec*
Messagère

Angelina   *Grec*
Messagère

Angéline   *Grec*
Messagère

Angélique   *Grec*
Messagère

Angharad   *Gallois*
Bien aimé

Angie   *Grec*
Messagère

Angiola   *Grec*
Messagère

Angiolina   *Grec*
Messagère

Aniata   *Tahitien*
La femme demandant nuage au
ciel éloigné

Aniela   *Grec*
Messagère

Anika   *Hébreu*
Grâce

Aniqa   *Arabe*
Gracieuse, élégante

Anirau   *Tahitien*
La femme aux demandes diverses
de fleurs blanches

Anissa   *Arabe*
Cordiale, courtoise

Anita   *Hébreu*
Grâce

Anja   *Hébreu*
Grâce

Anja   *Grec*
Messagère

Anjuschka   *Hébreu*
Grâce

Anka   *Hébreu*
Grâce

Ann   *Hébreu*
Grâce

Anna   *Hébreu*
Grâce

Annabel   *Latin*
Agréable, charmante

Annabella   *Latin*
Agréable, charmante

Annabla   *Latin*
Agréable, charmante

Annaik   *Hébreu*
Grâce

Anne   *Hébreu*
Grâce

Annedore   *Allemand*
Assemblage de Anna et Dorothea

Annegret   *Allemand*
Assemblage de Anna et Marga-
rethe

Anneheide   *Allemand*
Assemblage de Anna et de Adel-
heide

Annekatrin   *Allemand*
Assemblage de Anna et Katharina

Anneke   *Hébreu*
Grâce

Annele *Hébreu*
Grâce

Anneliese *Allemand*
Assemblage de Anna et Elisabeth

Annelore *Allemand*
Assemblage de Anna et Eleonore

Annelotte *Allemand*
Assemblage de Anna et Charlotte

Annemarie *Allemand*
Assemblage de Anna et Marie

Annequin *Hébreu*
Grâce

Annerose *Allemand*
Assemblage de Anna et Rosa

Annetraud *Allemand*
Assemblage de Anna et Gertraude

Annette *Hébreu*
Grâce

Annick *Hébreu*
Grâce

Annie *Hébreu*
Grâce

Annika *Hébreu*
Grâce

Annina *Hébreu*
Grâce

Annunciata *Latin*
Annoncer

Anona *Latin*
Approvisionnement en grain

Anouar *Arabe*
Lumière

Anouchka *Hébreu*
Grâce

Anouck *Hébreu*
Grâce

Anouk *Français*
La gentillesse

Anselma *Germanique*
Casque, protection

Ansgard *Germanique*
Protection, gardien

Anthea *Grec*
Fleuri

Antigone *Grec*
Fille d'Œdipe

Antje *Hébreu*
Grâce

Antoinette *Latin*
Inestimable fleur

Antoinon *Latin*
Inestimable fleur

Antonella *Latin*
Inestimable fleur

Antonia *Latin*
Inestimable fleur

Antonienne *Latin*
Inestimable fleur

Antonina *Latin*
Inestimable fleur

Antonine *Latin*
Inestimable fleur

Anuata *Tahitien*
La femme, ombre froide de la nuit claire

Anuschka   *Hébreu*
Grâce

Aoife   *Hébreu*
Source de vie

Aouatif   *Arabe*
Sentiments affectueux

Aouregan   *Breton*
Dont la naissance est brillante

Aphra   *Latin*
Femme qui vient d'Afrique

Apolline   *Grec*
Qui inspire

Apollonia   *Grec*
Dédié à Apollon

April   *Latin*
Les fleurs s'ouvrent au mois d'avril

Aqila   *Arabe*
Sage, intelligente

Arabella   *Latin*
L'arabe

Arabelle   *Latin*
Bel enfant (de cœur)

Aralda   *Germanique*
Commandant d'armée

Arana   *Tahitien*
Le nid d'oiseau difficile à trouver de l'arbre Apiri

Arduina   *Germanique*
Ami valeureux

Aretemoe   *Tahitien*
Vagues ondulantes du grand océan

Argantael   *Breton*
Argent, brillant

Argia   *Grec*
De Argo

Ariadna   *Latin*
Fille du roi Minos

Ariadne   *Latin*
Fille du roi Minos

Ariane   *Latin*
Fille du roi Minos

Arielle   *Hébreu*
Foyer de l'autel

Arietta   *Italien*
Chansonnette

Arifa   *Arabe*
Qui détient la connaissance

Arij   *Arabe*
Exhalation du parfum

Arista   *Grec*
Le meilleur

Aristidina   *Grec*
Le meilleur

Arkadia   *Grec*
Nom d'un pays antique

Arleen   *Germanique*
Viril

Arlene   *Hébreu*
Tour

Arleta   *Germanique*
Viril

Arlette   *Germanique*
Viril

Arline *Germanique*
Viril

Armanda *Germanique*
Homme fort

Armande *Germanique*
Homme fort

Armandine *Germanique*
Homme fort

Armeline *Celte*
Princesse des ours

Armella *Celte*
Princesse des ours

Armelle *Celte*
Princesse des ours

Armgard *Germanique*
Protecteur

Armida *Italien*
Personnage de Torquato Tasso
dans « Jérusalem libérée »

Armilia *Latin*
Rival

Armilla *Celte*
Princesse des ours

Arnalda *Germanique*
Qui commande comme un aigle

Arnaldina *Germanique*
Qui commande comme un aigle

Arngard *Germanique*
Clôture, protecteur

Arnolda *Germanique*
Le gouverneur de l'aigle

Arntraud *Germanique*
Puissant et fort

Arolda *Germanique*
Commandant d'armées

Aroti *Tahitien*
La femme vigilante de la demeure
agréable

Arriga *Germanique*
Les règles du travail

Ashley *Vieil anglais*
Bois de frêne

Asma *Arabe*
Qui a de beaux traits

Aspasia *Grec*
Bienvenue

Asrar *Arabe*
Secrets

Assia *Arabe*
Qui soigne et soulage

Assunta *Latin*
Prendre

Asta *Grec*
Né une nouvelle fois

Astasie *Grec*
Né une nouvelle fois

Astri *Scandinave*
La Cavalière de Dieu

Astrid *Scandinave*
La cavalière de Dieu

Asuncion *Latin*
Elévation de la vierge Marie

Atea *Tahitien*
Grand Atea du ciel, du temps des
Dieux

Atéfa *Arabe*
Affectueuse

Athanasia *Grec*
Immortel

Athanasie *Grec*
Immortel

Athena *Grec*
Vient du nom de la déesse de la sagesse

Athenaïs *Grec*
Immortel

Atifa *Arabe*
Affectueuse

Atika *Arabe*
Noble et généreux

Aubaine *Latin*
Blanc

Aud *Germanique*
Ancien

Auda *Germanique*
Ancien

Aude *Germanique*
Ancien

Audrey *Germanique*
Noble

Audrey *Celte*
Royale

Audrica *Germanique*
Noble

Audrie *Germanique*
Noble

Audry *Germanique*
Noble

Auerii *Tahitien*
Petits gémissements comme les pleurs d'enfant

Aufrey *Germanique*
Tout, paix, plus, conseil

Augusta *Latin*
Vénérable, majestueux

Augustina *Latin*
Vénérable, majestueux

Augustine *Latin*
Vénérable, majestueux

Aurea *Latin*
Semblable à l'or

Aurelia *Latin*
Semblable à l'or

Auréliane *Latin*
Semblable à l'or

Aurélie *Latin*
Semblable à l'or

Aurica *Roumain*
Or

Auriole *Latin*
Semblable à l'or

Aurora *Latin*
Vient du nom de la déesse du crépuscule

Aurore *Latin*
Vient du nom de la déesse du crépuscule

Austin *Latin*
Vénérable, majestueux

Autry *Germanique*
Noble

Ava *Latin*
Oiseaux

Avelaine *Latin*
Oiseaux

Avelia *Germanique*
Désirée

Avelina *Latin*
Oiseaux

Aveline *Latin*
Oiseaux

Averii *Tahitien*
Bouts de fil du manteau blanc de tanne

Avis *Latin*
Oiseau

Avril *Vieil anglais*
Sanglier, bataille

Awatif *Arabe*
Sentiments affectueux

Axeline *Hébreu*
Père, paix

Axella *Hébreu*
Père, paix

Axellane *Hébreu*
Père, paix

Axelle *Hébreu*
Père, paix

Ayat *Arabe*
Miracle

Aymone *Germanique*
Maison, puissant

Azenor *Breton*
Honneur

Azhar *Arabe*
Fleur, éclat

Aziza *Arabe*
Aimé, qui est cher

Azma *Arabe*
Qui a de beaux traits

Azmiya *Arabe*
Fidèle à ses engagements

Azza *Arabe*
Jeune gazelle

B

FÉMININ

B'chira *Arabe*
Beau

Baab *Latin*
Barbares

Babette *Hébreu*
Dieu est mon serment

Babie *Hébreu*
Dieu est mon serment

Babs *Hébreu*
Dieu est mon serment

Bachira *Arabe*
Qui annonce de bonnes nouvelles

Badira *Arabe*
Aussi belle que la planète lune

Badra *Arabe*
Pleine lune

Badria *Arabe*
Semblable à la pleine lune

Badriya *Arabe*
Resplendissante comme la lune

Bahdja *Arabe*
Allégresse

Bahéra *Arabe*
Resplendissante

Bahia *Arabe*
Eclatante de beauté

Bahija *Arabe*
Pleine d'allégresse

Bahira *Arabe*
Resplendissante

Bahiya *Arabe*
Beauté éclatante

Bahja *Arabe*
Allégresse

Bahjit *Arabe*
Allégresse

Bahria *Arabe*
Excellente, habile

Bairbre *Latin*
Barbares

Bakhta *Arabe*
Bonheur, chance

Balbina *Latin*
Venant de la famille de Balbo, Rome

Balbine *Latin*
Bègue

Balda *Germanique*
Ami fort

Bariza *Arabe*
Qui se distingue

Baldina *Germanique*
Ami fort

Barta *Arabe*
Chance

Baldwina *Germanique*
Ami audacieux

Basilia *Grec*
Roi

Baligha *Arabe*
Eloquente

Basma *Arabe*
Sourire

Balira *Arabe*
Eloquente

Basséma *Arabe*
Souriante

Balqis *Arabe*
Reine du royaume de Saba

Bassima *Arabe*
Souriante

Baltrum *Germanique*
Mystère, magie

Bassira *Arabe*
Doué d'intuition

Baptista *Grec*
Le baptisé

Bastienne *Grec*
Honoré

Baptistine *Grec*
Le baptisé

Bathilda *Germanique*
Combat, audacieux

Baqira *Arabe*
Riche (bien et science)

Bathilde *Germanique*
Combat, audacieux

Barba *Latin*
Barbares

Bathsheba *Hébreu*
La fille de la promesse

Barbara *Latin*
Barbares

Batilde *Germanique*
Combat, audacieux

Barbary *Latin*
Barbares

Batista *Grec*
Le baptisé

Bärbel *Latin*
Barbares

Batoul *Arabe*
Vierge

Barberine *Latin*
Barbares

Batoula *Arabe*
Consacrée à Dieu

Baria *Arabe*
Excellente

Battista *Grec*
Le baptisé

Baudouine *Germanique*
Ami audacieux

Baya *Arabe*
Eclatant de beauté

Bazéla *Arabe*
Très généreuse

Bazila *Arabe*
Très généreuse

Bea *Latin*
Celle qui rend heureux

Beata *Latin*
Celle qui rend heureux

Beate *Latin*
Celle qui rend heureux

Beatha *Hébreu*
Dieu est mon serment

Béatrice *Latin*
Celle qui rend heureux

Beatrix *Latin*
Celle qui rend heureux

Beatriz *Latin*
Celle qui rend heureux

Beatty *Latin*
Celle qui rend heureux

Bechira *Arabe*
Porteur de bonnes nouvelles

Beck *Hébreu*
Vache

Beckie *Hébreu*
Vache

Becky *Hébreu*
Vache

Bedra *Arabe*
Pleine lune

Begoña *Espagnol*
Colline dominante

Begonia *Espagnol*
Nom de fleur

Béhija *Arabe*
Pleine d'allégresse

Béhja *Arabe*
Allégresse

Béhjat *Arabe*
Allégresse

Bekki *Hébreu*
Vache

Bele *Germanique*
Brillante

Belinda *Hébreu*
Dieu est mon serment

Bella *Hébreu*
Dieu est mon scrment

Benedetta *Latin*
Le béni

Benedict *Latin*
Le béni

Benedicta *Latin*
Le béni

Bénédicte *Latin*
Le béni

Bénédictine *Latin*
Le béni

Benedikta *Latin*
Le béni

Benigna   *Latin*
La bienveillante

Benita   *Latin*
Le béni

Benoîte   *Latin*
Protégé de Dieu

Benvenuta   *Latin*
Bienvenue

Beppa   *Hébreu*
Dieu ajoute

Bérangère   *Germanique*
Ours, lance

Berc'hed   *Celte*
Force

Bérengère   *Germanique*
Ours, lance

Berenguela   *Germanique*
Se préparer au combat

Bérénice   *Grec*
Apporter la victoire

Bérénike   *Grec*
Apporter la victoire

Berit   *Celte*
Force

Bernadette   *Germanique*
Ours courageux

Bernardina   *Germanique*
Ours courageux

Bernardine   *Germanique*
Ours courageux

Bernharda   *Germanique*
Ours courageux

Bernice   *Grec*
Apporter la victoire

Bernie   *Germanique*
Ours courageux

Berta   *Germanique*
Brillante

Berteline   *Germanique*
Brillante

Berthe   *Germanique*
Brillante

Berthild   *Germanique*
Briller au combat

Bertie   *Germanique*
Brillante

Bertille   *Germanique*
Brillante

Bertina   *Germanique*
Noble, célèbre

Bertrun   *Germanique*
Magicienne vigoureuse

Beryl   *Grec*
Pierre verte d'où est tirée l'émeraude

Bess   *Hébreu*
Dieu est mon serment

Bessie   *Hébreu*
Dieu est mon serment

Beth   *Hébreu*
Dieu est mon serment

Bethan   *Hébreu*
Dieu est mon serment

Bethany   *Hébreu*
Dieu est mon serment

Bethel *Hébreu*
Dieu est mon serment

Bienvenue *Latin*
Bienvenue

Betsy *Hébreu*
Dieu est mon serment

Bilke *Grec*
Qui connaît la volonté des Dieux

Betti *Hébreu*
Dieu est mon serment

Billa *Hébreu*
Dieu est mon serment

Bettina *Hébreu*
Dieu est mon serment

Billie *Germanique*
volonté, protection

Betty *Hébreu*
Dieu est mon serment

Bine *Latin*
Habitant de la Sabine

Beulah *Hébreu*
Marié

Binelle *Latin*
Habitant de la Sabine

Beverley *Vieil anglais*
Ambitieuse

Bionda *Italien*
La blonde

Beverly *Vieil anglais*
Ambitieuse

Birgit *Celte*
Force

Bianca *Germanique*
Claire

Birte *Celte*
Force

Bianka *Germanique*
Claire

Blaisette *Latin*
Qui bégaie

Biankamaria *Allemand*
Assemblage de Bianka et Maria

Blaisiane *Latin*
Qui bégaie

Bibiana *Latin*
Pleine de vie

Blanca *Germanique*
Claire

Bibiane *Latin*
Pleine de vie

Blanche *Germanique*
Claire

Biche *Latin*
Celle qui rend heureux

Blanda *Latin*
L'amie

Biddie *Celte*
Force

Blandina *Latin*
Caressante, flatteuse

Biddy *Celte*
Force

Blandine *Latin*
Caressante, flatteuse

Blanka *Germanique*
Claire

Blath *Latin*
Florissante

Blathnaid *Latin*
Florissante

Blésilla *Latin*
Qui bégaie

Bleuzenn *Gallois*
Fleurs blanches

Blinne *Germanique*
Claire, brillante

Blodwen *Gallois*
Fleurs blanches

Bobbie *Germanique*
Brillante

Bogdana *Slave*
Présent de Dieu

Bona *Latin*
Bonne

Bonaventure *Italien*
Bonne aventure

Bonifatia *Latin*
Celle qui a bonne face

Bonita *Espagnol*
La belle

Bonnie *Ecossais*
Jolie

Bonny *Ecossais*
Jolie

Bouchra *Arabe*
Bonne nouvelle

Boussaïma *Arabe*
Belle femme à la peau douce

Boussaïna *Arabe*
Belle femme à la peau douce

Bouthaïna *Arabe*
Belle femme à la peau douce

Bouthayma *Arabe*
Belle femme à la peau douce

Bozena *Tchèque*
Présent de Dieu

Branka *Slave*
Gloire

Brid *Celte*
Force

Bride *Celte*
Force

Bridget *Celte*
Force

Bridie *Celte*
Force

Briga *Celte*
Force

Brigid *Celte*
Force

Brigida *Celte*
Force

Brigit *Celte*
Force

Brigitte *Celte*
Force

Britt *Celte*
Force

Britta   *Celte*
Force

Brona   *Latin*
Brun

Bronne   *Latin*
Brun

Bronya   *Russe*
Protection

Brune   *Latin*
Brun

Brunella   *Latin*
Brun

Brunetta   *Latin*
Brun

Brunette   *Latin*
Brun

Brunhild   *Germanique*
Le combattant cuirassé

Bruni   *Germanique*
Le combattant cuirassé

Bryony   *Grec*
Nom d'une plante

Buenaventura *Italien*
Bonne aventure

Burga   *Germanique*
Diminutif des prénoms commençant par BURG

Burghild   *Germanique*
Epée et combat

C

FÉMININ

Cailin	*Gaélique*	**Candy**	*Français*
Fille		Sucre Candi	
Caitlin	*Grec*	**Caprice**	*Français*
Pure		Le caprice	
Caitrin	*Grec*	**Cara**	*Latin*
Pure		La bien aimée	
Calla	*Germanique*	**Carda**	*Germanique*
Viril		Puissant et audacieux	
Camellia	*Latin*	**Caren**	*Latin*
Nom d'une fleur		La bien aimée	
Camila	*Arabe*	**Carina**	*Latin*
Totale, parfaite		La bien aimée	
Camilia	*Arabe*	**Carine**	*Latin*
Totale, parfaite		La bien aimée	
Camilla	*Latin*	**Caritas**	*Latin*
Jeune homme		Amour du prochain	
Camille	*Latin*	**Carla**	*Germanique*
Jeune homme		Viril	
Cammie	*Latin*	**Carlotta**	*Germanique*
Jeune homme		Viril	
Candice	*Latin*	**Carma**	*Latin*
Rayonnant, radieux		Chanson, poème	
Candida	*Latin*	**Carmel**	*Hébreu*
La brillante		La vigne de Dieu	

Carmela *Latin*
La vigne de Dieu

Carmelina *Latin*
La vigne de Dieu

Carmelita *Latin*
La vigne de Dieu

Carmen *Latin*
Chanson, poème

Carmencita *Latin*
Chanson, poème

Carmeneita *Latin*
Chanson, poème

Carmina *Latin*
Chanson, poème

Carol *Germanique*
Viril

Carola *Germanique*
Viril

Carole *Germanique*
Viril

Carolina *Germanique*
Viril

Caroline *Germanique*
Viril

Carolyne *Germanique*
Viril

Carry *Anglais*
Viril

Carsta *Latin*
Disciple du Christ

Caryl *Germanique*
Viril

Caryle *Germanique*
Viril

Casey *Irlandais*
Vigilant

Casilda *Arabe*
Chanter

Cassie *Polonais*
Qui fait la paix

Cassy *Polonais*
Qui fait la paix

Catalina *Grec*
Pure

Caterina *Grec*
Pure

Catherine *Grec*
Pure

Cathia *Grec*
Pure

Cathie *Grec*
Pure

Cathleen *Grec*
Pure

Cathy *Grec*
Pure

Catiana *Grec*
Pure

Cécile *Latin*
Aveugle

Cécilia *Latin*
Aveugle

Cecily *Latin*
Aveugle

Celeste *Latin*
Les cieux

Celestina *Latin*
Les cieux

Célestine *Latin*
Les cieux

Célia *Latin*
Aveugle

Celinda *Latin*
Dieu de la guerre

Céline *Latin*
Dieu de la guerre

Célinia *Latin*
Dieu de la guerre

Célinie *Latin*
Dieu de la guerre

Cella *Grec*
Vient de Mars, Dieu de la guerre

Celstina *Latin*
Céleste

Censina *Latin*
Vainqueur

Centina *Latin*
Vainqueur

Cenza *Latin*
Vainqueur

Ceri *Gallois*
Croyance

Ceridwen *Gallois*
Poème blanc

Césarine *Latin*
Pratiquer une césarienne

Cesarita *Latin*
Pratiquer une césarienne

Cettina *Espagnol*
Dérivé de Concetta

Chabiba *Arabe*
La jeunesse

Chadia *Arabe*
Qui chante mélodieusement

Chafika *Arabe*
Compatissant

Chafiqa *Arabe*
Pleine de sollicitude

Chafiya *Arabe*
Guérisseuse

Chahida *Arabe*
Témoin de la vérité

Chaïma *Arabe*
Marquée d'un grain de beauté

Chakéra *Arabe*
Remerciante

Chakiba *Arabe*
Qui donne beaucoup

Chakira *Arabe*
Remerciante

Chakoura *Arabe*
Très remerciante

Chantal *Occitan*
Roche

Chaouqia *Arabe*
Qui désire ardemment Dieu

Chaouqiya *Arabe*
Qui désire Dieu

Charaf *Arabe*
Honneur

Charel *Germanique*
Viril

Charifa *Arabe*
Noble

Charis *Grec*
Gentillesse, grâce

Charissa *Grec*
Gentillesse, grâce

Charitas *Latin*
Amour du prochain

Charity *Latin*
Amour du prochain

Charlène *Germanique*
Viril

Charletta *Germanique*
Viril

Charlie *Germanique*
Viril

Charlotte *Germanique*
Viril

Charmaine *Français*
La charmante

Chawqia *Arabe*
Qui désire ardemment Dieu

Chawqiya *Arabe*
Qui désire Dieu

Chéima *Arabe*
Marquée d'un grain de beauté

Chékiba *Arabe*
Qui donne beaucoup

Cherifa *Arabe*
Noble

Cherry *Français*
Chérie

Cheryl *Français*
Chérie

Chiara *Latin*
Clair, brillant

Chirine *Arabe*
Charmante

Chloé *Grec*
Jeune arbre

Choukriya *Arabe*
Qui désire Dieu

Chrétienne *Latin*
Disciple du Christ

Chrissie *Latin*
Disciple du Christ

Chrissy *Latin*
Disciple du Christ

Christa *Latin*
Disciple du Christ

Christabel *Latin*
Assemblage de Christ et Bella

Christel *Latin*
Disciple du Christ

Christelle *Latin*
Disciple du Christ

Christiana *Latin*
Disciple du Christ

Christiane *Latin*
Disciple du Christ

Christie *Latin*
Disciple du Christ

Christina *Latin*
Disciple du Christ

Christine *Latin*
Disciple du Christ

Christy *Latin*
Disciple du Christ

Ciana *Latin*
Lumière

Cicely *Latin*
Aveugle

Cilla *Latin*
Aveugle

Cinderella *Anglais*
Cendrillon

Cindy *Anglais*
Cendrillon

Cira *Grec*
Soleil

Ciretta *Grec*
Soleil

Ciriaca *Grec*
Seigneur

Cirila *Grec*
Consacré au divin

Cirilla *Grec*
Consacré au divin

Cis *Latin*
Aveugle

Cissi *Latin*
Franc, homme libre

Cita *Italien*
Preste, alerte

Claartje *Latin*
Claire

Claire *Latin*
Claire

Clairette *Latin*
Claire

Clara *Latin*
Claire

Clare *Latin*
Claire

Clarence *Latin*
Claire

Clarette *Latin*
Claire

Claribel *Latin*
Claire

Clarice *Latin*
Claire

Clarinda *Latin*
Claire

Clarine *Latin*
Claire

Clarissa *Latin*
Claire

Clarisse *Latin*
Claire

Clarita *Latin*
Claire

Claude *Latin*
Boiteux

Claudette *Latin*
Boiteux

Claudia *Latin*
Boiteux

Claudie *Latin*
Boiteux

Claudienne *Latin*
Boiteux

Claudine *Latin*
Boiteux

Cledia *Latin*
Boiteux

Clelia *Latin*
Fameuse

Clémence *Latin*
Doux, clémence

Clemency *Latin*
Doux, clémence

Clementa *Latin*
Doux, clémence

Clémente *Latin*
Doux, clémence

Clementia *Latin*
Doux, clémence

Clémentine *Latin*
Doux, clémence

Clemenza *Latin*
Doux, clémence

Cleo *Grec*
Célébrée par son pays

Cleopatra *Grec*
Célébrée par son pays

Clio *Grec*
Mythologie. Nom d'une des muses «gloire»

Clodagh *Latin*
Boiteux

Clothilde *Germanique*
Fameux dans la guerre

Clotilda *Germanique*
Fameux dans la guerre

Clotilde *Germanique*
Fameux dans la guerre

Cobie *Hébreu*
Que Dieu favorise

Cölestina *Latin*
Céleste

Coletta *Grec*
Victoire, peuple

Colette *Grec*
Victoire, peuple

Coline *Latin*
Colombe

Colleen *Gaélique*
Fille

Collie *Latin*
Colombe

Colly *Latin*
Colombe

Colma *Latin*
Colombe

Colombat *Latin*
Colombe

Colombe *Latin*
Colombe

Columba *Latin*
Colombe

Columbine *Latin*
Colombe

Concepcion *Latin*
Procréation

Concetta *Espagnol*
Diminutif de Maria Concetta

Conni *Latin*
Grain

Connie *Latin*
Constance

Conradine *Germanique*
Conseillère, courageux

Constance *Latin*
Constance

Constancy *Latin*
Constance

Constante *Latin*
Constance

Constantina *Latin*
Constance

Constanze *Latin*
Constance

Cora *Latin*
Grain

Coral *Latin*
Corail

Coralie *Celte*
Entourage, parenté, ami

Coraline *Celte*
Entourage, parenté, ami

Coralise *Celte*
Entourage, parenté, ami

Cordelia *Latin*
Cœur

Cordula *Latin*
Mignonne

Corentina *Celte*
Entourage, ami

Corentine *Celte*
Entourage, ami

Corina *Grec*
Parenté

Corinna *Grec*
Parenté

Corinne *Grec*
Parenté

Cornelia *Latin*
Grain

Cornell *Latin*
Grain

Corona *Latin*
La couronne

Corradina *Germanique*
Conseillère, courageuse

Cosette *Grec*
Victoire, peuple

Cosima *Grec*
Ornement

Costantina *Latin*
Constance

Costanza *Latin*
Constance

Courtney *Français*
Lieu « Court nez »

Covlombe *Latin*
Colombe

Cozette *Grec*
Victoire, peuple

Cozma *Grec*
Ornement

Crescentia *Latin*
Qui s'accroît

Cressida *Grec*
Légende Grecque

Crezia *Latin*
Qui gagne

Cristin *Latin*
Disciple du Christ

Cristina *Latin*
Disciple du Christ

Cristiona *Latin*
Disciple du Christ

Crystal *Grec*
Glace

Cunégonde *Germanique*
Lignée, combat

Cylinia *Latin*
Dieu de la guerre

Cynthia *Grec*
La jeune fille de Kynthos

Cyprienne *Grec*
Originaire de l'île de Chypre

Cyprille *Grec*
Originaire de l'île de Chypre

Cyra *Grec*
Consacré au divin

Cyrilla *Grec*
Consacré au divin

D

FÉMININ

Dagmar *Danois*
Jour célèbre

Dagny *Danois*
Jour célèbre

Dahud *Breton*
Bon, magie

Daisy *Grec*
Perle

Dalcisa *Germanique*
Noble flèche

Dale *Germanique*
Vient de la vallée

Dalgisa *Germanique*
Noble flèche

Dalila *Arabe*
Guide, preuve

Damhnait *Irlandais*
Poète

Damia *Grec*
Déesse de la fertilité

Damiane *Grec*
Déesse de la fertilité

Damiania *Grec*
Déesse de la fertilité

Damienne *Grec*
Déesse de la fertilité

Damiette *Grec*
Déesse de la fertilité

Dana *Hébreu*
Dieu est seul juge

Dania *Hébreu*
Dieu est seul juge

Danie *Hébreu*
Dieu est seul juge

Daniela *Hébreu*
Dieu est seul juge

Danièle *Hébreu*
Dieu est seul juge

Danielon *Hébreu*
Dieu est seul juge

Danila *Hébreu*
Dieu est seul juge

Danitza *Hébreu*
Dieu est seul juge

Dany *Hébreu*
Dieu est seul juge

Daphne *Grec*
Laurier

Daphné   *Grec*
Laurier

Daria   *Latin*
Puissant

Darja   *Grec*
Cadeau de Dieu

Darleen   *Anglais*
Petite chérie

Dauphine   *Grec*
Dauphin

Davida   *Hébreu*
Aimé, chéri

Davidka   *Hébreu*
Aimé, chéri

Davina   *Hébreu*
Aimé, chéri

Dawn   *Anglais*
Le crépuscule

Deana   *Latin*
Déesse de la lune

Deanna   *Latin*
Déesse de la lune

Debbie   *Hébreu*
Abeille

Debora   *Hébreu*
Abeille

Déborah   *Hébreu*
Abeille

Dee   *Anglais*
Diminutif des prénoms commençant par D

Deike   *Allemand*
Diminutif des prénoms assemblés avec DIET

Deirdre   *Celte*
Héroïne d'un mythe irlandais

Delia   *Grec*
La jeune fille de l'îlot de Délos

Delila   *Arabe*
Guide, preuve

Della   *Germanique*
Noble

Delora   *Latin*
Douleur, souffrir

Delores   *Latin*
Douleur, souffrir

Deloris   *Latin*
Douleur, souffrir

Delphina   *Grec*
Dauphin

Delphine   *Grec*
Dauphin

Delphinia   *Grec*
Dauphin

Delphy   *Grec*
Dauphin

Demelza   *Celte*
Nom de lieu

Demetria   *Latin*
Fils du Dieu du monde Déméter

Dena   *Latin*
Constance

Denise   *Grec*
Fille de Dieu

Denissia   *Grec*
Fille de Dieu

Denyse *Grec*
Fille de Dieu

Désirée *Français*
Désiré

Di *Latin*
Déesse de la lune

Diana *Latin*
Déesse de la lune

Diane *Latin*
Déesse de la lune

Dianna *Latin*
Déesse de la lune

Dickie *Germanique*
Puissant et audacieux

Dicky *Germanique*
Puissant et audacieux

Didia *Latin*
Désiré

Didiane *Latin*
Désiré

Dieta *Allemand*
Diminutif des prénoms assemblés avec DIET

Diethild *Germanique*
Combattant du peuple

Dietlind *Germanique*
Magicienne du peuple

Digna *Latin*
Digne

Dilys *Gallois*
Authentique

Dimitra *Latin*
Fils du Dieu du monde Déméter

Dina *Latin*
Constance

Dinah *Hébreu*
Jugement

Dionigia *Grec*
Fille de Dieu

Dionise *Grec*
Fille de Dieu

Dioniza *Grec*
Fille de Dieu

Diotima *Grec*
Dieu (Zeus) est sacré

Ditta *Germanique*
Qui combat pour la richesse

Ditte *Germanique*
Qui combat pour la richesse

Diya *Arabe*
Clarté

Djamila *Arabe*
Belle

Dodie *Grec*
Cadeau de Dieu

Doireann *Grec*
Cadeau de Dieu

Dolfina *Germanique*
Noble loup

Dolly *Grec*
Cadeau de Dieu

Dolores *Latin*
Douleur, souffrir

Dolores *Espagnol*
Diminutif de Nuestra Seniora de
Los Dolores

Dolorita *Latin*
Douleur, souffrir

Doma *Latin*
Qui appartient au seigneur

Domenica *Latin*
Qui appartient au seigneur

Dominga *Latin*
Qui appartient au seigneur

Dominika *Latin*
Qui appartient au seigneur

Dominique *Latin*
Qui appartient au seigneur

Domnica *Latin*
Qui appartient au seigneur

Domnima *Latin*
Qui appartient au seigneur

Donata *Latin*
Léguer par Dieu

Donate *Latin*
Léguer par Dieu

Donatella *Latin*
Léguer par Dieu

Donella *Latin*
Léguer par Dieu

Donna *Italien*
Femme

Doortje *Grec*
Cadeau de Dieu

Dora *Grec*
Présent

Dorcas *Grec*
Gazelle

Doreen *Grec*
Cadeau de Dieu

Dorett *Grec*
Cadeau de Dieu

Doriane *Grec*
Cadeau de Dieu

Dorina *Grec*
Présent

Dorinda *Grec*
Cadeau de Dieu

Doris *Grec*
Région de Grèce

Dorit *Grec*
Cadeau de Dieu

Dorocha *Grec*
Cadeau de Dieu

Dorotea *Grec*
Cadeau de Dieu

Dorothée *Grec*
Cadeau de Dieu

Dorothy *Grec*
Cadeau de Dieu

Doroty *Grec*
Cadeau de Dieu

Dorte *Grec*
Cadeau de Dieu

Dorthea *Grec*
Cadeau de Dieu

Dorthy *Grec*
Cadeau de Dieu

Dot *Grec*
Cadeau de Dieu

Douha *Arabe*
Matinée

Draginja *Slave*
Cher

Drusilla *Latin*
Celle qui fortifie

Duilia *Latin*
Duel

Dulcie *Latin*
La douce

Dulcinea *Latin*
La douce

Dunja *Grec*
De noble race

Dunvel *Breton*
Princesse

Dusty *Vieil anglais*
La pierre de Thor

Dyan *Latin*
Déesse de la lune

Dymphna *Grec*
Laurier

Dyonise *Grec*
Fille de Dieu

E

FÉMININ

Eabha *Hébreu*
Source de vie

Eadaoin *Germanique*
Richesse, ami

Ecaterina *Grec*
La pure

Eda *Germanique*
Richesse, combat

Edana *Germanique*
Richesse, ami

Edda *Allemand*
Diminutif des prénoms assemblés
avec ED

Edelburga *Germanique*
Noble, protectrice

Edelgard *Germanique*
Noble, principal

Edeltraud *Germanique*
Puissant et fort

Edemonda *Germanique*
Richesse, protecteur

Edgarda *Germanique*
La richesse de la lance

Edika *Germanique*
Richesse, combat

Edith *Germanique*
Richesse, combat

Editta *Germanique*
Qui combat pour la richesse

Edma *Germanique*
Richesse, protecteur

Edmé *Germanique*
Richesse, protecteur

Edmea *Germanique*
Richesse, protecteur

Edmonde *Germanique*
Richesse, protecteur

Edna *Hébreu*
L'agréable

Edoarda *Germanique*
Gardien des biens

Edouarda *Germanique*
Gardien des biens

Edouardine *Germanique*
Gardien des biens

Edvige *Germanique*
Richesse et combat

Edwarda *Germanique*
Gardien des biens

Edwardine *Germanique*
Gardien des biens

Edweena *Germanique*
Richesse, ami

Edwige *Germanique*
Richesse et combat

Edwina *Germanique*
Richesse, ami

Eeva *Tahitien*
L'étoile qui s'élève la nuit

Effi *Grec*
De bon augure

Effie *Grec*
De bon augure

Egla *Grec*
Splendeur

Eglantine *Latin*
Petite aiguille

Ehuarii *Tahitien*
Enfant roux, royal du ciel éloigné

Eibhlin *Germanique*
Grâce, merci

Eike *Allemand*
Diminutif des prénoms assemblés
avec ADEL, EDEL

Eileanoir *Latin*
Apaiser la douleur

Eileen *Germanique*
Grâce, merci

Eileen *Grec*
Eclat du soleil

Eilionora *Latin*
Apaiser la douleur

Eimile *Latin*
Rival

Eireen *Grec*
La paix

Eirene *Grec*
La paix

Eistir *Hébreu*
Etoile

Eithne *Hébreu*
Grâce

Ekaterina *Grec*
Pure

Ela *Hébreu*
Qui est comme de Dieu

Elaine *Grec*
Eclat du soleil

Elberta *Germanique*
Noble, célèbre

Elda *Germanique*
Bataille

Eleana *Grec*
Eclat du soleil

Eleanor *Grec*
Eclat du soleil

Electra *Grec*
Brillant

Electre *Grec*
Brillant

Elektra *Grec*
Brillant

Elena   *Grec*
Eclat du soleil

Eleni   *Grec*
Eclat du soleil

Eleonor   *Arabe*
Dieu est ma lumière

Eléonora   *Latin*
Apaiser la douleur

Eléonore   *Latin*
Apaiser la douleur

Eletara   *Tahitien*
Corbeille d'enchantement de la déesse

Elettra   *Grec*
Brillant

Elfi   *Allemand*
Diminutif des prénoms assemblés avec ELF

Elfreda   *Germanique*
La force des Elfes

Elfriede   *Germanique*
La force des Elfes

Elga   *Germanique*
Chance, bonheur

Elia   *Hébreu*
Jéhovah est Dieu

Eliane   *Hébreu*
Jéhovah est Dieu

Elida   *Grec*
Région de la Grèce

Elide   *Grec*
Région de la Grèce

Elie   *Hébreu*
Jéhovah est Dieu

Eliette   *Hébreu*
Jéhovah est Dieu

Elijah   *Hébreu*
Jéhovah est Dieu

Elin   *Latin*
Apaiser la douleur

Elinor   *Latin*
Apaiser la douleur

Elioussa   *Grec*
Eclat du soleil

Elisa   *Hébreu*
Dieu est mon serment

Elisabet   *Hébreu*
Dieu est mon serment

Elisabeth   *Hébreu*
Dieu est mon serment

Elisabetta   *Hébreu*
Dieu cst mon serment

Elisabette   *Hébreu*
Dieu est mon serment

Elise   *Hébreu*
Dieu est mon serment

Elisée   *Hébreu*
Dieu est mon serment

Elisha   *Hébreu*
Dieu est mon serment

Elissha   *Hébreu*
Dieu est mon serment

Eliza   *Hébreu*
Dieu est mon serment

Elizabeth *Hébreu*
Dieu est mon serment

Ella *Hébreu*
Seigneur Dieu

Ellen *Grec*
Eclat du soleil

Ellie *Hébreu*
Seigneur Dieu

Ellinor *Latin*
Apaiser la douleur

Elly *Latin*
Apaiser la douleur

Elly *Hébreu*
Seigneur Dieu

Ellyn *Grec*
Eclat du soleil

Elma *Germanique*
Volonté, casque

Elmira *Arabe*
Princesse

Elna *Grec*
Eclat du soleil

Elodea *Latin*
Propriété

Elodia *Latin*
Propriété

Elodie *Latin*
Propriété

Eloisa *Germanique*
Illustre, bataille, combattant

Eloïse *Germanique*
Variante de Louise

Elsa *Hébreu*
Dieu est mon serment

Elsbeth *Hébreu*
Dieu est mon serment

Elsebein *Hébreu*
Dieu est mon serment

Elseline *Hébreu*
Dieu est mon serment

Elsie *Hébreu*
Dieu est mon serment

Elspeth *Hébreu*
Dieu est mon serment

Eluned *Gallois*
Image

Elva *Germanique*
Elfe

Elvie *Germanique*
Noble gardien

Elvina *Latin*
Blond

Elvira *Germanique*
Noble gardien

Elvire *Germanique*
Noble gardien

Elyn *Grec*
Eclat du soleil

Emanuela *Hébreu*
Dieu est avec nous

Emeline *Latin*
Rival

Emerald *Espagnol*
Emeraude

Emeralda   *Espagnol*
Emeraude

Emeraude   *Espagnol*
Emeraude

Emerentia   *Latin*
La respectable

Emidia   *Germanique*
Puissant

Emilda   *Latin*
Rival

Emilia   *Latin*
Rival

Emilie   *Latin*
Rival

Emilienne   *Latin*
Rival

Emilietta   *Latin*
Rival

Emily   *Latin*
Rival

Emiri   *Tahitien*
Un basilic royal don des Dieux

Emly   *Latin*
Rival

Emma   *Germanique*
La grand-mère

Emmanuela   *Hébreu*
Dieu est avec nous

Emmanuelle   *Hébreu*
Dieu est avec nous

Emmy   *Germanique*
La grand-mère

Ena   *Grec*
Eclat du soleil

Enata   *Tahitien*
Cela est tatoué diversement des
Dieux

Enea   *Grec*
Fils de Vénus

Engracia   *Latin*
Grâce divine

Enid   *Celte*
Pureté

Enrica   *Germanique*
Roi, puissant

Enza   *Latin*
Qui vainc

Enzina   *Latin*
Laurier

Eoinice   *Grec*
Belle victoire

Eos   *Grec*
Aurore

Erda   *Grec*
Nom d'une déesse de la terre

Erdmute   *Germanique*
Qui appartient à la terre

Eri   *Japonais*
Je suis de Edo, nom ancien de
Tokyo

Erica   *Scandinave*
Roi, puissant

Erika   *Scandinave*
Roi, puissant

Erina *Tahitien*
La femme qui a miné les berges
de la rivière

Erita *Tahitien*
Espèce de coco royal de la grande
vallée

Erkina *Scandinave*
Roi, puissant

Erle *Breton*
Nombreux, lieu

Erma *Germanique*
Le grand gardien

Ermana *Germanique*
Guerrier

Ermanda *Germanique*
Guerrier

Ermengarde *Germanique*
Le grand gardien

Ermentrude *Germanique*
La grande force

Erminia *Germanique*
Puissant

Erna *Germanique*
Combattant

Ernalda *Germanique*
Qui commande comme un aigle

Ernesta *Germanique*
Combattant

Ernestina *Germanique*
Combattant

Ernestine *Germanique*
Combattant

Ersilia *Grec*
Libératrice

Erwina *Germanique*
Armée et amie

Erwine *Germanique*
Armée et amie

Esmeralda *Espagnol*
Emeraude

Essie *Latin*
Etoile

Estefania *Grec*
Couronne

Estelle *Latin*
Etoile

Estelon *Latin*
Etoile

Ester *Hébreu*
Etoile

Esterina *Hébreu*
Etoile

Esther *Hébreu*
Etoile

Estrella *Latin*
Etoile

Estrid *Scandinave*
La Cavalière de Dieu

Estrild *Vieil anglais*
Déesse du printemps

Estrellita *Latin*
Etoile

Etera *Tahitien*
La femme au panier de soleil rouge

Ethel *Allemand*
Diminutif des prénoms assemblés
avec EDEL

Ethel *Germanique*
Noble

Etini *Tahitien*
Il y a de nombreuses fleurs blanches sur le chemin

Etta *Germanique*
Maison, roi

Eudokia *Grec*
De noble race

Eudora *Grec*
Don de Dieu

Eufemia *Grec*
De bon augure

Eufimia *Grec*
De bon augure

Eugenia *Grec*
De noble race

Eugénie *Grec*
De noble race

Eughenia *Grec*
De noble race

Euguecha *Grec*
De noble race

Eula *Grec*
Qui parle bien

Eulalia *Grec*
Qui parle bien

Eulalie *Grec*
Qui parle bien

Eunice *Grec*
Belle victoire

Euphemia *Grec*
De bon augure

Eva *Hébreu*
Source de vie

Evalyn *Germanique*
Grâce, merci

Evamaria *Allemand*
Assemblage de Eva et Maria

Evchen *Hébreu*
Source de vie

Evdochia *Grec*
De noble race

Evdokia *Grec*
De noble race

Eve *Hébreu*
Source de vie

Evelina *Germanique*
Grâce, merci

Evelyn *Germanique*
Grâce, merci

Evelyne *Germanique*
Grâce, merci

Evguenia *Grec*
De noble race

Evita *Hébreu*
Source de vie

Evka *Hébreu*
Source de vie

Evlyn *Germanique*
Grâce, merci

F

FÉMININ

Fa'anui *Tahitien*
La femme bien conservée de la grande vallée

Fa'ati'arau *Tahitien*
La messagère aux divers commentaires

Fabia *Latin*
Fève

Fabiane *Latin*
Fève

Fabie *Latin*
Fève

Fabienne *Latin*
Fève

Fabiola *Latin*
Nom d'une Sainte Romaine

Fabion *Latin*
Fève

Fabricia *Latin*
Forgeron

Fabrizia *Latin*
Forgeron

Fadéla *Arabe*
Méritante

Fadhila *Arabe*
Méritante

Fadia *Arabe*
Qui sacrifie sa vie pour sauver quelqu'un

Fadila *Arabe*
Méritante, vertueuse

Fahima *Arabe*
Clairvoyante

Fahmia *Arabe*
Doué de compréhension

Fahmiya *Arabe*
Compréhensible

Faika *Arabe*
Qui surpasse

Faila *Hébreu*
Dieu a guéri

Faïqa *Arabe*
Qui surpasse

Faïrouz *Persan*
La turquoise

Faith *Anglais*
Croyance

Faiza *Arabe*
Qui atteint le salut

Falak *Arabe*
Corps céleste

Falia *Hébreu*
Dieu a guéri

Fanni *Grec*
Couronne

Fanny *Latin*
Dérivé de Frances

Faouz *Arabe*
Délivrance

Faouzia *Arabe*
Prédisposé au succès

Faouziya *Arabe*
Attire le succès

Farah *Arabe*
Gaieté, joie

Faralda *Germanique*
La nomade

Fareura *Tahitien*
La maison des plumes de l'armée
des guerriers

Farha *Arabe*
Joie

Farhat *Arabe*
Joie

Faria *Arabe*
Belle, svelte

Farida *Arabe*
Perle rare et précieuse

Fassiha *Arabe*
Au langage clair

Fateata *Tahitien*
Apparaît le nuage de la femme
réveillant les Dieux

Fatéha *Arabe*
Conquérante

Fathia *Arabe*
Qui a un caractère ouvert

Fathiya *Arabe*
Qui a un caractère large

Fatiha *Arabe*
Conquérante

Fatima *Arabe*
Fille du Prophète

Fatina *Arabe*
Intelligente

Fatine *Arabe*
Attrayante

Fatma *Arabe*
Variante de Fatima

Fattoum *Arabe*
Variante de Fatima

Fattouma *Arabe*
Variante de Fatima

Fausta *Latin*
Heureux

Faustina *Latin*
Heureux

Faustine *Latin*
Heureux

Fawn *Anglais*
Le faon

Fay *Anglais*
Loyal

Fedelina *Latin*
Fidèle

Federica *Germanique*
Puissance, protection

Fédila *Arabe*
Méritante

Fédossia *Grec*
Don de Dieu

Fee *Latin*
Diminutif de Felizitas

Fei *Grec*
La sagesse

Féirouz *Persan*
La turquoise

Féirouza *Persan*
La turquoise

Félice *Latin*
Chance, bonheur

Felicia *Latin*
Chance, bonheur

Félicie *Latin*
Chance, bonheur

Félicienne *Latin*
Chance, bonheur

Felicity *Latin*
Chance, bonheur

Felipa *Grec*
Qui aime le cheval

Félise *Latin*
Chance, bonheur

Felizia *Latin*
Chance, bonheur

Felizitas *Latin*
Chance, bonheur

Félizon *Latin*
Chance, bonheur

Ferdaoues *Arabe*
Le paradis

Férdie *Germanique*
Protecteur, paix, courage

Ferdinanda *Germanique*
Protecteur, paix, courage

Ferdinande *Germanique*
Protecteur, paix, courage

Féria *Arabe*
Belle, svelte

Férida *Arabe*
Perle de grande valeur

Fermine *Latin*
Ferme dans ses convictions

Fern *Anglais*
Fougère

Fernanda *Germanique*
Protecteur, paix, courage

Fernande *Germanique*
Protecteur, paix, courage

Ferruccia *Latin*
Fer

Fettoum *Arabe*
Dérivé de Fatima

Fettouma *Arabe*
Dérivé de Fatima

Fia *Grec*
La sagesse

Fidèle *Latin*
Fidèle

Fidelia *Latin*
Fidèle

Fides *Latin*
Croyance

Fiken *Grec*
La sagesse

Filia *Grec*
Qui aime le cheval

Filiouchka *Grec*
Qui aime le cheval

Filipa *Grec*
Qui aime le cheval

Filipia *Grec*
Amour du cheval

Filippa *Grec*
Amour du cheval

Filomena *Grec*
Qui aime le chant

Fina *Hébreu*
Brûler

Fine *Hébreu*
Diminutif de Joséfine

Fiona *Gaélique*
Belle, blanche

Fionola *Gaélique*
Belle, blanche

Fiorenza *Latin*
Florissant

Fioretta *Latin*
En floraison

Firdaous *Persan*
Le paradis

Firdaws *Persan*
Le paradis

Firmina *Latin*
Ferme dans ses convictions

Firouz *Persan*
La turquoise

Firouza *Persan*
La turquoise

Fita *Germanique*
Diminutif de Friederike

Flavia *Latin*
Couleur d'or, blond

Flaviana *Latin*
Couleur d'or, blond

Flavie *Latin*
Couleur d'or, blond

Flavienne *Latin*
Couleur d'or, blond

Fleur *Latin*
Fleur

Fleurance *Latin*
Fleur

Flora *Latin*
Fleur

Flore *Latin*
Fleur

Florence *Latin*
En floraison

Florencia *Latin*
En floraison

Florentina *Latin*
En floraison

Florentine *Latin*
En floraison

Florenze *Latin*
En floraison

Floretta *Latin*
En floraison

Floriane *Latin*
En floraison

Florinde *Latin*
Fleur

Florine *Latin*
Fleur

Florrie *Latin*
En floraison

Flossie *Latin*
Fleur

Foca *Latin*
Obscure

Foma *Araméen*
Jumeaux

Fortunata *Latin*
Fortuné

Fosca *Latin*
Obscure

Fran *Latin*
Franc, homme libre

Franca *Latin*
Franc, homme libre

France *Latin*
Franc, homme libre

Franceline *Latin*
Franc, homme libre

Frances *Latin*
Féminin de Francis

Francesca *Latin*
Franc, homme libre

Francette *Latin*
Franc, homme libre

Francina *Latin*
Franc, homme libre

Francine *Latin*
Franc, homme libre

Francisca *Latin*
Franc, homme libre

Françoise *Latin*
Franc, homme libre

Franka *Latin*
Franc, homme libre

Frankiska *Latin*
Franc, homme libre

Frannie *Latin*
Franc, homme libre

Franny *Latin*
Franc, homme libre

Franzine *Latin*
Franc, homme libre

Franziska *Latin*
Franc, homme libre

Freda *Allemand*
Diminutif des prénoms assemblés
avec FRIED

Freddie *Germanique*
Puissance, protection

Frederica *Germanique*
Puissance, protection

Frédérique *Germanique*
Puissance, protection

Fredina *Germanique*
Puissance, protection

Frerika *Germanique*
Puissance, protection

Fricka *Germanique*
Puissance, protection

Frieda *Allemand*
Diminutif des prénoms assemblés
avec FRIED

Friedburg *Germanique*
Protection, refuge

Friedel *Germanique*
Diminutif des prénoms assemblés
avec FRIED

Friederike *Germanique*
Puissance, protection

Friedrun *Germanique*
Protection avec la parole magique

Frigga *Germanique*
Puissance, protection

Frika *Germanique*
Puissance, protection

Fritzi *Germanique*
Puissance, protection

Frolinde *Germanique*
Raisonnable, sensé

Fronika *Grec*
Apporter la victoire

Fulberte *Germanique*
Peuple brillant

Fulvia *Latin*
Jaunâtre, fauve

Fulvianne *Latin*
Jaunâtre, fauve

Fulvie *Latin*
Jaunâtre, fauve

Fulvienne *Latin*
Jaunâtre, fauve

G

FÉMININ

Gabriele *Hébreu*
Force de Dieu

Gabriella *Hébreu*
Force de Dieu

Gabrielle *Hébreu*
Force de Dieu

Gaby *Hébreu*
Force de Dieu

Gaëlla *Germanique*
Etrangère

Gaëlle *Germanique*
Etrangère

Gaëtane *Latin*
Habitant de Caieta

Gail *Hébreu*
Le père de l'exaltation

Gaspara *Hébreu*
Gérer les trésors

Gasparine *Hébreu*
Gérer les trésors

Gaudenzia *Latin*
Etre joyeux

Gavriouna *Hébreu*
Force de Dieu

Gay *Anglais*
De bonne humeur

Gayle *Hébreu*
Le père de l'exaltation

Gaynor *Celte*
La vague blanche

Gearoidin *Germanique*
Lance, bois

Gecha *Grec*
De noble race

Geerta *Germanique*
Lance et fidélité

Geirgia *Grec*
Travailleur de la terre

Gélase *Grec*
Jovial

Gema *Latin*
Pierre précieuse

Gemma *Latin*
Pierre précieuse

Geneviève *Germanique*
Jeune femme

Genevra *Celte*
La vague blanche

Genia *Grec*
De noble race

Gennarina *Latin*
Janvier

Genoveffa *Germanique*
Jeune femme

Genovera *Germanique*
Jeune femme

Georgette *Grec*
Travailleur de la terre

Georgia *Grec*
Travailleur de la terre

Georgiana *Grec*
Travailleur de la terre

Georgie *Grec*
Travailleur de la terre

Georgina *Grec*
Travailleur de la terre

Georgine *Grec*
Travailleur de la terre

Gera *Allemand*
Diminutif des prénoms assemblés
avec GER

Geralde *Germanique*
Lance, commande, gouverne

Geraldina *Germanique*
Lance, commande, gouverne

Géraldine *Germanique*
Lance, commande, gouverne

Gerarde *Germanique*
Lance, courageux

Gérardine *Germanique*
Lance, courageux

Gerburg *Germanique*
Qui protège avec sa lance

Gerda *Nordique*
La gardienne

Geremia *Hébreu*
Elève de Dieu

Gerhild *Germanique*
Qui combat avec la lance

Gerke *Germanique*
Lance et fidélité

Gerlind *Germanique*
Qui protège avec la lance

Germaine *Latin*
Issu du même sang

Germana *Latin*
Issu du même sang

Germina *Latin*
Issu du même sang

Gerry *Germanique*
Lance, commande, gouverne

Gert *Germanique*
Lance et fidélité

Gerta *Germanique*
Lance et fidélité

Gertrud *Germanique*
Lance et fidélité

Gertrude *Germanique*
Lance et fidélité

Gertrudis *Germanique*
Lance et fidélité

Gerty *Germanique*
Lance et fidélité

Gerwine *Germanique*
Lance et amie

Gesa *Germanique*
Lance et fidélité

Gesche *Germanique*
Lance et fidélité

Gesine *Germanique*
Lance et fidélité

Gesuella *Hébreu*
Dieu est sauveur

Ghada *Arabe*
Belle et vertueuse

Ghania *Arabe*
Libérée du besoin, riche

Ghazala *Arabe*
La gazelle

Ghislaine *Germanique*
Otage, dure

Giacinta *Grec*
Jeune homme tué par Apollon

Giacomina *Hébreu*
Que Dieu favorise

Gianina *Hébreu*
Dieu est miséricordieux

Gianna *Hébreu*
Dieu est miséricordieux

Gila *Germanique*
Otage, dur

Gilberta *Germanique*
Descendant de haute race, brillant

Gilberte *Germanique*
Descendant de haute race, brillant

Gilda *Germanique*
Homme de grande valeur

Gilda *Celte*
Servante de Dieu

Gill *Latin*
Qui vient de Juilier

Gillian *Latin*
Qui vient de Juilier

Gina *Latin*
Reine

Ginette *Germanique*
Jeune femme

Ginevra *Celte*
Esprit blanc

Ginger *Celte*
Surnom donné à un enfant roux

Ginnie *Latin*
Vierge

Ginny *Latin*
Vierge

Ginou *Germanique*
Jeune femme

Gioconda *Latin*
L'agréable

Giorgia *Grec*
Travailleur de la terre

Giovanna *Hébreu*
Dieu est miséricordieux

Gisa *Allemand*
Diminutif des prénoms assemblés
avec GIS

Gisela *Germanique*
Otage, dur

Gisèle *Germanique*
Otage, dur

Gisella *Germanique*
Otage, dur

Gislaine *Germanique*
Otage, dure

Gislind *Germanique*
Rejeton et doux

Gitta *Celte*
Force

Giuditta *Hébreu*
Juive

Giuffrida *Germanique*
La paix de Dieu

Giulia *Latin*
Qui vient de Juilier

Giuliana *Latin*
Dédié à Giove

Giulietta *Latin*
Qui vient de Juilier

Giuseppa *Hébreu*
Dieu ajoute (d'autres fils)

Giuseppina *Hébreu*
Dieu ajoute (d'autres fils)

Gladys *Celte*
Reine de l'espérance

Glenda *Gallois*
Pure

Glenna *Celte*
Nom de vallée

Glenys *Gallois*
Nom de vallée

Gloria *Latin*
Renommé

Glynis *Celte*
Nom de vallée

Godelaine *Germanique*
Dieu, fils

Godeliève *Germanique*
Dieu, fils

Godeline *Germanique*
Dieu, fils

Godo lieba *Germanique*
Dieu, fils

Godolefa *Germanique*
Dieu, fils

Godoleine *Germanique*
Dieu, fils

Godoleva *Germanique*
Dieu, fils

Golda *Hébreu*
Or

Goldie *Hébreu*
Or

Gotlind *Germanique*
Dieu et doux

Goulvena *Gallois*
Prière, pure

Goulwena *Gallois*
Prière, pure

Grace *Latin*
Grâce, faveur

Grâce *Latin*
Grâce, faveur

Gracia *Latin*
Grâce, faveur

Gracie *Latin*
Grâce, faveur

Grainne *Latin*
Grâce, faveur

Gratia *Latin*
Grâce, faveur

Grazia *Latin*
Grâce, faveur

Graziella *Latin*
Grâce, faveur

Greda *Grec*
Perle

Gredel *Grec*
Perle

Greet *Grec*
Perle

Gregoria *Grec*
Qui veille

Greta *Grec*
Perle

Gretchen *Grec*
Perle

Grete *Grec*
Perle

Gretel *Grec*
Perle

Greth *Grec*
Perle

Grigoria *Grec*
Qui veille

Griselda *Germanique*
Héroïne de pierre

Grizel *Germanique*
Héroïne de pierre

Grusche *Grec*
Perle

Gudrun *Germanique*
Magie pour le combat

Gudula *Germanique*
Dieu

Guenia *Germanique*
Jeune femme

Guénola *Celte*
Blanc, valeureux

Guénolé *Celte*
Blanc, valeureux

Guermoussia *Latin*
Issu du même sang

Guerrina *Germanique*
Protecteur

Guglielmina *Germanique*
Qui veut le casque

Guinevere *Celte*
La vague blanche

Guinia *Latin*
Vierge

Guislaine *Germanique*
Otage, dure

Gun *Celte*
Blanc, heureux, cercle

Gunda *Allemand*
Diminutif des prénoms assemblés
avec GUND

Gundelinde   *Germanique*
Magicienne des combats

Gundine   *Allemand*
Forme de Gunda

Gunhild   *Germanique*
Combattant

Gussie   *Latin*
Vénérable, majestueux

Gussy   *Latin*
Vénérable, majestueux

Guste   *Latin*
Vénérable, majestueux

Guylaine   *Germanique*
Otage, dure

Gwen   *Celte*
Blanc, heureux

Gwenaëlle   *Celte*
Blanche, heureuse, généreuse

Gwenda   *Celte*
Blanc, heureux, cercle

Gwendolen   *Celte*
Blanc, heureux, cercle

Gwendolin   *Celte*
Blanc, heureux, cercle

Gwendoline   *Celte*
Blanc, heureux, cercle

Gwendolyn   *Celte*
Blanc, heureux, cercle

Gwenel   *Celte*
Blanche, heureuse, généreuse

Gweneth   *Celte*
Blanc, heureux, cercle

Gwenn   *Celte*
Blanc, heureux

Gwenna   *Celte*
Blanc, heureux, cercle

Gwennie   *Breton*
Blanc, heureux

Gwennoal   *Breton*
Blanc, heureux

Gwenola   *Celte*
Blanc, valeureux

Gwenolé   *Celte*
Blanc, valeureux

Gwladys   *Celte*
Reine de l'espérance

Gwyn   *Celte*
Blanc, loyal

Gwyneth   *Celte*
Chanceux

H

FÉMININ

Ha'amoe *Tahitien*
Endormir les Dieux au cœur farouche

Habiba *Arabe*
Digne d'amour

Hadburg *Germanique*
Victoire et protection

Hadia *Arabe*
Don, offrande

Hadiya *Arabe*
L'offrande

Hadiyatallah *Arabe*
Don de Dieu

Hadiyatoullah *Arabe*
Don de Dieu

Hadmut *Germanique*
Combat, manière de penser

Haeretua *Tahitien*
Marche au large de la mer sacrée

Haféza *Arabe*
Protège, réserve (le Coran)

Hafiza *Arabe*
Protège, réserve (le Coran)

Hafsa *Arabe*
Petite lionne

Hagar *Hébreu*
Etranger

Haïda *Arabe*
Qui retourne vers Dieu

Haila *Arabe*
Halo de lumière

Hajar *Arabe*
Seconde épouse d'Ibrâhîm

Hajer *Arabe*
Seconde épouse d'Ibrâhîm

Hajja *Arabe*
Pèlerin qui accomplit ou a accompli le pèlerinage

Hakéma *Arabe*
Juge équitable

Hakima *Arabe*
Le sage

Halima *Arabe*
Indulgente, clémente

Halina *Grec*
Eclat du soleil

Haméda *Arabe*
Qui loue Dieu

Hamida *Arabe*
Qui loue Dieu

Hamima *Arabe*
Proche, chaleureuse

Hana *Arabe*
Félicitation, fête

Hanako *Japonais*
Fleur

Hanane *Arabe*
Tendresse, compassion

Hani *Tahitien*
La femme caressée par le soleil

Hania *Arabe*
Heureuse, tranquille

Hanifa *Arabe*
Qui rejette la déviation pour revenir sur la voie de la rectitude

Hanka *Hébreu*
Dieu est miséricordieux

Hanna *Hébreu*
Dieu est miséricordieux

Hannah *Hébreu*
Gracieux, agréable

Hannedore *Allemand*
Assemblage de Hanna et Dora

Hanneliese *Allemand*
Assemblage de Hanna et Luise

Hannelore *Allemand*
Assemblage de Hanna et Lore

Hannerose *Allemand*
Assemblage de Hanna et Rose

Hansi *Hébreu*
Dieu est miséricordieux

Haoua *Hébreu*
Source de vie

Harlette *Germanique*
Viril

Harmke *Germanique*
Le combattant

Harriet *Germanique*
Maison, roi

Hasna *Arabe*
Très belle

Hasnia *Arabe*
Très belle

Hassana *Arabe*
Belle, excellente

Hassiba *Arabe*
Considéré, estimé

Hattie *Germanique*
Maison, roi

Hauke *Germanique*
Brillant

Hawa *Hébreu*
Ève - source de vie

Hayat *Arabe*
La vie

Hayley *Vieil anglais*
Nom de lieu « clairière de foin »

Hazel *Vieil anglais*
Rougeâtre, brun

Heather
Nom de plante

Hedda *Germanique*
Richesse et combat

Hedi *Germanique*
Richesse et combat

Hédia *Arabe*
Qui guide

Hedwig *Germanique*
Conflit

Hedwiga *Germanique*
Richesse et combat

Heia *Tahitien*
La beauté couronnée de plumes

Heide *Germanique*
De noble forme et façon

Heidelinde *Allemand*
Assemblage de Heide et Linda

Heidelore *Allemand*
Assemblage de Heide et Lore

Heidelotte *Allemand*
Assemblage de Heide et Charlotte

Heidemarie *Allemand*
Assemblage de Heide et Maria

Heiderose *Allemand*
Assemblage de Heide et Rose

Heidi *Germanique*
De noble forme et façon

Heidrun *Germanique*
De nature magique

Heike *Germanique*
Maison, roi

Heilburg *Germanique*
Protection, refuge

Heilgard *Germanique*
Bien portant

Heilke *Germanique*
Sain, combat

Heilwig *Germanique*
Bien portant, victoire

Heimanu *Tahitien*
Couronne d'oiseaux s'envolant en tournoyant dans le ciel

Heimata *Tahitien*
La couronne d'yeux des requins du roi

Heinke *Germanique*
Maison, roi

Heinrike *Germanique*
Maison, roi

Heipua *Tahitien*
Couronne de fleurs rouges de la vallée verdoyante

Heirani *Tahitien*
Couronne du ciel aux nuages se mouvant sans cesse

Hélaine *Grec*
Eclat du soleil

Helen *Grec*
Eclat du soleil

Helena *Grec*
Eclat du soleil

Helene *Grec*
Eclat du soleil

Helenê *Grec*
Eclat du soleil

Hélène *Grec*
Eclat du soleil

Helenia *Grec*
Eclat du soleil

Helga *Nordique*
Sain, bien portant

Helga *Germanique*
Chance, bonheur

Helgamaria *Allemand*
Assemblage de Helga et Maria

Helgard *Germanique*
Bien portant

Helge *Nordique*
Chance, bonheur

Hella *Grec*
Chance, bonheur

Helleborg *Germanique*
Protection, refuge

Helma *Germanique*
Volonté, casque

Helmine *Germanique*
Volonté, casque

Helmke *Allemand*
Diminutif des prénoms assemblés
avec HELM, HELMA

Helmtraud *Germanique*
Casque, puissant

Heloise *Germanique*
Bien portant

Héloïse *Germanique*
Bien portant

Hemdrikje *Germanique*
Maison, roi

Hemma *Germanique*
Volonté, casque

Henni *Germanique*
Maison, roi

Henrietta *Germanique*
Maison, roi

Henriette *Germanique*
Maison, roi

Henrika *Germanique*
Maison, roi

Henrike *Germanique*
Maison, roi

Hera *Grec*
Puissant

Herdi *Allemand*
Diminutif des prénoms assemblés
avec HER

Hereata *Tahitien*
Le grand soleil piégeant les nuages

Herenui *Tahitien*
Grand amour des Dieux du ciel

Herlind *Germanique*
Armés et doux

Herma *Germanique*
Majestueuse

Hermeline *Celte*
Princesse des ours

Hermienne *Germanique*
Majestueuse

Hermine *Germanique*
Majestueuse

Herminie *Germanique*
Majestueuse

Hermione *Grec*
Nom d'un Dieu commissionnaire
de Grèce

Herta *Germanique*
Déesse de la fécondité

Hester *Hébreu*
Etoile

Hetti *Germanique*
Richesse et combat

Hettie *Germanique*
Maison, roi

Hetty *Germanique*
Maison, roi

Hiba *Arabe*
Don, cadeau

Hidda *Allemand*
Diminutif des prénoms assemblés
avec HILD

Hihiura *Tahitien*
Rayon rouge du beau coucher de
soleil

Hikma *Arabe*
Sagesse, divine

Hikmat *Arabe*
Sagesse divine

Hilal *Arabe*
Fin croissant de lune

Hilaria *Latin*
De bonne humeur

Hilarie *Latin*
De bonne humeur

Hilary *Latin*
De bonne humeur

Hilchen *Grec*
Eclat du soleil

Hilda *Allemand*
Diminutif des prénoms assemblés
avec HILD

Hilda *Germanique*
Premier combat

Hildburg *Germanique*
Protection, refuge

Hilde *Germanique*
Premier combat

Hildegard *Germanique*
Qui se protège au combat

Hildegarde *Germanique*
La femme gardienne

Hildegund *Germanique*
Combat sacré

Hildie *Germanique*
Premier combat

Hildrun *Germanique*
Combat, mystère, magie puissante

Hilel *Arabe*
Fin croissant de lune

Hilke *Allemand*
Diminutif des prénoms assemblés
avec HILD

Hilla *Germanique*
Premier combat

Hilma *Germanique*
Volonté, casque

Hiltraud *Germanique*
Qui a le combat familier

Himaya *Arabe*
Défense

Hinanui *Tahitien*
Grande Hina déesse de la lune

Hinatea *Tahitien*
Arrière petite-fille blanche admirée des déesses

Hind *Arabe*
Groupe de cent à deux cents chameaux

Hinepotea *Tahitien*
Filles des nuits claires de la lune

Hiroko *Japonais*
Générosité du grand espace

Hiske *Allemand*
Diminutif des prénoms assemblés avec HILDE

Hitiura *Tahitien*
Les deux côtés rouges du rocher à pic

Hiva *Tahitien*
La compagnie gardant le gouvernement royal

Hjördis *Nordique*
Protection, déesse

Hoela *Breton*
Celle qui bouleverse

Holda *Germanique*
La gracieuse

Holly *Vieil anglais*
Nom d'une plante

Honora *Latin*
Digne d'honneurs

Honorine *Latin*
Digne d'honneurs

Honour *Latin*
Digne d'honneurs

Hope *Anglais*
Espérance

Hortense *Latin*
Relatif au jardin

Hortensia *Latin*
Relatif au jardin

Houda *Arabe*
La voie

Houria *Arabe*
Jeune femme à la beauté incomparable

Houriya *Arabe*
Jeune femme très belle

Housn *Arabe*
Très belle

Housnia *Arabe*
Naturellement belle

Housniya *Arabe*
Naturellement belle

Hristina *Latin*
Disciple du Christ

Huberta *Germanique*
Brillant

Hugoline *Germanique*
Intelligence

Huguette *Germanique*
Intelligence

Hulda *Germanique*
La gracieuse

Huldah *Hébreu*
Travailleur

Hyacinth *Grec*
La jacinthe

Hyacinthe *Grec*
La jacinthe

Hylda *Germanique*
Premier combat

FÉMININ

Inez *Latin*
Pure, chaste

Inga *Allemand*
Diminutif des prénoms commençant par ING

Ingalisa *Allemand*
Assemblage de Inga et Lisa

Inge *Nordique*
Gardienne

Ingeborg *Nordique*
Gardienne

Ingela *Nordique*
Gardienne

Ingelore *Allemand*
Assemblage de Inge et Lore

Ingelotte *Allemand*
Assemblage de Inge et Charlotte

Ingemaria *Allemand*
Assemblage de Inge et Maria

Inger *Nordique*
Gardienne

Ingerose *Allemand*
Assemblage de Inge et Rosa

Ingetraud *Allemand*
Assemblage de Inge et Traude

Inghild *Germanique*
Combat

Ingrid *Nordique*
Cavalière

Ingrun *Germanique*
Secret, magie puissante

Innozenzia *Latin*
L'innocente

Inoulia *Grec*
Travailleur de la terre

Insa *Allemand*
Diminutif des prénoms assemblés avec ING

Ioio *Tahitien*
L'œil brillant de l'étoile du matin

Iola *Latin*
La violette

Iolana *Latin*
La violette

Iolanda *Germanique*
Adresse, pays

Iolanda *Latin*
La violette

Iolande *Latin*
La violette

Iphigenia *Grec*
La fille de Iphis

Iphigénie *Grec*
La fille de Iphis

Ippolita *Grec*
Cheval, dompteur

Iqbal *Arabe*
Prospérité

Ira *Grec*
La paix

Iren *Grec*
La paix

Irena *Grec*
La paix

Irenca *Grec*
La paix

Irène *Grec*
La paix

Irènée *Grec*
La paix

Irenion *Grec*
La paix

Irfane *Arabe*
Connaissance

Iriata *Tahitien*
La peau des nuages du ciel

Iriena *Grec*
La paix

Irina *Grec*
La paix

Iris *Grec*
Arc-en-ciel

Irlas *Arabe*
Aimable

Irma *Germanique*
Grand

Irme *Germanique*
Grand

Irmela *Germanique*
Grand

Irmeline *Germanique*
Grand

Irmgard *Germanique*
Qui sauvegarde Irmin

Irmhild *Germanique*
Combattant d'Irmins

Irmin *Germanique*
Qui sauvegarde Irmin

Irmine *Germanique*
Grand

Irmtraud *Germanique*
Familier des Irmins

Irounia *Grec*
La paix

Irvina *Germanique*
Armée et amie

Isa *Hébreu*
Dieu est mon serment

Isabel *Hébreu*
Dieu est mon serment

Isabella   *Hébreu*
Dieu est mon serment

Isabelle   *Hébreu*
Dieu est mon serment

Isadora   *Grec*
Cadeau de la déesse Isis

Iseabail   *Hébreu*
Dieu est mon serment

Isibéal   *Hébreu*
Dieu est mon serment

Isla   *Ecossais*
Nom d'une rivière

Isma   *Arabe*
A l'abri de toute atteinte

Ismat   *Arabe*
Protection infaillible

Isobel   *Hébreu*
Dieu est mon serment

Isolda   *Celte*
Belle

Isolde   *Celte*
Belle

Isolt   *Celte*
Belle

Isotta   *Celte*
Belle

Isotta   *Germanique*
Combat en terre froide

Istrud   *Germanique*
Fer et force

Itala   *Italien*
Italien

Itia   *Tahitien*
La petite fille messagère blanche

Itta   *Hébreu*
La juive

Iuliana   *Latin*
Qui vient de Juilier

Iunainn   *Irlandais*
Juin

Iuno   *Irlandais*
Juin

Iusta   *Latin*
Juste

Ivana   *Hébreu*
Dieu est miséricorde

Ivanka   *Hébreu*
L'if

Ivette   *Germanique*
L'if

Ivy   *Vieil anglais*
Nom d'une plante

Izolda   *Celte*
Belle

J

FÉMININ

Jacinte *Grec*
Jacinthe

Jackalene *Hébreu*
Que Dieu favorise

Jackalyn *Hébreu*
Que Dieu favorise

Jackie *Hébreu*
Que Dieu favorise

Jacobine *Hébreu*
Que Dieu favorise

Jacotte *Hébreu*
Que Dieu favorise

Jacqueline *Hébreu*
Que Dieu favorise

Jacquette *Hébreu*
Que Dieu favorise

Jacquine *Hébreu*
Que Dieu favorise

Jacquotte *Hébreu*
Que Dieu favorise

Jade *Espagnol*
Nom d'une pierre précieuse

Jadwiga *Germanique*
Richesse et combat

Jaheda *Arabe*
Qui s'efforce

Jahida *Arabe*
Qui fait l'effort sur elle-même

Jakkie *Hébreu*
Que Dieu favorise

Jakoba *Hébreu*
Dieu sauvegarde

Jala *Arabe*
Lumière éclatante

Jalila *Arabe*
Qui a un rang élevé

Jaloua *Arabe*
Lumière éclatante

Jamesa *Hébreu*
Que Dieu favorise

Jamie *Hébreu*
Que Dieu favorise

Jamila *Arabe*
Belle

Jan *Hébreu*
Dieu est miséricordieux

Jana *Hébreu*
Dieu est miséricordieux

Jane *Hébreu*
Dieu est miséricordieux

Janet *Hébreu*
Dieu est miséricordieux

Janey *Hébreu*
Dieu est miséricordieux

Janice *Hébreu*
Dieu est miséricordieux

Janika *Hébreu*
Dieu est miséricordieux

Janina *Hébreu*
Dieu est miséricordieux

Janis *Hébreu*
Dieu est miséricordieux

Janka *Hébreu*
Dieu est miséricordieux

Janna *Hébreu*
Dieu est miséricordieux

Janna *Arabe*
Paradis

Jannette *Hébreu*
Dieu est miséricordieux

Janyle *Hébreu*
Dieu est miséricordieux

Jaouahir *Arabe*
Joyeux

Jaouhara *Arabe*
Joyau

Jarmila *Tchèque*
Sérieuse

Jascha *Germanique*
Richesse et combat

Jasmin *Persan*
Le jasmin

Jasmina *Persan*
Le jasmin

Jasmine *Persan*
Le jasmin

Jawahir *Arabe*
Joyeux

Jawhara *Arabe*
Joyau

Jay *Anglais*
Diminutif des prénoms commençant par J

Jayme *Hébreu*
Que Dieu favorise

Jayne *Hébreu*
Dieu est miséricordieux

Jazoua *Arabe*
Récompense

Jean *Hébreu*
Dieu est miséricordieux

Jeanine *Hébreu*
Dieu est miséricordieux

Jeanne *Hébreu*
Dieu est miséricordieux

Jeannette *Hébreu*
Dieu est miséricordieux

Jehanne *Hébreu*
Dieu est miséricordieux

Jekaterina *Grec*
Pure

Jelena *Grec*
Eclat du soleil

Jélila *Arabe*
Belle

Jelisaweta *Hébreu*
Dieu est miséricordieux

Jelka *Grec*
Radieusement belle

Jella *Hébreu*
Force de Dieu

Jéloua *Arabe*
Lumière éclatante

Jémila *Arabe*
Belle

Jemima *Hébreu*
Colombe

Jennifer *Celte*
Loyal, blanc

Jenny *Hébreu*
Dieu est miséricordieux

Jerry *Hébreu*
Elève de Dieu

Jerta *Germanique*
Lance, courageux

Jess *Hébreu*
Dieu te regarde

Jessalynn *Hébreu*
Dieu te regarde

Jessamine *Persan*
Le jasmin

Jessica *Hébreu*
Dieu te regarde

Jessie *Hébreu*
Dieu te regarde

Jessu *Hébreu*
Dieu te regarde

Jette *Germanique*
Maison, roi

Jewel *Hébreu*
Iavhé est Dieu

Jezabel *Hébreu*
Dieu est mon serment

Jihad *Arabe*
Lutter contre ses passions

Jill *Latin*
Qui vient de Juilier

Jinane *Arabe*
Paradis

Jo *Allemand*
Diminutif des prénoms commençant par JO

Jo *Hébreu*
Dieu ajoute

Joan *Hébreu*
Dieu est miséricordieux

Joanina *Hébreu*
Dieu est miséricordieux

Joanna *Hébreu*
Dieu est miséricordieux

Jocasta *Grec*
Nom de la mère de Œdipe

Jocelyn *Germanique*
Fille de Dieu

Jodie *Hébreu*
La juive

Jody *Hébreu*
La juive

Joèla *Hébreu*
Iahvé est Dieu

Joëlle *Hébreu*
Iahvé est Dieu

Johanna *Grec*
Dieu est miséricordieux

Johanne *Hébreu*
Dieu est miséricordieux

Jolanda *Latin*
La violette

Jolande *Latin*
La violette

Jolanthe *Grec*
Violette

Jolenta *Latin*
La violette

Joni *Hébreu*
Dieu est miséricordieux

Jonquil *Français*
Nom de fleur

Jördis *Nordique*
Protection, déesse

Josée *Hébreu*
Dieu ajoute

Josefa *Hébreu*
Dieu ajoute

Joséfina *Hébreu*
Dieu ajoute

Josefine *Hébreu*
Dieu ajoute

Josepha *Hébreu*
Dieu ajoute

Joséphine *Hébreu*
Dieu ajoute

Josette *Hébreu*
Dieu ajoute

Josiane *Hébreu*
Dieu ajoute

Josie *Hébreu*
Dieu ajoute

Joss *Germanique*
Fille de Dieu

Josseline *Germanique*
Fille de Dieu

Josta *Celte*
Le combattant

Jouda *Arabe*
Perfection

Joumana *Arabe*
La perle

Jouwéria *Arabe*
Jeune fille

Jovanka *Hébreu*
Dieu est miséricordieux

Joy *Latin*
La joie

Joyce *Latin*
La joie

Juana *Hébreu*
Dieu est miséricordieux

Juanita *Hébreu*
Dieu est miséricordieux

Judit *Hébreu*
La juive

Judith   *Hébreu*
La juive

Judy   *Hébreu*
La juive

Jula   *Latin*
Qui vient de Juilier

Julia   *Latin*
Qui vient de Juilier

Juliana   *Latin*
Qui vient de Juilier

Juliane   *Latin*
Qui vient de Juilier

Julie   *Latin*
Qui vient de Juilier

Juliet   *Latin*
Qui vient de Juilier

Juliette   *Latin*
Qui vient de Juilier

Julischka   *Latin*
Qui vient de Juilier

Julitta   *Latin*
Qui vient de Juilier

June   *Latin*
Juin

Jurriana   *Grec*
Travailleur de la terre

Justa   *Latin*
Raisonnable, juste

Justina   *Latin*
Raisonnable, juste

Justine   *Latin*
Raisonnable, juste

Jutta   *Hébreu*
La juive

K

FÉMININ

Kai *Grec*
Pure

Kaja *Grec*
Pure

Kamila *Arabe*
Parfaite

Kamilia *Arabe*
Parfait, total

Kamilka *Latin*
Jeune homme

Kamilla *Latin*
Jeune homme

Kandida *Latin*
La brillante

Kaneza *Arabe*
Trésor

Kaoukab *Arabe*
Etoile

Kaourentin *Celte*
Entourage, ami

Kaoussar *Arabe*
Profusion

Kara *Latin*
La bien-aimée

Karen *Latin*
Pure

Karima *Arabe*
Généreuse et noble

Karin *Grec*
Pure

Karina *Grec*
Pure

Karla *Germanique*
La liberté

Karlota *Germanique*
Viril

Karola *Germanique*
Viril

Karsta *Latin*
Disciple du Christ

Karstine *Latin*
Disciple du Christ

Kasmira *Polonais*
Qui fait la paix

Kassandra *Grec*
La femme qui saisit l'homme

Katalin *Grec*
Pure

Katarina *Grec*
Pure

Kate *Grec*
Pure

Katel *Grec*
Pure

Katell *Grec*
Pure

Kath *Grec*
Pure

Katharina *Grec*
Pure

Katharine *Grec*
Pure

Kathleen *Grec*
Pure

Kathryn *Grec*
Pure

Kathy *Grec*
Pure

Katia *Grec*
Pure

Katie *Grec*
Pure

Katinka *Grec*
Pure

Katja *Grec*
Pure

Katje *Grec*
Pure

Katjuschka *Grec*
Pure

Katrin *Grec*
Pure

Katrina *Grec*
Pure

Katy *Grec*
Pure

Kawssar *Arabe*
Profusion

Kay *Grec*
Pure

Kay *Anglais*
Diminutif des prénoms commençant par K

Kazéma *Arabe*
Se domine

Kazima *Arabe*
Se domine

Kecha *Latin*
Pratiquer une césarienne

Keet *Grec*
Pure

Keiko *Japonais*
Grâce

Kelly *Irlandais*
Saint Irlandais

Kémila *Arabe*
Parfaite

Kénza *Arabe*
Trésor

Kerima *Turque*
La fille

Kerstin *Latin*
Disciple du Christ

Ketty *Grec*
Pure

Khadidja *Arabe*
Première femme du Prophète

Khadija *Arabe*
Première femme du Prophète

Khaïra *Arabe*
Excellente

Khaïrate *Arabe*
Faire le bien

Khalida *Arabe*
Demeurant pour l'éternité au paradis

Khalissa *Arabe*
Pure, sincère

Khera *Arabe*
Bonne

Khouloud *Arabe*
L'éternité

Khouzama *Arabe*
La lavande

Khristiane *Latin*
Disciple du Christ

Khristina *Latin*
Disciple du Christ

Khristocha *Latin*
Disciple du Christ

Kim *Vieil anglais*
Vient de la royale prairie

Kimberley *Vieil anglais*
Vient de la royale prairie

Kinane *Arabe*
Secrète

Kingsley *Vieil anglais*
Le bois du roi

Kira *Grec*
Consacré au divin

Kirsten *Latin*
Disciple du Christ

Kirstie *Latin*
Disciple du Christ

Kit *Grec*
Pure

Kitty *Grec*
Pure

Kiyane *Arabe*
Nature intime de l'être

Klaasina *Grec*
Victoire, peuple

Klara *Latin*
La claire

Klarina *Latin*
La claire

Klarissa *Latin*
La claire

Klasie *Grec*
Victoire, peuple

Klaudia *Latin*
Boiteux

Klavdia *Latin*
Boiteux

Klementia *Latin*
Doux, clément

Klementine *Latin*
Doux, clément

Klio *Grec*
Glorieux

Klothilde *Germanique*
Renommée et combat

Konstantsia *Latin*
Constance

Konstanze *Latin*
Constant

Kora *Grec*
Jeune fille

Kordelia *Latin*
Mignonne

Kordula *Latin*
Mignonne

Korinna *Grec*
Jeune fille

Kornelia *Latin*
Prénom romain

Kosima *Grec*
Modeste, réservé

Koulm *Latin*
Colombe

Kounouz *Arabe*
Trésors

Kreszentia *Latin*
Qui s'accroît

Kriemhild *Germanique*
Qui combat avec un casque

Krista *Latin*
Disciple du Christ

Kristen *Latin*
Disciple du Christ

Kristin *Latin*
Disciple du Christ

Krystle *Latin*
Glace

Kunigunde *Germanique*
Clan et combat

Kyle *Ecossais*
Une région

Kylie *Irlandais*
Saint irlandais

Kyra *Grec*
Consacré au divin

L

FÉMININ

Labhaoise *Germanique*
Illustre, bataille

Labiba *Arabe*
Intelligente

Laetitia *Latin*
Allégresse, joie

Laetoria *Latin*
Allégresse, joie

Laila *Finnois*
Couleur lilas

Laïla *Arabe*
Début de l'ivresse (spirituelle, amoureuse)

Lallie *Grec*
Qui parle bien

Lalou *Latin*
Allégresse, joie

Lamberta *Germanique*
Terre brillante

Lamia *Arabe*
Etincellante, chatoyante

Lana *Russe*
Diminutif des prénoms assemblés avec LANA

Lana *Celte*
Pierre

Laria *Hébreu*
Souveraine

Latifa *Arabe*
Subtile, délicate

Lätitia *Latin*
La joie

Laura *Latin*
Laurier

Laure *Latin*
Laurier

Laureen *Latin*
Laurier

Lauren *Latin*
Laurier

Laurena *Latin*
Laurier

Laurence *Latin*
Laurier

Laurentia *Latin*
Laurier

Laurentine *Latin*
Laurier

Lauretta *Latin*
Laurier

Laurette *Latin*
Laurier

Lauriane *Latin*
Laurier

Laurie *Latin*
Laurier

Laurinda *Latin*
Laurier

Lavinia *Latin*
Purifié

Léa *Latin*
Lionne

Léa *Hébreu*
Vache sauvage

Leah *Hébreu*
Vache sauvage

Leandra *Grec*
La femme du peuple

Leâo *Latin*
Lion

Leda *Germanique*
Aimé de son peuple

Lee *Vieil anglais*
Champ

Leila *Arabe*
Début de l'ivresse (spirituelle, amoureuse)

Leli *Grec*
Eclat du soleil

Lelia *Hébreu*
Jéhovah est Dieu

Lena *Anglais*
Diminutif des noms finissant par LENA

Lenelies *Allemand*
Assemblage de Lene et Luise

Lenelore *Allemand*
Assemblage de Lene et Lore

Lenelotte *Allemand*
Assemblage de Lena et Charlotte

Lenka *Grec*
Eclat du soleil

Lenora *Grec*
Eclat du soleil

Lenore *Grec*
Eclat du soleil

Leocadia *Grec*
Habitant de Leucade

Leona *Allemand*
Diminutif des prénoms assemblés avec LEO

Leona *Latin*
Lion

Léonce *Latin*
Lion

Léone *Latin*
Lion

Leonharda
Assemblage du latin « lion » et du germanique « fort »

Leonia *Latin*
Lion

Leonida
Assemblage du latin « lion » et du germanique « fort »

Leonie *Allemand*
Diminutif des prénoms assemblés avec LEO

Leonie *Latin*
Assemblage du latin « lion » et du germanique « fort »

Leonila *Latin*
Petit lion

Leonilla *Latin*
Lion

Léonille *Latin*
Lion

Léonina *Latin*
Lion

Léonine *Latin*
Lion

Leonor *Grec*
Compassion

Leonora *Grec*
Compassion

Leonore *Arabe*
Dieu est ma lumière

Léonore *Latin*
Compassion

Leontine *Latin*
Le lion puissant

Leopolda *Germanique*
Peuple, audacieux

Léopoldine *Germanique*
Peuple courageux

Leora *Grec*
Compassion

Lesley *Ecossais*
Nom de lieu

Leslie *Ecossais*
Nom de lieu

Léta *Latin*
Allégresse, joie

Leticia *Latin*
Allégresse, joie

Letitia *Latin*
Allégresse, joie

Letta *Latin*
La violette

Lettice *Latin*
Allégresse, joie

Letty *Latin*
Allégresse, joie

Lévounia *Latin*
Lion

Leyla *Arabe*
Début de l'ivresse

Lia *Latin*
Qui vient de Juilier

Lia *Hébreu*
Fatigué

Liana *Latin*
Les lys

Libby *Hébreu*
Dieu est mon serment

Libeth *Hébreu*
Dieu est mon serment

Libussa *Slave*
L'agréable

Licia *Latin*
De la Licia, région d'Asie mineure

Lida *Germanique*
Aimé de son peuple

Liddi *Grec*
Celle qui est cultivée

Lidia *Grec*
Celle qui est cultivée

Liduvina *Germanique*
Peuple victorieux

Liebgard *Germanique*
Protecteur

Liebhild *Germanique*
Vivre et victoire

Liebtraud *Germanique*
Vivre et puissant

Liesa *Hébreu*
Dieu est mon serment

Liesbeth *Hébreu*
Dieu est mon serment

Lieselore *Allemand*
Assemblage de Liese et Lore

Lieselotte *Allemand*
Assemblage de Liese et Charlotte

Lil *Hébreu*
Dieu est mon serment

Lila *Hébreu*
Dieu est mon serment

Lila *Arabe*
Début de l'ivresse (spirituelle, amoureuse)

Lilas *Français*
Vient du nom de l'arbuste importé du Moyen-Orient

Lile *Hébreu*
Dieu est mon serment

Lilia *Hébreu*
Dieu est mon serment

Lilian *Hébreu*
Dieu est mon serment

Liliane *Hébreu*
Dieu est mon serment

Lilith *Babylonien*
Démon de l'orage

Lilo *Allemand*
Diminutif de Lieselotte

Lily *Anglais*
Muguet

Limone *Italien*
Citron

Lina *Allemand*
Diminutif des prénoms assemblés avec LINE ou LINA

Lina *Arabe*
Douceur, souplesse

Linda *Germanique*
Aimé de son peuple

Linda *Espagnol*
Joli

Lindsey *Ecossais*
Nom d'une famille

Line *Germanique*
Noble

Linette *Germanique*
Diminutif de Lina

Lioba *Gothique*
L'amour

Lionella *Latin*
Petit lion

Lioudmila *Germanique*
Peuple, protection

Lisa *Hébreu*
Dieu est mon serment

Lisanne *Allemand*
Assemblage de Lisa et Anna

Lise *Hébreu*
Dieu est mon serment

Lisenka *Hébreu*
Dieu est mon serment

Lisette *Hébreu*
Dieu est mon serment

Lissy *Hébreu*
Dieu est mon serment

Liv *Nordique*
Protection

Livia *Latin*
Qui vient de Livier

Liz *Hébreu*
Dieu est mon serment

Lizbeth *Hébreu*
Dieu est mon serment

Lizzie *Hébreu*
Dieu est mon serment

Lizzy *Hébreu*
Dieu est mon serment

Ljuba *Slave*
L'amour

Lodie *Latin*
Propriété

Lois *Germanique*
Illustre, bataille, combattant

Loisa *Germanique*
Illustre, bataille, combattant

Loki *Allemand*
Diminutif de Hannelore

Lola *Espagnol*
Douleur, souffrir

Lolita *Espagnol*
Douleur, souffrir

Loni *Latin*
Diminutif de Leonie

Lore *Grec*
Diminutif de Eleonore

Loredana *Latin*
Bouquet de lauriers

Lorena *Latin*
Laurier

Lorenza *Latin*
Laurier

Loretta *Latin*
Laurier

Lori *Latin*
Laurier

Lorinda *Latin*
Laurier

Lotte *Germanique*
Viril

Lottie *Germanique*
Viril

Lou *Germanique*
Illustre, bataille, combattant

Loubna *Arabe*
Le benjoin

Louisa *Germanique*
Illustre, bataille, combattant

Louise *Germanique*
Illustre, bataille, combattant

Louisette *Germanique*
Illustre, bataille, combattant

Louison *Germanique*
Illustre, bataille, combattant

Loukama *Latin*
Lumière

Loukia *Latin*
Lumière

Loukina *Latin*
Lumière

Loukretsia *Latin*
Qui gagne

Loustinia *Latin*
Lumière

Loutfia *Arabe*
Délicate, gentille

Loutfiya *Arabe*
Délicate, gentille

Louwine *Latin*
Laurier

Louxrane *Latin*
Laurier

Luca *Latin*
Lumière

Luce *Latin*
Lumière

Lucetta *Latin*
Lumière

Lucette *Latin*
Lumière

Lucia *Latin*
Lumière

Luciana *Latin*
Lumière

Lucide *Latin*
Lumière

Lucie *Latin*
Lumière

Lucienne *Latin*
Lumière

Lucija *Latin*
Lumière

Lucila *Latin*
Lumière

Lucilla *Latin*
Lumière

Lucille *Latin*
Lumière

Lucinda *Latin*
Lumière

Lucinde *Latin*
Lumière

Lucrèce *Latin*
Qui gagne

Lucrecia *Latin*
Qui gagne

Lucretia *Latin*
Qui gagne

Lucrezia *Latin*
Qui gagne

Lucy *Latin*
Lumière

Ludmilla *Slave*
Aimé de son peuple

Ludmille *Slave*
Aimé de son peuple

Ludowika *Germanique*
Illustre, bataille, combattant

Ludwiga *Germanique*
Illustre, bataille, combattant

Luigia *Germanique*
Illustre, bataille, combattant

Luigina *Germanique*
Illustre, bataille, combattant

Luisa *Germanique*
Illustre, bataille, combattant

Luise *Germanique*
Illustre, bataille, combattant

Luitgard *Germanique*
Peuple, conseil

Luithild *Germanique*
Peuple et combat

Lukretia *Latin*
Qui vient de Lukretier

Lulita *Latin*
Douleur

Lulu *Allemand*
Diminutif des prénoms commençant avec LU

Lulu
Forme de Lucy, Louisa

Luzia *Latin*
Lumière

Luzinde *Latin*
Lumière

Lydia *Grec*
Celle qui est cultivée

Lydie *Grec*
Celle qui est cultivée

Lynn *Germanique*
Aimé de son peuple

Lys *Hébreu*
Dieu est mon serment

M

FÉMININ

Maai	*Hébreu*	**Made**	*Hébreu*
Goutte de mer		Tour	
Maaia	*Hébreu*	**Madelaine**	*Hébreu*
Goutte de mer		Tour	
Mabel	*Latin*	**Madeleine**	*Hébreu*
Aimable		Tour	
Mabrouka	*Arabe*	**Madeline**	*Hébreu*
Qui reçoit la Baraka		Tour	
Macey	*Araméen*	**Madella**	*Hébreu*
Jumeaux		Tour	
Mada	*Germanique*	**Madelon**	*Hébreu*
Honneur, combat		Tour	
Mada	*Hébreu*	**Madge**	*Grec*
Tour		Perle	
Madailéin	*Hébreu*	**Madiha**	*Arabe*
Tour		Digne d'éloges	
Madalen	*Hébreu*	**Madlen**	*Hébreu*
Tour		Tour	
Maddalena	*Hébreu*	**Madrona**	*Latin*
Tour		Mère de famille	
Maddie	*Hébreu*	**Mady**	*Hébreu*
Tour		Tour	
Maddy	*Hébreu*	**Mae**	*Hébreu*
Tour		Goutte de mer	

Maei *Hébreu*
Goutte de mer

Maël *Vieux breton*
Chef, prince

Maela *Hébreu*
Dieu est sauveur

Maëla *Vieux breton*
Chef, prince

Maëliss *Vieux breton*
Chef, prince

Maerehia *Tahitien*
L'enfant qui étonna les prêtres

Mafalda *Germanique*
Puissance, honneur, combat

Mag *Grec*
Perle

Magaly *Grec*
Perle

Magda *Hébreu*
Tour

Magdalena *Hébreu*
Tour

Magdelaine *Hébreu*
Tour

Magdelène *Hébreu*
Tour

Maggeline *Hébreu*
Tour

Maggie *Grec*
Perle

Maggy *Hébreu*
Tour

Magna *Latin*
La grandeur

Maha *Arabe*
Le cristal, l'antilope

Mahassine *Arabe*
Beautés, qualités

Mahbouba *Arabe*
Celle vers qui vont les louanges

Mahdia *Arabe*
Bien guidée

Mahdiya *Arabe*
Bien guidée

Mahfouza *Arabe*
Dieu la sauvegarde

Mahinetea *Tahitien*
Fille blanche caressée des esprits

Mahira *Arabe*
Adroite

Mahmouda *Arabe*
Celle vers qui vont les louanges

Maia *Hébreu*
Goutte de mer

Maible *Latin*
Aimable

Maike *Hébreu*
Goutte de mer

Maïmana *Arabe*
La félicité

Mair *Hébreu*
Goutte de mer

Maire *Tahitien*
Fougère de feuilles fines tressée
par les poètes

Maire *Hébreu*
Goutte de mer

Majida *Arabe*
Noble, glorieuse

Mairéad *Grec*
Perle

Malak *Arabe*
Ange

Mairia *Hébreu*
Goutte de mer

Malania *Grec*
Brun, noir

Mairsil *Latin*
Vient du Dieu de la guerre Mars

Malda *Arabe*
Tendre, délicate

Maïssam *Arabe*
Beauté

Maleen *Hébreu*
Tour

Maïssane *Arabe*
Qui a la démarche fière

Malena *Hébreu*
Tour

Maïssara *Arabe*
Richesse

Malenka *Grec*
Brun, noir

Maïssoun *Arabe*
Qui attire par sa démarche

Maliha *Arabe*
Qui a un beau visage

Maïté *Hébreu*
Goutte de mer

Malika *Arabe*
Qui possède

Maitilde *Germanique*
Fort, combat

Malina *Hébreu*
Tour

Maja *Latin*
Nom d'une déesse Romaine

Mall *Hébreu*
Goutte de mer

Maja *Hébreu*
Goutte de mer

Mally *Hébreu*
Goutte de mer

Majda *Arabe*
Très glorieuse

Malvina *Germanique*
Ami du droit

Majdia *Arabe*
De nature glorieuse et noble

Malwine *Germanique*
Ami du droit

Majdiya *Arabe*
Noble et glorieuse

Mamanu *Tahitien*
Oiseaux rouges se nichant au loin

Majéda *Arabe*
Très glorieuse

Mamdouha *Arabe*
Dont on fait éloge

Mamedouha *Arabe*
Dont on fait éloge

Mamie *Grec*
Diminutif de Margaret

Mamouna *Arabe*
Digne de confiance

Manar *Arabe*
Source lumineuse

Mandy *Latin*
Digne d'être aimé

Manfreda *Germanique*
Homme, protection

Mania *Hébreu*
Dieu est avec nous

Manioussa *Hébreu*
Goutte de mer

Manon *Hébreu*
Goutte de mer

Manoua *Arabe*
Intention, but visé

Manouchka *Hébreu*
Dieu est avec nous

Mansoura *Arabe*
Victorieuse

Manu *Tahitien*
Oiseau chantant errant la nuit

Manuela *Hébreu*
Diminutif d'Emanuela

Manuelita *Hébreu*
Dieu est avec nous

Manuelle *Hébreu*
Dieu est avec nous

Manui *Tahitien*
Grand flambeau de la nuit sombre

Manutea *Tahitien*
Oiseau blanc se perchant dans les
trous de rocher

Maouhouba *Arabe*
Qui a reçu don et talent de la part
de Dieu

Maoulouda *Arabe*
Nouveau-né

Maqboula *Arabe*
Accepté

Mara *Hébreu*
Malheureux

Marae'ura *Tahitien*
Temple rouge couronné de l'arc-
en-ciel

Maraetinia *Tahitien*
Temples nombreux des Dieux

Maram *Arabe*
Désirs

Marc'Harid *Grec*
Perle

Marcella *Grec*
Vient de Mars, Dieu de la guerre

Marcelia *Grec*
Vient de Mars, Dieu de la guerre

Marcella *Grec*
Vient de Mars, Dieu de la guerre

Marcelle *Grec*
Vient de Mars, Dieu de la guerre

Marcellina *Grec*
Vient de Mars, Dieu de la guerre

Marcelline   *Grec*
Vient de Mars, Dieu de la guerre

Marchita   *Grec*
Vient de Mars, Dieu de la guerre

Marcia   *Grec*
Vient de Mars, Dieu de la guerre

Marciana   *Grec*
Vient de Mars, Dieu de la guerre

Marcie   *Grec*
Vient de Mars, Dieu de la guerre

Marcienne   *Grec*
Vient de Mars, Dieu de la guerre

Marcile   *Grec*
Vient de Mars, Dieu de la guerre

Marcion   *Grec*
Vient de Mars, Dieu de la guerre

Mardiya   *Arabe*
Qui jouit de la satisfaction divine

Marei   *Hébreu*
Goutte de mer

Mareike   *Hébreu*
Goutte de mer

Maren   *Latin*
Marin

Maresa   *Hébreu*
Goutte de mer

Maret   *Grec*
Perle

Mareva   *Tahitien*
La femme passant promptement
en tournant le dos

Marfa   *Araméen*
Dame, maîtresse

Marfoucha   *Araméen*
Dame, maîtresse

Marga   *Grec*
Perle

Margaret   *Grec*
Perle

Margareta   *Grec*
Perle

Margaretta   *Grec*
Perle

Margarita   *Grec*
Perle

Margaux   *Grec*
Perle

Marge   *Grec*
Perle

Margerie   *Grec*
Perle

Margery   *Grec*
Perle

Marget   *Grec*
Perle

Margette   *Grec*
Perle

Margherita   *Grec*
Perle

Margie   *Grec*
Perle

Margit   *Grec*
Perle

Margitta   *Grec*
Perle

Margo *Grec*
Perle

Marianka *Latin*
Du nom d'une famille romaine

Margory *Grec*
Perle

Marianne *Latin*
Du nom d'une famille romaine

Margot *Grec*
Perle

Mariantonia *Allemand*
Assemblage de Marie et Antonia

Margotton *Grec*
Perle

Marica *Hébreu*
Goutte de mer

Margouchka *Grec*
Perle

Marichka *Hébreu*
Goutte de mer

Margrit *Grec*
Perle

Marie *Hébreu*
Goutte de mer

Marguerie *Grec*
Perle

Marieke *Hébreu*
Goutte de mer

Marguerita *Grec*
Perle

Mariele *Hébreu*
Goutte de mer

Marguerite *Grec*
Perle

Mariella *Hébreu*
Goutte de mer

Mari *Hébreu*
Goutte de mer

Marielle *Hébreu*
Goutte de mer

Mari *Japonais*
Réalité, raison

Marieluise *Allemand*
Assemblage de Maria et de Luise

Maria *Hébreu*
Goutte de mer

Mariem *Arabe*
La vierge Marie

Mariam *Arabe*
La pieuse

Marien *Latin*
Du nom d'une famille Romaine

Mariamna *Latin*
Du nom d'une famille romaine

Marierose *Allemand*
Assemblage de Maria et Rose

Mariana *Latin*
Du nom d'une famille romaine

Marietheres *Allemand*
Assemblage de Maria et Thérèse

Mariane *Latin*
Du nom d'une famille romaine

Marietta *Hébreu*
Goutte de mer

Mariette　　*Hébreu*
Goutte de mer

Marig　　*Hébreu*
Goutte de mer

Marigold　　*Vieil anglais*
Nom de plante « souci »

Marija　　*Hébreu*
Goutte de mer

Marika　　*Hébreu*
Goutte de mer

Marila　　*Egyptien*
Aimée

Marilu　　*Italien*
Assemblage de Maria et Luise

Marilyn　　*Hébreu*
Goutte de mer

Marina　　*Latin*
Marin

Marine　　*Latin*
Marin

Marinella　　*Hébreu*
Goutte de mer

Marinette　　*Hébreu*
Goutte de mer

Marinette　　*Latin*
Marin

Mariola　　*Hébreu*
Goutte de mer

Marion　　*Hébreu*
Goutte de mer

Mariouchka　　*Hébreu*
Goutte de mer

Mariquita　　*Hébreu*
Goutte de mer

Marisa　　*Hébreu*
Goutte de mer

Marisa　　*Italien*
Assemblage de Maria et Elisa

Marischka　　*Hébreu*
Goutte de mer

Marise　　*Hébreu*
Goutte de mer

Marisibill　　*Allemand*
Assemblage de Maria et Sibylle

Marit　　*Grec*
Perle

Marita　　*Hébreu*
Goutte de mer

Marja　　*Hébreu*
Goutte de mer

Marjana　　*Arabe*
Le corail

Marjane　　*Arabe*
Le corail

Marjolaine　　*Latin*
Fleur

Marjorie　　*Grec*
Goutte de mer

Marjory　　*Grec*
Goutte de mer

Markelline　　*Grec*
Vient de Mars, Dieu de la guerre

Markoussia　　*Grec*
Vient de Mars, Dieu de la guerre

Marlene   *Allemand*
Assemblage de Maria et Magdalena

Marlène   *Hébreu*
Tour

Marlies   *Allemand*
Assemblage de Maria et Louise

Marline   *Hébreu*
Tour

Maroua   *Arabe*
Rocher

Marsha   *Grec*
Vient de Mars, Dieu de la guerre

Mart   *Araméen*
Dame, maîtresse

Marta   *Araméen*
Dame, maîtresse

Martella   *Araméen*
Dame, maîtresse

Martha   *Araméen*
Damc, maîtresse

Marthe   *Araméen*
Dame, maîtresse

Marti   *Latin*
Petite guerrière

Martie   *Araméen*
Dame, maîtresse

Martie   *Latin*
Petite guerrière

Martina   *Latin*
Petite guerrière

Martine   *Latin*
Petite guerrière

Martinienne   *Latin*
Petite guerrière

Martita   *Araméen*
Dame, maîtresse

Marty   *Araméen*
Dame, maîtresse

Marty   *Latin*
Petite guerrière

Maruata   *Tahitien*
Ombre nuageuse du ciel couvert

Maruina   *Tahitien*
Yeux doux qui regardaient le ciel

Maruschka   *Hébreu*
Goutte de mer

Marwa   *Arabe*
Rocher

Mary   *Hébreu*
Goutte de mer

Maryam   *Arabe*
La pieuse

Maryla   *Hébreu*
Goutte de mer

Marylene   *Hébreu*
Tour

Marylin   *Hébreu*
Tour

Marylise   *Hébreu*
Tour

Marylou   *Allemand*
Assemblage de Marie et Louise

Maryse   *Hébreu*
Tour

Marzel *Hébreu*
Goutte de mer

Marzella *Grec*
Vient de Mars, Dieu de la guerre

Marzelline *Grec*
Vient de Mars, Dieu de la guerre

Marzouqa *Arabe*
Sustenté par Dieu

Masako *Japonais*
Certitude

Mascha *Hébreu*
Goutte de mer

Massaouda *Arabe*
Heureuse

Massia *Grec*
Vient de Mars, Dieu de la guerre

Mathilde *Germanique*
Puissance, honneur, combat

Matia *Hébreu*
Don de Dieu

Matilda *Germanique*
Puissance, honneur, combat

Matilde *Germanique*
Puissance, honneur, combat

Mattia *Hébreu*
Don pour Dieu

Mattie *Araméen*
Dame, maîtresse

Matty *Araméen*
Dame, maîtresse

Maud *Hébreu*
Tour

Maura *Grec*
Noir

Maureen *Hébreu*
Goutte de mer

Mavis *Celte*
Vient d'une chanson poétique

Mavra *Latin*
Maure, Africain

Mawhouda *Arabe*
Doué

Mawlouda *Arabe*
Nouveau-né

Maxi *Latin*
Le plus grand

Maximiliane *Latin*
Le plus grand

May *Hébreu*
Goutte de mer

Maya *Hébreu*
Goutte de mer

Maÿliss *Vieux breton*
Chef, prince

Mazaya *Arabe*
Excellentes qualités

Mazéya *Arabe*
Excellentes qualités

Maziya *Arabe*
Mérite, excellence

Mechthild *Germanique*
Force et combat

Medea *Grec*
Conseil

Meg *Grec*
Perle

Meline *Grec*
Brun, noir

Megan *Grec*
Perle

Meliocha *Latin*
Rival

Meggie *Grec*
Perle

Melisa *Grec*
Abeille

Meike *Hébreu*
Goutte de mer

Mélisande *Germanique*
Travailleuse

Méimouna *Arabe*
La félicité

Melisenda *Germanique*
Travailleuse

Meinhild *Germanique*
Force et combat

Melissa *Grec*
L'abeille

Méissara *Arabe*
Victorieuse

Melitina *Grec*
L'abeille

Méissoun *Arabe*
Qui attire par sa démarche

Melitta *Grec*
L'abeille

Mejda *Arabe*
Très glorieuse

Mellie *Grec*
Brun, noir

Mélaine *Grec*
Brun, noir

Mellony *Grec*
Brun, noir

Melania *Grec*
Brun, noir

Mélodie *Germanique*
Richesse

Mélanie *Grec*
Brun, noir

Mélusine *Germanique*
Travailleuse

Melany *Grec*
Brun, noir

Menahere *Tahitien*
Chose aimée convoitée

Melicent *Germanique*
Travailleuse

Menica *Grec*
Qui appartient au seigneur

Melina *Latin*
Valeureux

Mentina *Latin*
Doux, clémence

Melinda *Germanique*
Dieu est mon serment

Mercedes *Espagnol*
Miséricorde, pardon, récompense

Mercy *Latin*
Pitié

Merehau *Tahitien*
L'éloge au gouvernement royal

Merenui *Tahitien*
Grande louange aux Dieux du Marae royal

Meret *Latin*
La respectable

Merete *Latin*
La respectable

Meretini *Tahitien*
Princesse grandement louangée

Meriam *Arabe*
La pieuse

Meriel *Gaélique*
Mer brillante

Meriem *Arabe*
La pieuse

Merle *Latin*
Le merle

Merriel *Gaélique*
Mer brillante

Merry *Latin*
Pitié

Meryl *Latin*
L'oiseau noir

Messaouda *Arabe*
Heureux, chanceux

Meta *Grec*
Perle

Mette *Germanique*
Force et combat

Mia *Hébreu*
Goutte de mer

Micaela *Hébreu*
Qui est comme Dieu

Micarla *Hébreu*
Qui est comme Dieu

Michaela *Hébreu*
Qui est comme Dieu

Michal *Hébreu*
Qui est comme Dieu

Michée *Hébreu*
Qui est comme Dieu

Micheil *Hébreu*
Qui est comme Dieu

Michela *Hébreu*
Qui est comme Dieu

Michèle *Hébreu*
Qui est comme Dieu

Micheline *Hébreu*
Qui est comme Dieu

Michiko *Japonais*
Beauté de l'intelligence

Michkat *Arabe*
Niche pour une lampe

Michou *Hébreu*
Qui est comme Dieu

Michouka *Hébreu*
Qui est comme Dieu

Micky *Hébreu*
Qui est comme Dieu

Midori *Japonais*
Lieu de l'ascension vers la beauté

Mignon *Français*
Délicate, tendre

Miguela *Hébreu*
Qui est comme Dieu

Miguelita *Hébreu*
Qui est comme Dieu

Mikattilina *Hébreu*
Qui est comme Dieu

Mikki *Hébreu*
Qui est comme Dieu

Mila *Slave*
Aimé de son peuple

Milana *Germanique*
Peuple, protection

Mildburg *Germanique*
Bon, protection

Mildred *Vieil anglais*
La force douce

Milena *Slave*
Clément

Milène *Français*
Assemblage de Marie et Hélène

Milia *Latin*
Rival

Milicent *Germanique*
Force, généreux

Militza *Slave*
Aimé de son peuple

Milli *Grec*
Ruse

Millisent *Germanique*
Travailleuse

Milly *Latin*
Rival

Milly *Grec*
Rival

Mimi *Hébreu*
Goutte de mer

Mimouna *Arabe*
Favorisé

Mina *Germanique*
Volonté, casque

Mineirve *Latin*
Dieu de la sagesse

Minerva *Latin*
Dieu de la sagesse

Minna *Germanique*
Diminutif de Wilhelmina

Minnatallah *Arabe*
La faveur divine

Minnatoullah *Arabe*
La faveur divine

Minnie *Germanique*
Mémoire

Mira *Italien*
Miraculeux

Mirabella *Italien*
Miraculeux

Miranda *Latin*
Admirable, merveilleux

Mireille *Latin*
Prodige

Miréio *Latin*
Prodige

Mirella *Latin*
Splendide

Mirette *Italien*
Miraculeux

Mireya *Latin*
Prodige

Miriam *Hébreu*
Goutte de mer

Mirjam *Hébreu*
Goutte de mer

Mirka *Slave*
Paix

Mirl *Hébreu*
Goutte de mer

Mischa *Hébreu*
Qui est comme Dieu

Mizzi *Hébreu*
Goutte de mer

Moana *Breton*
Mince

Modesta *Latin*
Modeste

Moe *Tahitien*
Le sommeil du soleil assombri

Moea *Tahitien*
La femme endormie dans le jardin des fleurs variées

Moeanu *Tahitien*
Sommeil dans la fraîcheur des nuits claires

Moeata *Tahitien*
Nuage endormi du ciel sombre

Moeti'a *Tahitien*
Femme dormant debout, méprisant l'étranger de basse naissance

Moetu *Tahitien*
Dormir debout sur le grand chemin

Mohea *Tahitien*
Princesse mince, très belle

Moira *Grec*
Chance

Mokhtara *Arabe*
Choisie par Dieu

Molly *Hébreu*
Goutte de mer

Mona *Anglais*
La généreuse

Mona *Arabe*
Souhaits

Monca *Grec*
Seule

Moncha *Grec*
Seule

Mone *Grec*
Seule

Moni *Grec*
Seule

Monia *Arabe*
Souhait, désir

Monica *Grec*
Seule

Monika *Grec*
Seule

Monike *Grec*
Seule

Monique   *Grec*
Seule

Morag   *Ecossais*
Grand

Moreani   *Tahitien*
Ciel endormi couronné de nuages

Morgaine   *Gallois*
La mer claire

Morgana   *Gallois*
La mer claire

Morgane   *Gallois*
La mer claire

Morna   *Celte*
Aimé

Morrigaine   *Gallois*
La mer claire

Morwenna   *Celte*
Jeune fille

Moubachira   *Arabe*
Qui annonce de bonnes nouvelles

Moubaraka   *Arabe*
Qui reçoit la Baraka

Moubina   *Arabe*
Evident

Moufida   *Arabe*
Bénéfique et bienfaisante

Mouhsana   *Arabe*
Femme vertueuse

Mouhsina   *Arabe*
Qui recherche la perfection

Moujaba   *Arabe*
Exaucé

Moujahida   *Arabe*
Qui est en état de Jihâd

Moukhlissa   *Arabe*
Pure, sincère

Moukhtara   *Arabe*
Choisie par Dieu

Moulaïka   *Arabe*
Petite reine

Mouléika   *Arabe*
Petite reine

Moumina   *Arabe*
Croyante

Mouna   *Arabe*
Souhaits, désirs

Mounaouara   *Arabe*
Illuminé

Mounawara   *Arabe*
Illuminé

Mounia   *Arabe*
Souhait, désir

Mouniba   *Arabe*
Qui se repent et revient vers Dieu

Mounifa   *Arabe*
Dominante

Mounira   *Arabe*
Qui illumine

Mounjia   *Arabe*
Qui sauve d'un danger

Mounjida   *Arabe*
Qui sauve d'un danger

Mounjiya   *Arabe*
Qui sauve

Mountassira *Arabe*
Victorieuse

Mourida *Arabe*
Qui désire Dieu

Mourlissa *Arabe*
Pure, sincère

Mourtara *Arabe*
Illuminé

Mousaddaqa *Arabe*
Celui que l'on tient pour véridique

Mouslima *Arabe*
Qui est soumise à Dieu

Moutassima *Arabe*
Qui cherche refuge auprès de Dieu

Moutawakkila *Arabe*
Celle qui donne sa confiance

Mouzaffara *Arabe*
Elle remporte succès et victoires

Muadhnait *Irlandais*
Noble

Muire *Hébreu*
Goutte de mer

Muirgheal *Gaélique*
Mer brillante

Muirne *Celte*
Aimé

Muriel *Gaélique*
Mer brillante

Murrielle *Gaélique*
Mer brillante

Myfanwy *Gallois*
Mon adorée

Myra *Grec*
Chance

Myriam *Hébreu*
Goutte de mer

Myrtle *Latin*
Myrtille

FÉMININ

Nabiha *Arabe*
A l'esprit clair et rapide

Nabila *Arabe*
Chevaleresque

Nacha *Latin*
Jour de naissance

Nachita *Arabe*
Vive, agile

Nada *Germanique*
Protecteur, paix, courage

Nada *Arabe*
Rosée du matin

Nadège *Russe*
Espérance

Nadejda *Russe*
Espérance

Nadéma *Arabe*
Qui regrette et se repent

Nadera *Arabe*
Rare, extraordinaire

Nadeschda *Russe*
Espérance

Nadia *Russe*
Espérance

Nadia *Arabe*
Espérance

Nadima *Arabe*
Qui regrette et se repent

Nadina *Russe*
Espérance

Nadine *Russe*
Espérance

Nadiona *Russe*
Espérance

Nadioucha *Russe*
Espérance

Nadioussa *Russe*
Espérance

Nadira *Arabe*
Exceptionnelle

Nadja *Russe*
Espérance

Nadjia *Arabe*
Qui échappe au danger

Nadounia *Russe*
Espérance

Nadra *Arabe*
Rareté (or, argent)

Naemi *Hébreu*
Ma douceur

Naemia *Hébreu*
Ma douceur

Nafal *Arabe*
Cadeau

Nafissa *Arabe*
De grande valeur

Nahed *Arabe*
Adolescente qui devient femme

Nahid *Arabe*
Adolescente qui devient femme

Nahla *Arabe*
Première gorgée d'eau

Naima *Arabe*
Douce, délicieuse

Nainsi *Latin*
Constance

Naja *Groenland*
Petite sœur

Najah *Arabe*
Réussite

Najat *Arabe*
Salut éternel

Najet *Arabe*
Vie future au Paradis

Najète *Arabe*
Salut éternel

Najia *Arabe*
Qui échappe au danger

Najiba *Arabe*
De noble ascendance

Najla *Arabe*
Qui a de grands et jolis yeux

Najma *Arabe*
Etoile

Najmia *Arabe*
Etoilé

Najmiya *Arabe*
Etoilé

Najoie *Arabe*
Secret

Najoua *Arabe*
Qui reçoit l'inspiration

Najoud *Arabe*
Belle et intelligente

Namata *Tahitien*
Les yeux des étoiles brillantes de
la voûte céleste

Nan *Hébreu*
Grâce

Nana *Hébreu*
Grâce

Nana *Tahitien*
Yeux royaux regardant le ciel
rouge

Nancy *Hébreu*
Grâce

Nanda *Germanique*
Protecteur, paix, courage

Nani *Tahitien*
Enfant aimé de l'assemblée divine

Nanihi *Tahitien*
La femme parfaite convoitée

Nanna *Hébreu*
Grâce

Nannette *Hébreu*
Grâce

Nanon *Hébreu*
Grâce

Naomi *Hébreu*
Ma douceur

Naomie *Hébreu*
Ma douceur

Naoual *Arabe*
Présent, faveur

Naouel *Arabe*
Don, présent

Naoura *Arabe*
Fleur blanche

Naqia *Arabe*
Pure

Naqiya *Arabe*
Pure

Nara'i *Tahitien*
Les huit cieux des Dieux

Narcisse *Grec*
Le narcisse

Narjes *Arabe*
Le narcisse

Narjis *Arabe*
Le narcisse

Narjissa *Arabe*
Le narcisse

Nasria *Arabe*
De tempérament victorieux

Nasriya *Arabe*
Gagnante

Nassama *Arabe*
Souffle de vie

Nasséha *Arabe*
Sincère et loyal

Nasséra *Arabe*
Qui porte assistance

Nassiha *Arabe*
Sincère et loyal

Nassika *Arabe*
Voué a Dieu

Nassima *Arabe*
Souffle de vie

Nassira *Arabe*
Qui porte assistance

Nastasia *Grec*
Né une nouvelle fois

Nastassia *Grec*
Né une nouvelle fois

Nata *Latin*
Né une deuxième fois

Natacha *Latin*
Natal

Natal *Latin*
Jour de naissance

Natalène *Latin*
Jour de naissance

Natalia *Latin*
Jour de naissance

Natalie *Latin*
Jour de naissance

Nataline *Latin*
Jour de naissance

Natalis *Latin*
Jour de naissance

Natanael *Hébreu*
Dieu donne

Natascha *Latin*
Jour de naissance

Nathalie *Latin*
Jour de naissance

Nathanael *Hébreu*
Dieu donne

Natolia *Grec*
Aurore

Natoulia *Latin*
Jour de naissance

Nattie *Latin*
Jour de naissance

Nawal *Arabe*
Présent, faveur

Nawel *Arabe*
Présent, faveur

Nayira *Arabe*
Splendide

Nazaha *Arabe*
Honnête et pure

Nazéma *Arabe*
Qui apporte l'harmonie

Naziha *Arabe*
Honnête et pure

Nazima *Arabe*
Qui apporte l'harmonie

Nazira *Arabe*
Consacré à Dieu

Nedjma *Arabe*
Etoilé

Néfissa *Arabe*
De grande valeur

Néhémiah *Hébreu*
Ma douceur

Nehemie *Hébreu*
Ma douceur

Nehla *Arabe*
Qui a de grands et jolis yeux

Néjiba *Arabe*
De noble ascendance

Nejla *Arabe*
Qui a de grands et jolis yeux

Nejma *Arabe*
Qui apporte l'harmonie

Nejmia *Arabe*
Etoilé

Nejmiya *Arabe*
Etoilé

Nelda *Germanique*
Nom de femme des Arminius

Nele *Latin*
Grain

Nell *Grec*
Eclat du soleil

Nelli *Grec*
Eclat du soleil

Nellie *Celte*
Champion

Nelly *Celte*
Champion

Nerina *Germanique*
Armée puissante

Nerys *Gallois*
Forme féminine de Ner « Lord »

Néssima *Arabe*
Brise légère

Nettie *Grec*
Inestimable fleur

Néziha *Arabe*
Honnête et pure

Nézira *Arabe*
Consacré à Dieu

Nichita *Grec*
Victoire, peuple

Nickie *Grec*
Victoire, peuple

Nicky *Grec*
Victoirc, peuple

Nicola *Grec*
Victoire, peuple

Nicolasa *Grec*
Victoire, peuple

Nicole *Grec*
Victoire, peuple

Nicoletta *Grec*
Victoire, peuple

Nicolette *Grec*
Victoire, peuple

Nicolina *Grec*
Victoire, peuple

Nicoline *Grec*
Victoire, peuple

Nike *Grec*
Nom de la déesse de la victoire

Nikita *Grec*
Victoire, peuple

Nikki *Grec*
Victoire, peuple

Nikol *Grec*
Victoire, peuple

Nikola *Grec*
Victoire, peuple

Nikoletta *Grec*
Victoire, peuple

Nikolia *Grec*
Victoire, peuple

Nikoucha *Grec*
Victoire, peuple

Nilda *Grec*
Fils du lion

Nima *Arabe*
Plaisir, jouissance

Nimat *Arabe*
Plaisirs

Nina *Espagnol*
La fille

Nina *Hébreu*
Grâce

Nina *Tahitien*
Eau tombée en cascade couvrant
le grand sentier

Ninette *Hébreu*
Grâce

Ninja *Espagnol*
La petite

Ninon *Hébreu*
Grâce

Nisrina *Arabe*
L'églantier

Nisrine *Arabe*
L'églantier

Nita *Hébreu*
Dieu est miséricordieux

Nizam *Arabe*
L'harmonie

Nodra *Arabe*
Rareté

Noëla *Latin*
Jour de naissance

Noëlle *Latin*
Jour de naissance

Noëllie *Latin*
Jour de naissance

Noémie *Hébreu*
Ma douceur

Nollaig *Latin*
Jour de naissance

Nolwen *Breton*
Blanc, heureux

Nolwenn *Breton*
Blanc, heureux

Nolwennig *Breton*
Blanc, heureux

Nona *Latin*
La cinquième

Noortse *Latin*
Apaiser la douleur

Nora *Grec*
Apaiser la douleur

Nora *Arabe*
Lumière

Norberta *Germanique*
Nord, brillant

Norberte *Germanique*
Nord, brillant

Noreen *Grec*
Apaiser la douleur

Norgard *Germanique*
Protecteur

Norina *Latin*
Apaiser la douleur

Norina *Grec*
Apaiser la douleur

Norma *Latin*
Modèle

Norma *Germanique*
Homme du Nord

Notburga *Germanique*
Danger et protection

Nouara *Arabe*
Lumière

Noudra *Arabe*
Rareté

Nouel *Latin*
Jour de naissance

Noufaïssa *Arabe*
De grande valeur

Nouféissa   *Arabe*
De grande valeur

Nour   *Arabe*
La lumière

Nour el Houda   *Arabe*
La lumière de la voie

Noura   *Arabe*
Lumière

Nourélhouda   *Arabe*
La lumière de la voie

Nouria   *Arabe*
De nature lumineuse

Nouriya   *Arabe*
Lumineuse nature

Noussaïba   *Arabe*
Femme qui participe aux batailles
menées par le Prophète

Nousséiba   *Arabe*
Femme qui participe aux batailles
menées par le Prophète

Nouzha   *Arabe*
Plaisir innocent

Novela   *Latin*
Jour de naissance

Nu'utea   *Tahitien*
Garde blanche de l'eau odorante

Nuala   *Gaélique*
Belle, blanche

Nunzia   *Latin*
Annoncer

Nunziata   *Latin*
Annoncer

Nunziatina   *Latin*
Annoncer

Nuria   *Arabe*
Lumineuse

Nuta   *Italien*
Latin

Nymphodora   *Grec*
Jeune fille

O

FÉMININ

Océane *Grec*
Relatif à l'océan

Octavia *Latin*
Huitième

Octavie *Latin*
Huitième

Od *Germanique*
Richesse

Oda *Allemand*
Diminutif des prénoms assemblés
avec OT ou OD

Oda *Germanique*
Richesse

Odalinde *Germanique*
Bon, possession, patrie, doux

Odbulia *Arabe*
Serviteur de Dieu

Odde *Germanique*
Richesse

Oddone *Germanique*
Richesse

Odel *Germanique*
Richesse

Odelia *Germanique*
Richesse

Odelinda *Germanique*
Richesse

Odet *Germanique*
Richesse

Odette *Germanique*
Richesse

Odile *Germanique*
Richesse

Odilia *Germanique*
Richesse

Odilie *Germanique*
Richesse

Odille *Germanique*
Richesse

Odina *Germanique*
Richesse

Odine *Allemand*
Richesse

Odinette *Germanique*
Richesse

Odita *Germanique*
Richesse

Ofelia *Grec*
Aide

Olivette *Latin*
L'olivier

Ogawasan *Japonais*
Honorable ruisseau

Olivia *Latin*
L'olivier

Oilbhe *Latin*
L'olivier

Olli *Latin*
L'olivier

Oktavia *Latin*
Huitième

Ollie *Latin*
L'olivier

Olegouchka *Germanique*
Chance, bonheur

Olva *Germanique*
Chance, bonheur

Olga *Germanique*
Chance, bonheur

Olympia *Grec*
Jeune fille d'Olympe

Olgounia *Germanique*
Chance, bonheur

Ombeline *Latin*
Ombrelle

Olgoussia *Germanique*
Chance, bonheur

Ombretta *Italien*
Ombre

Olia *Latin*
La violette

Oméya *Arabe*
Jeune servante

Oliacha *Germanique*
Chance, bonheur

Onora *Latin*
Digne d'honneur

Olimpia *Grec*
Venant d'Olympe

Opal *Sanscrit*
Pierre précieuse

Olimpiada *Grec*
Jeune fille d'Olympe

Ophelia *Grec*
Assistance et secours

Olinde *Germanique*
Bon, possession, patrie, doux

Ophélie *Grec*
Assistance et secours

Olioucha *Latin*
La violette

Orama *Tahitien*
Grande vision descendue du ciel

Oliva *Latin*
L'olivier

Orania *Latin*
L'oranger

Olive *Latin*
L'olivier

Orestilla *Grec*
Montagnard

Oriata *Tahitien*
Danse des nuages au ciel

Orieta *Tahitien*
Frai de poisson entourés du filet fait de feuilles

Orla *Irlandais*
Or

Orsola *Latin*
Ours

Orthia *Grec*
Cadeau de Dieu

Orthild *Germanique*
Pointe de lance, combat

Ortlind *Germanique*
Pointe de lance et doucement

Ortrud *Germanique*
Qui est familier de l'épée

Ortrun *Germanique*
Familier de l'épée

Ostara *Allemand*
Qui est né a Ostermonat

Osvalda *Germanique*
Puissance divine

Oswine *Germanique*
Dieu, amie

Ota *Allemand*
Richesse

Otberga *Germanique*
Protection et possession

Otella *Germanique*
Richesse

Otha *Germanique*
Richesse

Othilia *Germanique*
Richesse

Otilia *Germanique*
Richesse

Ottania *Germanique*
Richesse

Ottavia *Latin*
Huitième

Otti *Allemand*
Diminutif des prénoms commençant par OT

Ottilie *Germanique*
Richesse, patrimoine

Ottorina *Germanique*
Richesse

Ouacila *Arabe*
Qui unit

Ouadia *Arabe*
Calme, douce

Ouadida *Arabe*
Aimante

Ouadouda *Arabe*
Aimante

Ouafa *Arabe*
Fidélité

Ouafia *Arabe*
Fidèle à ses engagements

Ouafiqa *Arabe*
Qui s'accorde avec les autres

Ouafiya *Arabe*
Fidèle à ses engagements

Ouahiba *Arabe*
Qui offre, généreuse

Ouajdiya   *Arabe*
Qui trouve ce qu'elle désire

Ouajéda   *Arabe*
Qui trouve ce qu'elle désire

Ouajida   *Arabe*
Qui trouve ce qu'elle désire

Ouajiha   *Arabe*
Belle, éminente

Oualaya   *Arabe*
Près de Dieu

Oualida   *Arabe*
Nouveau-né

Oualiya   *Arabe*
Qui vit près de Dieu

Ouarda   *Arabe*
La rose

Ouardia   *Arabe*
La rose

Ouasma   *Arabe*
Qui se distingue par la beauté de
ses traits

Ouassama   *Arabe*
Qui se distingue par la beauté de
ses traits

Ouassila   *Arabe*
Qui désire et recherche Dieu

Ouassima   *Arabe*
Qui se distingue par la beauté de
ses traits

Ouidad   *Arabe*
Très aimante

Ouifaq   *Arabe*
Accord

Ouijdane   *Arabe*
Emotion

Ouissal   *Arabe*
L'union de deux personnes qui
s'aiment

Oulfa   *Arabe*
Concorde, intimité

Oum Aïmane   *Arabe*
Très favorisée

Oum Habiba   *Arabe*
Mère de Habiba

Oum Kalthoum   *Arabe*
Qui a un visage rond et joufflu

Oum Salama   *Arabe*
Mère de Salama

Oumaïma   *Arabe*
Jeune mère

Oumama   *Arabe*
Fille de

Oumaya   *Arabe*
Jeune servante

Oumniya   *Arabe*
Désir, souhait

Ounsia   *Arabe*
Probe, intime

Ounsiya   *Arabe*
Intime, probe

Oxana   *Grec*
Hospitalier

Ozeana   *Grec*
Relatif à l'océan

P

FÉMININ

Paddy *Latin*
La patricienne

Padraigin *Latin*
La patricienne

Pail *Hébreu*
Goutte de mer

Paloma *Espagnol*
Pigeon

Pam *Grec*
Douceur

Pamela *Grec*
Douceur

Pankratia *Grec*
Qui domine tout

Pansy *Grec*
La pensée (fleur)

Paola *Latin*
Petit, faible

Pare *Tahitien*
Le refuge royal imperceptible

Pascale *Hébreu*
Passage

Pascaline *Hébreu*
Passage

Pascasia *Hébreu*
Passage

Paschasie *Hébreu*
Passage

Pascuala *Hébreu*
Passage

Pasqualina *Hébreu*
Passage

Pat *Latin*
La patricienne

Pata *Grec*
Pierre, rocher

Patience *Latin*
Souffrir - Une des sept vertus
chrétiennes (patience)

Patricia *Latin*
La patricienne

Patrizia *Latin*
La patricienne

Patsy *Latin*
La patricienne

Patti *Latin*
La patricienne

Patty *Latin*
La patricienne

Paula *Latin*
Petit, faible

Paule *Latin*
Petit, faible

Paulette *Latin*
Petit, faible

Paulina *Latin*
Petit, faible

Pauline *Latin*
Petit, faible

Pearl *Hébreu*
Perle

Pedrinka *Grec*
Pierre, rocher

Peg *Grec*
Perle

Peggy *Grec*
Perle

Pekka *Grec*
Pierre, rocher

Pelaghia *Grec*
De haute mer

Pélagie *Grec*
De haute mer

Pélagienne *Grec*
De haute mer

Pelaguia *Grec*
De haute mer

Pénélope *Grec*
Tisserand

Penny *Grec*
Tisserand

Pepita *Hébreu*
Dieu ajoute

Perdita *Latin*
Perdu

Peregrina *Latin*
Le pèlerin étranger

Pernette *Grec*
Pierre, rocher

Perpetua *Latin*
Continuer, perpétuer

Perrette *Grec*
Pierre, rocher

Perrine *Grec*
Pierre, rocher

Perrinette *Grec*
Pierre, rocher

Perry *Latin*
Le pèlerin étranger

Peterina *Grec*
Pierre, rocher

Petia *Grec*
Pierre, rocher

Petoussia *Grec*
Pierre, rocher

Petra *Grec*
Pierre, rocher

Petrina *Grec*
Pierre, rocher

Petrine *Grec*
Pierre, rocher

Petrinka *Grec*
Pierre, rocher

Petrissa *Grec*
Pierre, rocher

Petronella *Grec*
Pierre, rocher

Petronia *Grec*
Pierre, rocher

Petronila *Grec*
Pierre, rocher

Petronille *Grec*
Pierre, rocher

Petrusa *Grec*
Pierre, rocher

Petula *Latin*
Espiègle

Phie *Grec*
La sagesse

Philiberta *Germanique*
Beaucoup, brillant

Philiberte *Germanique*
Beaucoup, brillant

Philine *Grec*
L'amie

Philippa *Grec*
Qui aime le cheval

Philippine *Grec*
Qui aime le cheval

Phillie *Grec*
Qui aime le cheval

Philomela *Grec*
L'amie de la chanson

Philomena *Grec*
L'amie de la chanson

Philomène *Grec*
L'amie de la chanson

Phoebe *Grec*
Brillant

Phyl *Grec*
Feuille, branche

Phyllis *Grec*
Feuille, branche

Pia *Latin*
Pieux

Piata *Latin*
Sacré

Pierrette *Grec*
Pierre, rocher

Pilar *Espagnol*
Le pilier

Pippa *Grec*
Qui aime le cheval

Piroschka *Latin*
Antique

Pita *Grec*
Pierre, rocher

Plezou *Breton*
Tresse, natte

Po'ia *Tahitien*
Le ciel couvert redouté

Poeura *Tahitien*
Perle rouge très belle

Poilin *Latin*
Petit, faible

Polda *Germanique*
Peuple courageux

Poldi *Germanique*
Peuple courageux

Poldie *Germanique*
Peuple courageux

Poldina *Germanique*
Peuple courageux

Polly *Hébreu*
Goutte de mer

Poppy *Vieil anglais*
Coquelicot

Portia *Latin*
Cochon

Preziosa *Latin*
Précieux

Prikilla *Latin*
Antique

Priosca *Latin*
Antique

Pris *Latin*
Antique

Prisca *Latin*
Antique

Priscila *Latin*
Antique

Priscill *Latin*
Antique

Priscilla *Latin*
Antique

Priscillienne *Latin*
Antique

Priska *Latin*
Antique

Prissie *Latin*
Antique

Proinséas *Latin*
Homme libre

Protia *Grec*
Pierre, rocher

Prudence *Latin*
Prudente

Prudencia *Latin*
Prudente

Prudentia *Latin*
Prudente

Prudie *Latin*
Prudente

Puaiti *Tahitien*
Petite fleur parfumée du Dieu Tane

Puatea *Tahitien*
La femme belle couronnée de fleurs blanches

Puaura *Tahitien*
Fleurs rouges de la vallée verdoyante

Publia *Latin*
Publique

Pulcheria   *Latin*
La belle

Punarau   *Tahitien*
Sources diverses d'eau fraîche

Purotu   *Tahitien*
Le bel enfant sueur des Dieux

Q

FÉMININ

Qamar *Arabe*
La lune

Qamra *Arabe*
Clair de lune

Qasséma *Arabe*
Qui partage

Qassima *Arabe*
Qui partage

Qouboul *Arabe*
Consentement

Queen *Anglais*
Reine

Queenie *Anglais*
Dérivé de Queen, diminutif de Reine

Quinta *Latin*
La cinquième (naissance)

Quintillia *Latin*
La cinquième (naissance)

R

FÉMININ

Ra'ihau *Tahitien*
Ciel paisible de la femme qui apaise les cieux

Ra'inui *Tahitien*
Grand ciel sans nuage

Ra'ipo'ia *Tahitien*
Ciel couvert appelant l'orage

Ra'ita *Tahitien*
Ciel frappé appelant les Dieux

Rabah *Arabe*
Profit, prospérité

Rabbie *Germanique*
Gloire brillante

Rabea *Hébreu*
Jeune fille

Rabeh *Arabe*
Prospérité

Rabha *Arabe*
Profit, prospérité

Rabia *Arabe*
Printemps, végétation abondante

Rachaele *Hébreu*
Brebis

Rachel *Hébreu*
Brebis

Rachela *Hébreu*
Brebis

Rachele *Hébreu*
Brebis

Rachida *Arabe*
Bien dirigé, bon guide

Rachie *Hébreu*
Brebis

Rachile *Hébreu*
Brebis

Rachiqa *Arabe*
Svelte

Rada *Arabe*
Belle et vertueuse

Radegund *Germanique*
Conseil et combat

Radia *Arabe*
Satisfaite

Radija *Arabe*
Première femme du Prophète

Radiya *Arabe*
Satisfaite

Rae *Hébreu*
Brebis

Rafa *Hébreu*
Dieu a guéri

Rafaela *Hébreu*
Dieu a guéri

Rafaelle *Hébreu*
Dieu a guéri

Rafaïla *Hébreu*
Dieu a guéri

Raféda *Arabe*
Qui aide et porte secours

Raffaela *Hébreu*
Dieu a guéri

Rafida *Arabe*
Qui aide et porte secours

Rafiqa *Arabe*
Douce et bienveillante

Rahima *Arabe*
D'une bonté toute maternelle

Rahma *Arabe*
Clémence, miséricorde

Rahmatallah *Arabe*
La miséricorde

Rahmatoullah *Arabe*
La miséricorde

Raichéal *Hébreu*
Brebis

Raïhane *Arabe*
Le basilic

Raimonde *Germanique*
Conseil, protecteur

Raimunde *Germanique*
Décret, protection

Raïra *Arabe*
Excellente

Raïrate *Arabe*
Faire le bien

Rairii *Tahitien*
La fleur aux petites feuilles

Raissa *Arabe*
La croyante

Raja *Arabe*
Crainte de Dieu, espoir

Rajia *Arabe*
Qui place son espoir en Dieu

Rajoie *Arabe*
Espérance

Rajoua *Arabe*
Espoir

Rakha *Hébreu*
Dieu a guéri

Rakina *Arabe*
Au jugement sur

Ralida *Arabe*
Demeurant pour l'éternité au paradis

Ralissa *Arabe*
Pure, sincère

Ramezia *Arabe*
Vivant symbole

Rameziya *Arabe*
Vivant symbole

Ramiza *Arabe*
Qui a de l'autorité

Ramona *Germanique*
Conseil, protecteur

Ramziya *Arabe*
Vivant symbole

Rana *Arabe*
Admirante beauté

Randy *Latin*
Admirable, merveilleux

Raneda *Arabe*
Le laurier

Rania *Arabe*
Libérée du besoin, riche

Ranitea *Tahitien*
Ciel clair des nuits fraîches

Raouda *Arabe*
Jardin luxuriant où l'eau abonde

Raoudha *Arabe*
Bassin d'eau

Raoufa *Arabe*
Bienveillante

Raounaq *Arabe*
Brillante

Raphael *Hébreu*
Dieu a guéri

Raphaela *Hébreu*
Dieu a guéri

Raquel *Hébreu*
Brebis

Rarau *Tahitien*
Soleils divers du grand ciel élevé

Ratburg *Germanique*
Conseil, protection

Rathild *Germanique*
Conseil, combat

Raunui *Tahitien*
Grandes feuilles sombres couvrant le soleil

Raute *Latin*
La baguette

Raute'a *Tahitien*
Diverses flèches de l'arc des Dieux

Rautgund *Germanique*
Célèbre et combat

Rautini *Tahitien*
Feuilles multiples du grand large

Rawda *Arabe*
Bassin d'eau

Raya *Arabe*
Belle, épanouie

Raymonde *Germanique*
Conseil, protecteur

Razèla *Arabe*
La gazelle

Razika *Arabe*
Qui offre la subsistance

Razina *Arabe*
Bon jugement

Raziqa *Arabe*
Qui comble de bienfaits

Rea *Latin*
Forme Romaine de la mythologie

Reba *Hébreu*
Vache

Rebe *Hébreu*
Vache

Rebecca *Hébreu*
Vache

Rebekah *Hébreu*
Vache

Rebekka *Hébreu*
Vache

Recha *Hébreu*
Brebis

Reggie *Latin*
Reine

Regina *Latin*
Reine

Régine *Latin*
Reine

Reglind *Germanique*
Rejeton et doucement

Réguina *Latin*
Reine

Réhane *Arabe*
Le basilic

Réihana *Arabe*
Le basilic

Reimunde *Germanique*
Décret, protection

Reina *Allemand*
Diminutif des prénoms assemblés
avec REIN

Reine *Latin*
Gouverner, reine

Réineda *Arabe*
Le laurier

Reingard *Germanique*
Rejeton, conseil

Reinhild *Germanique*
Destin, combat

Reintraud *Germanique*
Destin et force

Rena *Latin*
Né une deuxième fois

Renate *Latin*
Né une deuxième fois

Renatka *Latin*
Né une deuxième fois

Renée *Latin*
Né une deuxième fois

Reneile *Latin*
Né une deuxième fois

Reni *Latin*
Né une deuxième fois

Rereau *Tahitien*
Oiseau volant gracieusement dans
la voûte du ciel

Rerenui *Tahitien*
Grand vol vers le ciel ombragé

Resa *Grec*
La femme de l'île de Thera

Resi *Grec*
La femme de l'île de Thera

Resia *Grec*
La femme de l'île de Thera

Reva *Tahitien*
Le pavillon rouge de la flotte

Rhea *Grec*
Déesse

Rhoda   *Grec*
Rose

Rhoda   *Latin*
Petite rose

Rhona   *Irlandais*
Le sceau

Ria   *Hébreu*
Goutte de mer

Ricarda   *Germanique*
Puissant et audacieux

Richarda   *Germanique*
Puissant et audacieux

Richarde   *Germanique*
Puissant et audacieux

Richardine   *Germanique*
Puissant et audacieux

Richhild   *Germanique*
Puissance et combat

Rifaa   *Arabe*
Noblesse

Riham   *Arabe*
Pluie fine

Rihem   *Arabe*
Pluie fine

Rika   *Scandinave*
Roi, puissant

Rika   *Allemand*
Diminutif des prénoms assemblés
avec RIKE

Rikitza   *Germanique*
Puissant et audacieux

Rikki   *Germanique*
Roi fort

Rim   *Arabe*
Gazelle blanche

Rima   *Arabe*
Gazelle blanche

Rimoussia   *Latin*
Citadin de Rome

Rionach   *Latin*
Reine

Rita   *Latin*
Perle

Ritocha   *Grec*
Perle

Riwanon   *Breton*
Roi, frapper

Roberta   *Germanique*
Gloire brillante

Roberte   *Germanique*
Gloire brillante

Robertina   *Germanique*
Gloire brillante

Robertine   *Germanique*
Gloire brillante

Robin   *Germanique*
Gloire brillante

Robina   *Germanique*
Gloire brillante

Robine   *Germanique*
Gloire brillante

Robinette   *Germanique*
Gloire brillante

Robinia   *Germanique*
Gloire brillante

Rochdiya *Arabe*
De nature droite

Rochelle *Latin*
Petite pierre

Rodehild *Germanique*
Célèbre et combat

Rodhia *Latin*
Petite rose

Rodolfa *Germanique*
Loup glorieux

Rois *Latin*
La rose

Roise *Latin*
La rose

Roisin *Latin*
La rose

Rokia *Arabe*
De nature élevée

Roksanna *Persan*
La brillante

Rolanda *Germanique*
Gloire, courageuse

Rolande *Germanique*
Gloire, courageuse

Rolly *Germanique*
Gloire, courageuse

Romana *Latin*
Citadin de Rome

Romane *Latin*
Citadin de Rome

Romanella *Latin*
Citadin de Rome

Romania *Latin*
Citadin de Rome

Romanie *Latin*
Citadin de Rome

Romanita *Latin*
Citadin de Rome

Romanka *Latin*
Citadin de Rome

Romea *Latin*
Je vais à Rome

Romika *Allemand*
Vient de Rosemarie et Katharina

Romola *Latin*
Rome

Romoletta *Latin*
Rome

Romy *Anglais*
Dérivé de Rosemary

Ronnie *Grec*
Apporter la victoire

Ronny *Grec*
Apporter la victoire

Roqaya *Arabe*
De nature élevée

Rorotea *Tahitien*
La nuit de forte pluie naissance
des Dieux

Ros *Germanique*
Célèbre, protection

Rosabel *Latin*
Belle rose

Rosabella *Italien*
Belle rose

Rosalia *Latin*
Petite rose

Rosalie *Latin*
Petite rose

Rosalind *Espagnol*
Rose pure

Rosalinde *Germanique*
Célèbre, bouclier

Rosalyn *Germanique*
Célèbre, bouclier

Rosama *Arabe*
La lavande

Rosamond *Germanique*
Protecteur fameux

Rosamunde *Germanique*
Célèbre, protection

Rosanna *Allemand*
Assemblage de Rosa et Anna

Rosaria *Latin*
La rose

Röschen *Latin*
Petite rose

Rose *Latin*
La rose

Röseli *Latin*
Petite rose

Roseline *Latin*
Dérivé de Rose

Rosella *Latin*
Rose

Roselle *Latin*
Petite rose

Rosemarie *Allemand*
Assemblage de Rose et Marie

Rosemary *Anglais*
Assemblage de Rose et Mary

Rosetta *Latin*
Dérivé de Rosa

Rosette *Latin*
Petite rose

Rosi *Latin*
La rose

Rosie *Latin*
La rose

Rosina *Latin*
La rose

Rosine *Latin*
La rose

Rosita *Latin*
La rose

Rossana *Persan*
Le crépuscule

Rouchdiya *Arabe*
De nature droite

Rouhia *Arabe*
Spiritualité

Rouhiya *Arabe*
De nature spirituelle

Rouloud *Arabe*
L'éternité

Rouqaya *Arabe*
De nature élevée

Rouwaïda *Arabe*
Qui agit avec pondération et douceur

Rouzama   *Arabe*
La lavande

Rovini   *Tahitien*
La femme mangeant la cervelle
de perruche

Rowan   *Irlandais*
Le petit rouquin

Rowena   *Celte*
Nom d'un ancien Dieu celte

Roxana   *Persan*
Le crépuscule

Roxane   *Persan*
Le crépuscule

Rozenn   *Breton*
Rose

Ruberta   *Germanique*
Gloire brillante

Ruby   *Latin*
Nom de la pierre précieuse

Rudolfa   *Germanique*
Gloire et loup

Rufina   *Latin*
La rouquine

Runhild   *Germanique*
Envoûtement et combat

Ruperta   *Germanique*
Gloire brillante

Rut   *Hébreu*
Compagnon

Rutgard   *Germanique*
Gloire et protection

Ruth   *Hébreu*
Compagnon

Ruthild   *Germanique*
Célèbre et combat

Ryme   *Arabe*
Gazelle blanche

S

FÉMININ

Saadia *Arabe*
Voué au bonheur

Saadiya *Arabe*
Destinée au bonheur

Sabah *Arabe*
Matinée

Sabe *Latin*
Habitant de la Sabine

Sabel *Hébreu*
Dieu est mon serment

Sabéra *Arabe*
Patiente

Sabi *Latin*
Habitant de la Sabine

Sabie *Latin*
Habitant de la Sabine

Sabienne *Latin*
Habitant de la Sabine

Sabiha *Arabe*
Belle comme le jour

Sabina *Latin*
Habitant de la Sabine

Sabine *Latin*
Habitant de la Sabine

Sabinka *Latin*
Habitant de la Sabine

Sabira *Arabe*
Persévérante

Sabria *Arabe*
Naturellement patiente

Sabrina *Latin*
Princesse

Sabrina *Hébreu*
Née et restée en Palestine

Sabriya *Arabe*
D'une nature patiente

Sachiko *Japonais*
Servante de l'intelligence

Sadela *Hébreu*
Souveraine

Sadhba *Grec*
La sagesse

Sadia *Arabe*
Voué au bonheur

Sadida *Arabe*
Qui va droit au but

Sadie *Hébreu*
Souveraine

Sadiqa *Arabe*
Amie sincère

Sadiya *Arabe*
Bienheureuse

Safa *Arabe*
Transparence, limpidité

Saffana *Arabe*
La perle

Safia *Arabe*
Pure de cœur et d'intention

Safiya *Arabe*
Pureté de cœur

Safoua *Arabe*
Le cristal de roche

Safoura *Arabe*
Fille du Prophète

Sahar *Arabe*
L'aube

Saida *Arabe*
Heureux, chanceux

Saïda *Arabe*
Heureux, chanceux

Sajéda *Arabe*
Qui est en état de prosternation devant Dieu

Sajia *Arabe*
Paisible

Sajida *Arabe*
Qui est en état de prosternation devant Dieu

Sajoie *Arabe*
Calme comme la nuit

Sajoua *Arabe*
Paisible comme la nuit

Sakina *Arabe*
Paix profonde

Sal *Hébreu*
Souveraine

Salama *Arabe*
Absence de défaut

Saléma *Arabe*
Sans défaut

Saliha *Arabe*
Intègre, probe, vertueuse

Salima *Arabe*
Pure et intacte

Salinde *Germanique*
Célèbre, bouclier

Sallie *Hébreu*
Souveraine

Sally *Hébreu*
Souveraine

Salma *Arabe*
Parfaitement saine

Salome *Hébreu*
Royaume de la paix

Salomé *Hébreu*
Royaume de la paix

Salomeea *Hébreu*
Royaume de la paix

Salwa *Latin*
Saine et sauve

Sam *Hébreu*
Son nom est Dieu

Sama *Arabe*
Ciel

Samah *Arabe*
Bonté, indulgence

Samantha *Hébreu*
Son nom est Dieu

Samia *Arabe*
Sublime, haut

Samiha *Arabe*
Indulgente, pardonnante

Samira *Arabe*
Douce et bienveillante

Samuela *Hébreu*
Son nom est Dieu

Sana *Arabe*
Grandeur

Sandra *Grec*
Défendre, guerrier

Sandrine *Grec*
Défendre, guerrier

Sandy *Grec*
Défendre, guerrier

Sania *Arabe*
De nature élevée

Saniha *Arabe*
Collier de perles

Saniya *Arabe*
De nature élevée

Sanna *Hébreu*
Le lys

Santa *Latin*
Le saint

Santina *Latin*
Le saint

Saossana *Arabe*
Le lis

Saossane *Arabe*
Le lis

Saouda *Arabe*
Elle éleva les enfants du Prophète

Saoussana *Arabe*
Le lis

Saoussane *Arabe*
Le lis

Saoussen *Arabe*
Le lis

Saphira *Hébreu*
La belle

Sara *Hébreu*
Souveraine

Sarah *Hébreu*
Souveraine

Sarene *Hébreu*
Souveraine

Sarette *Hébreu*
Souveraine

Sarine *Hébreu*
Souveraine

Saroua *Arabe*
Fortune, richesse

Sarra *Hébreu*
Souveraine

Sascha *Grec*
Défendre, guerrier

Saveria *Basque*
Maison neuve

Savina *Latin*
Habitant de la Sabine

Savine *Latin*
Habitant de la Sabine

Savinka *Latin*
Habitant de la Sabine

Sawsana *Arabe*
Le lis

Sawsane *Arabe*
Le lis

Sayida *Arabe*
Chef, maîtresse

Scarlett *Anglais*
Qui fabrique un vêtement rouge

Schirin *Persan*
Douceur

Schöntraud *Germanique*
Beau et défendre

Schwanhild *Germanique*
Cygne, combat

Séarlait *Germanique*
Viril

Sebastiana *Grec*
Honoré

Sebastiane *Grec*
Honoré

Sébastienne *Grec*
Honoré

Sédida *Arabe*
Qui va droit au but

Sédiqa *Arabe*
Amie sincère

Séfana *Arabe*
La perle

Ségolène *Germanique*
Victoire, doux

Sékina *Arabe*
Paix profonde

Sélima *Arabe*
Pure et intacte

Selina *Grec*
La déesse de la lune

Selma *Germanique*
Casque divin

Selma *Celte*
Equitable

Selma *Arabe*
Parfaitement saine

Séloua *Arabe*
La caille, le miel

Selvina *Latin*
Bois, forêt

Séniba *Arabe*
Collier de perles

Seniha *Arabe*
Collier de perles

Seosaimhin *Hébreu*
Dieu ajoute

Séphora *Arabe*
Souveraine

Serafina *Hébreu*
Le flamboyant

Séraphine *Latin*
Le flamboyant

Sheena *Hébreu*
Dieu est miséricordieux

Serena *Latin*
Sereine, pure

Sheila *Latin*
Aveugle

Sergia *Latin*
Marchand de serge

Shelagh *Latin*
Aveugle

Sesta *Grec*
La sixième (naissance)

Shelley *Vieil anglais*
Clairière en pente

Sestilia *Grec*
La sixième (naissance)

Sherry *Français*
Bien-aimée

Sestina *Grec*
La sixième (naissance)

Shiela *Latin*
Aveugle

Sevastiana *Grec*
Honoré

Shirin *Persan*
Douceur

Sevastiane *Grec*
Honoré

Shirley *Vieil anglais*
La clairière du comté

Sevastina *Grec*
Honoré

Sian *Hébreu*
Dieu est miséricordieux

Severa *Latin*
La sévère

Sibb *Grec*
Qui connaît la volonté des Dieux

Sévériana *Latin*
La sévère

Sibyl *Grec*
Qui connaît la volonté des Dieux

Sévériane *Latin*
La sévère

Sibylle *Grec*
Qui connaît la volonté des Dieux

Sévérienne *Latin*
La sévère

Sid *Latin*
La femme de Sidon

Sharon *Hébreu*
Clair

Sida *Latin*
La femme de Sidon

Sheelagh *Latin*
Aveugle

Sidney *Vieil anglais*
La vaste clairière

Sheelah *Latin*
Aveugle

Sidoine *Latin*
La femme de Sidon

Sidonia *Latin*
La femme de Sidon

Sidonie *Latin*
La femme de Sidon

Sidqia *Arabe*
Véridique

Sidqiya *Arabe*
Sincère, vrai

Siegburg *Germanique*
Victoire, protection

Sieglinde *Germanique*
Victoire, doux

Siegrun *Germanique*
Victoire et mystère

Sigi *Allemand*
Diminutif des prénoms assemblés
avec SIEG ou SIG

Sigismonda *Germanique*
Protecteur, victorieux

Signe *Nordique*
Victoire

Sigrid *Scandinave*
Victoire, beau

Sigrun *Germanique*
Victoire et mystère

Siham *Arabe*
Flèches

Sihem *Arabe*
Flèches

Sila *Latin*
Forêt

Silane *Latin*
Forêt

Sile *Hébreu*
Aveugle

Silja *Latin*
Aveugle

Silke *Germanique*
Otage, dur

Silva *Latin*
Forêt

Silvaine *Latin*
Forêt

Silvana *Latin*
Forêt

Silvane *Latin*
Forêt

Silvère *Latin*
Forêt

Silvestra *Latin*
L'habitante des forêts

Silvestrina *Latin*
Forêt

Silvia *Latin*
Forêt

Silviane *Latin*
Forêt

Silvina *Latin*
Forêt

Simona *Hébreu*
Dieu a exaucé

Simone *Hébreu*
Dieu a exaucé

Simonetta *Hébreu*
Dieu a exaucé

Simonette *Hébreu*
Dieu a exaucé

Sina *Latin*
La rose

Sindy *Grec*
La jeune fille de Kynthos

Sine *Hébreu*
Dieu est miséricordieux

Sinéad *Hébreu*
Dieu est miséricordieux

Sinéidin *Hébreu*
Dieu est miséricordieux

Sinja *Germanique*
Lance et fidélité

Siobhan *Irlandais*
Dieu est miséricordieux

Siri *Scandinave*
Victoire, beau

Siria *Latin*
De la Syrie

Siriana *Latin*
De la Syrie

Sirine *Persan*
Rassasié

Sisile *Latin*
Aveugle

Sissy *Hébreu*
Dieu est mon serment

Sita *Grec*
La femme de l'île de Thera

Sitta *Latin*
La femme de Sidon

Siun *Hébreu*
Dieu est miséricordieux

Siusan *Hébreu*
Le lys

Siw *Nordique*
La fiancée

Sixta *Grec*
Fine, lisse

Sixtina *Grec*
Fine, lisse

Smeralda *Espagnol*
Emeraude

Sofa *Grec*
La sagesse

Sofi *Grec*
La sagesse

Sofia *Grec*
La sagesse

Soha *Arabe*
Etoile de la petite ourse

Solange *Latin*
Solennel

Soledad *Latin*
Solitude

Solène *Latin*
Solennel

Solenne *Latin*
Solennel

Soline *Latin*
Solennel

Solmnia *Latin*
Solennel

Solveig *Norvégien*
Maison, salle, combat

Sonia *Grec*
La sagesse

Sonja *Grec*
La sagesse

Sopher *Grec*
La sagesse

Sophia *Grec*
La sagesse

Sophie *Grec*
La sagesse

Sophronia *Grec*
Prudent

Sophy *Grec*
La sagesse

Soraya *Arabe*
Constellation des Pléiades

Sorcha *Latin*
Claire

Sorcha *Hébreu*
Princesse

Sosanna *Hébreu*
Le lys

Souad *Arabe*
Bonheur, chance

Soubhia *Arabe*
Gracieuse, gentille

Soubhiya *Arabe*
Belle comme le matin

Souha *Arabe*
Etoile de la petite ourse

Souhaïla *Arabe*
Ce qui est aisé, facile

Souhéila *Arabe*
Ce qui est aisé, facile

Souhila *Arabe*
Ce qui est aisé, facile

Soukaïna *Arabe*
Paix profonde

Soukéina *Arabe*
Paix profonde

Soulaïma *Arabe*
Le Prophète Salomon

Souléima *Arabe*
Le Prophète Salomon

Soumeya *Arabe*
Sublime

Sounboula *Arabe*
Brin de lavande

Soundes *Arabe*
Soie légère

Soundouce *Arabe*
Soie légère

Soundous *Arabe*
Soie légère

Sourour *Arabe*
Gaieté, joie

Stacey *Grec*
Né une nouvelle fois

Stacie *Grec*
Né une nouvelle fois

Stacy *Grec*
Né une nouvelle fois

Stanislawa *Slave*
Célèbre et constante

Stanze *Latin*
Célèbre et constante

Stefania *Grec*
Couronne

Stefanie *Grec*
Couronne

Stefanina *Grec*
Couronne

Steffi *Grec*
Couronne

Stella *Latin*
Etoile

Stellin *Latin*
Etoile

Stéphanie *Grec*
Couronne

Sterenn *Breton*
Etoile

Su *Hébreu*
Le lys

Sue *Hébreu*
Le lys

Sukey *Hébreu*
Le lys

Suki *Hébreu*
Le lys

Sukie *Hébreu*
Le lys

Suleika *Arabe*
Séductrice

Sunta *Latin*
Prendre

Suntina *Latin*
Prendre

Susan *Hébreu*
Le lys

Susana *Hébreu*
Le lys

Susanna *Hébreu*
Le lys

Susannah *Hébreu*
Le lys

Susanne *Hébreu*
Le lys

Susette *Hébreu*
Le lys

Susie *Hébreu*
Le lys

Suzanna *Hébreu*
Le lys

Suzanne *Hébreu*
Le lys

Suzette *Hébreu*
Le lys

Suzie *Hébreu*
Le lys

Swanhild *Germanique*
Cygne, combat

Swantje *Germanique*
Cygne, combat

Swetlana *Russe*
Toile de lumière

Sybil   *Grec*
Qui connaît la volonté des Dieux

Sylvia   *Latin*
Forêt

Sylvaine   *Latin*
Forêt

Sylviane   *Latin*
Forêt

Sylvène   *Latin*
Forêt

Sylvie   *Latin*
Forêt

Sylvette   *Latin*
Forêt

T

FÉMININ

Tabea *Latin*
La gazelle

Tabetha *Hébreu*
La gazelle

Tabitha *Hébreu*
La gazelle

Tacha *Latin*
Jour de naissance

Tahani *Arabe*
Vœux de bonheur

Tahéra *Arabe*
Pure

Tahiata *Tahitien*
Un nuage du ciel clair

Tahira *Arabe*
Pure

Tahiri *Tahitien*
Brise éventant le grand soleil

Tahsine *Arabe*
Rendre meilleur

Taiana *Tahitien*
Fille qui craint les esprits de la
nuit

Taïssir *Arabe*
Facilité

Talitha *Hébreu*
Jeune fille

Tamara *Russe*
Palmier

Tamima *Arabe*
Parfaite

Tammy *Araméen*
Jumeaux

Tamsin *Araméen*
Jumeaux

Tania *Latin*
Du nom de Tatius, roi des Sabins

Tanja *Latin*
Du nom de Tatius, roi des Sabins

Tanouir *Arabe*
Illumination

Tansy *Grec*
Immortel

Tanuccia *Latin*
Habitant de Gaète

Taoufiqa *Arabe*
Succès, réussite (grâce à Dieu)

Taous *Arabe*
Le paon

Taqia *Arabe*
Qui se remet à Dieu

Taqiya *Arabe*
Qui a peur de Dieu

Tara *Irlandais*
Montagne

Taslim *Arabe*
Se donner à Dieu

Tatania *Latin*
Du nom de Tatius, roi des Sabins

Tatiane *Latin*
Du nom de Tatius, roi des Sabins

Taurua *Tahitien*
Vénus, l'étoile, courant à l'aurore

Tautiare *Tahitien*
Ma fleur fraîchement cueillie

Tavita *Hébreu*
La gazelle

Tawfiqa *Arabe*
Succès, réussite (grâce à Dieu)

Te'arere *Tahitien*
Flèche volant droit au but

Teano *Tahitien*
La solitude de la terre lointaine

Teata *Tahitien*
Le nuage rouge du ciel

Teeeva *Tahitien*
L'ascension de la femme allumant le ciel

Tefetu *Tahitien*
L'étoile s'envolant dans le ciel élevé

Tehani *Tahitien*
La caresse des fleurs odorantes

Tehea *Tahitien*
Lequel des Dieux des Cieux multiples

Tehei *Tahitien*
La couronne royale de plumes blanches

Temaru *Tahitien*
L'aurore royale

Témima *Arabe*
Parfaite

Temoe *Tahitien*
Le sommeil du soleil sombre

Teodora *Grec*
Don de Dieu

Teodosia *Grec*
Don de Dieu

Tepurotu *Tahitien*
La beauté de la femme bien conservée

Tera *Tahitien*
Le grand soleil éloigné de la terre

Terenui *Tahitien*
Grand voyage nocturne, lointain

Terenzia *Latin*
De Tarente

Teresa *Grec*
La femme de l'île de Thera

Terese *Grec*
La femme de l'île de Thera

Teresita *Grec*
La femme de l'île de Thera

Terito *Tahitien*
La croissance de l'astre qui monte

Teroro *Tahitien*
La cervelle royale qui médite

Terri *Grec*
La femme de l'île de Thera

Teruko *Japonais*
Eclat du soleil

Tessa *Grec*
La femme de l'île de Thera

Tevai *Tahitien*
L'eau éclaboussant loin vers la mer

Thalia *Grec*
Prospérer

Tharoua *Arabe*
Fortune, richesse

Thea *Grec*
Divinité

Theamaria *Grec*
Assemblage de Thea et Maria

Thècle *Grec*
Promulgatrice de Dieu célèbre

Theda *Grec*
Don de Dieu

Thekla *Grec*
Promulgatrice de Dieu célèbre

Thelma *Germanique*
Variante de Selma

Theodelinde *Germanique*
Combattant du peuple

Theodora *Grec*
Don de Dieu

Theodosia *Grec*
Don de Dieu

Theophora *Grec*
Représentant de Dieu

Théresa *Grec*
La femme de l'île de Thera

Thérèse *Grec*
La femme de l'île de Thera

Theresia *Grec*
La femme de l'île de Thera

Thilde *Germanique*
Diminutif de Mathilde

Thomasine *Araméen*
Jumeaux

Thora *Allemand*
Diminutif des prénoms assemblés avec THOR

Thorhild *Nordique*
Thor et combat

Thouraya *Arabe*
Constellation des pléiades

Thurid *Islandais*
Thor, beau

Thusnelda *Germanique*
Nom de femme des Arminius

Thyra *Scandinave*
Thor, combat

Tiana *Latin*
Disciple du Christ

Tiffany *Grec*
Epiphanie

Tilda *Germanique*
Puissance, honneur, combat

Tilde *Germanique*
Puissance, honneur, combat

Tilla *Germanique*
Puissance, honneur, combat

Tillie *Germanique*
Richesse

Tilly *Germanique*
Puissance, honneur, combat

Tina *Latin*
Disciple du Christ

Tinette *Latin*
Disciple du Christ

Tinirouru *Tahitien*
Milliers de cheveux de Tane

Tinka *Grec*
Pure

Tiphaine *Grec*
Délicatesse

Tiphanle *Grec*
Epiphanie

Tita *Tahitien*
Fruit produit par le soleil

Titaua *Tahitien*
Souveraine invitée des cieux

Titina *Latin*
Disciple du Christ

Titta *Grec*
Le baptisé

Tizia *Latin*
Allégresse, joie

Toinette *Latin*
Inestimable fleur

Toinon *Latin*
Inestimable fleur

Toiréasa *Grec*
La femme de l'île de Thera

Toma *Araméen*
Jumeaux

Tomasa *Araméen*
Jumeaux

Tomasina *Araméen*
Jumeaux

Toni *Grec*
Inestimable fleur

Tonia *Grec*
Inestimable fleur

Tonina *Grec*
Affronter

Tonja *Grec*
Inestimable fleur

Tosca *Latin*
Etrusque

Toska *Latin*
Etrusque

Touba *Arabe*
Félicité, prospérité

Tracey *Grec*
La femme de l'île de Thera

Tracie *Grec*
La femme de l'île de Thera

Tracy *Normand*
Nom de lieu

Traute *Allemand*
Diminutif des prénoms assemblés
avec TRAUT

Treasa *Grec*
La femme de l'île de Thera

Tricia *Latin*
La patricienne

Trina *Grec*
Pure

Trinidad *Espagnol*
Fidélité

Trinke *Grec*
Pure

Trix *Latin*
Celle qui rend heureux

Trixie *Latin*
Celle qui rend heureux

Troy *Français*
De la ville de Troyes

Trude *Allemand*
Diminutif des prénoms assemblés avec TRUD, TRUDE

Trudhild *Germanique*
Fort et combat

Trudy *Germanique*
Lance et fidélité

Tuatini *Tahitien*
Le dixième ciel de Ta'aroa

Tuianu *Tahitien*
La femme qui perça la fraîcheur de la cascade

Tullia *Grec*
Pluie incessante

Tumata *Tahitien*
Stabilité des yeux farouches du grand guerrier

Turouru *Tahitien*
Stabilité des cheveux de la tête tournée vers les Dieux

Tyra *Scandinave*
Thor, combat

U

FÉMININ

U'upa *Tahitien*
La petite tourterelle de la maison
de corail

Ubalda *Germanique*
D'âme courageuse

Uda *Allemand*
Richesse

Ughetta *Germanique*
Intelligence

Ugolina *Germanique*
Intelligence

Ulla *Latin*
Ours

Ulrike *Germanique*
Patrimoine, roi

Una *Latin*
Simple, seule

Undine *Latin*
L'onde

Unutea *Tahitien*
Sculpture blanche du marae sacré

Urania *Grec*
De la déesse grecque du Paradis,
muse de l'astronomie

Urarii *Tahitien*
Petites plumes de l'oiseau blanc

Urbana *Latin*
Citadin

Urbanilla *Latin*
Citadin

Uriell *Celte*
Ange

Urielle *Celte*
Ange

Ursel *Latin*
Ours

Ursina *Latin*
Ours

Ursine *Latin*
Ours

Ursula *Latin*
Ours

Ursulina *Latin*
Ours

Ursuline *Latin*
Ours

Uschi *Latin*
Ours

Ute *Allemand*
Richesse

Utta *Allemand*
Richesse

V

FÉMININ

Vaea *Tahitien*
Roi qui a partagé le grand océan

Vaetua *Tahitien*
La femme divisant la mer, enveloppée de nuages

Vai'ata *Tahitien*
L'eau riante du vallon

Vaiana *Tahitien*
Eau de la grotte du rocher haut

Vaiani *Tahitien*
Les eaux demandant l'averse des Dieux

Vaianu *Tahitien*
Eau fraîche du trou de rocher

Vaiata *Tahitien*
Bain du matin des princesses

Vainui *Tahitien*
Grande eau caressée par le soleil

Vairea *Tahitien*
L'eau joyeuse du val frais

Vaitea *Tahitien*
Eau claire de la cascade

Vaïtu *Tahitien*
La femme bien conservée de la grande vallée

Val *Latin*
Diminutif de Valérie

Valborg *Scandinave*
Protection, château

Valeda *Latin*
Etre bien portant

Valence *Latin*
Etre bien portant

Valensia *Latin*
Etre bien portant

Valenta *Latin*
Etre bien portant

Valentia *Latin*
Etre bien portant

Valentina *Latin*
Etre bien portant

Valentine *Latin*
Etre bien portant

Valère *Latin*
Etre bien portant

Valeria *Latin*
Etre bien portant

Valeriana *Latin*
Etre bien portant

Valériane   *Latin*
Etre bien portant

Valérie   *Latin*
Etre bien portant

Valérienne   *Latin*
Etre bien portant

Valerjanka   *Latin*
Etre bien portant

Valeska   *Latin*
Etre bien portant

Valiaka   *Latin*
Etre bien portant

Valioucha   *Latin*
Etre bien portant

Valiouchka   *Latin*
Etre bien portant

Vallatina   *Latin*
Etre bien portant

Valli   *Germanique*
Protectrice des rois

Vallie   *Latin*
Etre bien portant

Van   *Grec*
Papillon

Vanessa   *Grec*
Papillon

Vanina   *Tahitien*
Pluie chassant une pensée triste

Vanna   *Grec*
Papillon

Vannie   *Grec*
Papillon

Vanny   *Grec*
Papillon

Varnava   *Hébreu*
Fils, consolation

Varvara   *Grec*
Le Barbare

Vasilissa   *Grec*
Roi

Vassiliki   *Grec*
Roi

Vatina   *Tahitien*
La pluie, source de vie agréable

Vavoulia   *Slave*
Régner, paix

Vavoussia   *Slave*
Régner, paix

Ve   *Germanique*
Diminutif de Genoveva

Veda   *Nordique*
Nom nordique de la déesse du
destin

Veïa   *Latin*
Pleine de vie

Véinéas   *Latin*
Vénus

Venanzia   *Latin*
Chasseur

Venanziana   *Latin*
Chasseur

Vera   *Russe*
La foi

Veramari   *Allemand*
Assemblage de Vera et Maria

Veraura *Tahitien*
La chaleur des plumes, des nuits fraîches

Veritas *Latin*
Vérité

Verity *Latin*
Vérité

Veroarii *Tahitien*
Soleil lançant des rayons divers

Verona *Grec*
Apporter la victoire

Veronica *Grec*
Apporter la victoire

Veronika *Grec*
Apporter la victoire

Veronike *Grec*
Apporter la victoire

Véronique *Grec*
Apporter la victoire

Veroucha *Grec*
Apporter la victoire

Verounia *Grec*
Apporter la victoire

Veruschka *Russe*
La foi

Vesta *Latin*
Nom d'une déesse romaine du Feu

Vicenta *Latin*
Vainqueur

Vicenzia *Latin*
Vainqueur

Vichouta *Latin*
Vainqueur

Vick *Latin*
Vainqueur

Vicky *Latin*
Vainqueur

Victeoiria *Latin*
Vainqueur

Victoire *Latin*
Vainqueur

Victoria *Latin*
Vainqueur

Victorienne *Latin*
Vainqueur

Victorine *Latin*
Vainqueur

Viergie *Latin*
Vierge

Vikacha *Latin*
Vainqueur

Vike *Grec*
La sagesse

Vikentia *Latin*
Vainqueur

Viki *Grec*
La sagesse

Vikki *Latin*
Vainqueur

Vikli *Grec*
La sagesse

Viktoria *Latin*
Vainqueur

Viktorine *Latin*
Vainqueur

Vila *Latin*
La violette

Vilia *Hébreu*
Dieu est mon serment

Vilja *Hongrois*
Richesse

Vilma *Germanique*
Volonté, casque

Vincentia *Latin*
Vainqueur

Vinciane *Latin*
Vainqueur

Vinia *Latin*
Habitant de la Sabine

Viola *Latin*
La violette

Violaine *Latin*
La violette

Violante *Latin*
La violette

Violet *Latin*
La violette

Violetta *Latin*
La violette

Violette *Latin*
La violette

Violka *Latin*
La violette

Virgilia *Latin*
Pousse, sève

Virgiliane *Latin*
Pousse, sève

Virgine *Latin*
Vierge

Virginia *Latin*
Vierge

Virginie *Latin*
Vierge

Vita *Latin*
Vivre

Vitiana *Latin*
Vainqueur

Vitoucha *Latin*
Vainqueur

Vitoulia *Latin*
Vainqueur

Vittoria *Latin*
Vainqueur

Vivia *Latin*
Pleine de vie

Vivian *Latin*
Pleine de vie

Viviana *Latin*
Pleine de vie

Viviane *Latin*
Pleine de vie

Vivianka *Latin*
Pleine de vie

Vivica *Allemand*
Forme de Wiebke

Vivienne *Latin*
Pleine de vie

Vivine *Latin*
Pleine de vie

Vladia *Slave*
Régner, paix

Volia *Latin*
La violette

Volkhild *Germanique*
Peuple et combat

Vonnie *Grec*
Apporter la victoire

Vroni *Grec*
Apporter la victoire

W

FÉMININ

Wacila *Arabe*
Qui unit

Wadia *Arabe*
Calme, douce

Wadida *Arabe*
Aimante

Wadouda *Arabe*
Aimante

Wafa *Arabe*
Accomplissement d'un vœu, d'une promesse

Wafia *Arabe*
Fidèle à ses engagements

Wafiqa *Arabe*
Succès, réussite (grâce à Dieu)

Wafiya *Arabe*
Tient ses engagements

Wahiba *Arabe*
Qui offre

Wahida *Arabe*
Unique, sans pareil

Wajdiya *Arabe*
Qui trouve ce qu'elle désire

Wajéda *Arabe*
Qui trouve ce qu'elle désire

Wajida *Arabe*
Qui trouve ce qu'elle désire

Wajiha *Arabe*
Belle, remarquable

Walaya *Arabe*
Proche de Dieu

Walburg *Germanique*
Protection, château

Waldburga *Germanique*
Protection, château

Waleria *Latin*
Etre bien portant

Walida *Arabe*
Nouveau-né

Waliya *Arabe*
Proche de Dieu

Walli *Germanique*
Protection, château

Wally *Germanique*
Protectrice des rois

Walpurga *Germanique*
Protection, château

Waltraud *Germanique*
Qui vient de Walstatt

Waltrun *Germanique*
Forêt, protéger, mystère, magie

Wanda *Germanique*
Tourner

Wandala *Germanique*
Tourner

Wandeline *Germanique*
Tourner

Wandula *Germanique*
Tourner

Warda *Arabe*
La rose

Wasma *Arabe*
Qui se distingue par la beauté de
ses traits

Wassama *Arabe*
Beauté du visage

Wassila *Arabe*
Qui désire et recherche Dieu

Wassima *Arabe*
Qui se distingue par la beauté de
ses traits

Wencke *Allemand*
Diminutif des prénoms assemblés
avec WERN, WIN

Wenda *Germanique*
Tourner

Wendi *Germanique*
Diminutif des prénoms assemblés
avec WEND

Wendie *Germanique*
Tourner

Wendila *Germanique*
Tourner

Wendula *Germanique*
Tourner

Wendy *Germanique*
Tourner

Wendy *Anglais*
De la pièce Peter Pan

Wera *Grec*
Apporter la victoire

Widad *Arabe*
Attachement, affection

Wiebke *Allemand*
Diminutif des prénoms assemblés
avec WIG

Wifaq *Arabe*
Accord

Wigburg *Germanique*
Combat, protection

Wijdane *Arabe*
Emotion

Wilgard *Germanique*
Volonté, clôture

Wilhelma *Germanique*
Volonté, casque

Wilhelmina *Germanique*
Volonté, casque

X

FÉMININ

Xandra *Grec*
Défendre, guerrier

Xantipa *Grec*
Jaune

Xaveria *Espagnol*
Nom venant de Xavier de Navarre

Xenia *Grec*
Hospitalier

Xenie *Grec*
Hospitalier

Y

FÉMININ

Yamama *Arabe*
Le pigeon sauvage

Yamina *Arabe*
Heureuse, prospère

Yaqine *Arabe*
Certitude

Yaqout *Persan*
Pierre précieuse

Yasar *Turc*
Larmoyer

Yasmin *Persan*
Le jasmin

Yasmina *Persan*
Le jasmin

Yasmine *Persan*
Le jasmin

Yassamine *Persan*
Le jasmin

Yasséra *Arabe*
Prospère, facile à vivre

Yassira *Arabe*
Facile à vivre

Yola *Latin*
La violette

Yolaine *Latin*
La violette

Yolanda *Latin*
La violette

Yolande *Latin*
La violette

Yolène *Latin*
La violette

Yolenta *Latin*
La violette

Yolente *Latin*
La violette

Youka *Grec*
Travailleur de la terre

Youmna *Arabe*
Qui est béni

Youmniya *Arabe*
D'une heureuse nature

Yourassia *Grec*
Travailleur de la terre

Youria *Grec*
Travailleur de la terre

Yousr *Arabe*
Caractère facile

Yousra *Arabe*
Conciliante, douce

Yousria *Arabe*
Douce, nature facile

Yousriya *Arabe*
D'une nature facile

Yovna *Germanique*
If

Yseut *Celte*
Belle

Ysolde *Celte*
Belle

Yvette *Germanique*
If

Yvonna *Germanique*
If

Yvonne *Germanique*
If

Z

FÉMININ

Zaccaria *Hébreu*
Dieu s'est rappelé

Zäcilia *Latin*
Aveugle

Zafira *Arabe*
Gagnante

Zahéda *Arabe*
Qui est détachée de ce monde

Zahéra *Arabe*
Epanouie, éclatante

Zahida *Arabe*
Qui est détachée de ce monde

Zahira *Arabe*
Protectrice

Zahiya *Arabe*
Belle, fière

Zahra *Arabe*
Qui a le teint clair et lumineux

Zahrâ *Arabe*
Qui a le teint clair et lumineux

Zahria *Arabe*
Brillante

Zahriya *Arabe*
Brillante

Zaïda *Arabe*
Accroissement

Zaïna *Arabe*
Belle et parée

Zaïnab *Arabe*
Arbre du désert à fleurs odorantes

Zaïne *Arabe*
Embellissement

Zaïneb *Arabe*
Bel arbre à fleurs odoriférantes

Zaira *Italien*
Opéra de Voltaire

Zaïtouna *Arabe*
L'olivier

Zaka *Arabe*
Pureté

Zakia *Arabe*
Pur, immaculé

Zakiya *Arabe*
Vertueuse, intègre

Zannie *Hébreu*
Le lys

Zara *Hébreu*
Souveraine

Zarah *Hébreu*
Souveraine

Zayane *Arabe*
Le jasmin, le miel

Zdenka *Latin*
La femme de Sidon

Zéfira *Arabe*
Protectrice

Zéida *Arabe*
Accroissement

Zéina *Arabe*
Belle et parée

Zéinab *Arabe*
Arbre du désert à fleurs odorantes

Zéine *Arabe*
Embellissement

Zeineb *Arabe*
Bel arbre à fleurs odoriférantes

Zéitouna *Arabe*
L'olivier

Zelinda *Germanique*
Bouclier heureux

Zella *Latin*
Vient de Mars, Dieu de la guerre

Zelmira *Latin*
Célèbre, fameuse

Zena *Grec*
Dérivé de Zeus

Zenaida *Grec*
Vient de Zeus

Zenas *Grec*
Dérivé de Zeus

Zenobia *Grec*
Celle dont la vie a été donnée par Zeus

Zénobie *Grec*
Dérivé de Zeus

Zénodora *Grec*
Dérivé de Zeus

Zénomina *Grec*
Dérivé de Zeus

Zenovia *Grec*
Dérivé de Zeus

Zenzi *Latin*
Vainqueur

Zikrallah *Arabe*
Le souvenir de Dieu

Zilal *Arabe*
Protection

Zilla *Latin*
Aveugle

Ziska *Latin*
Franc, homme libre

Zissi *Latin*
Franc, homme libre

Zita *Grec*
Chercher, poursuivre

Zitouna *Arabe*
L'olivier

Zoa *Grec*
La vie

Zoé *Grec*
La vie

Zofia *Grec*
La sagesse

Zohra *Arabe*
La planète Vénus

Zoïa *Grec*
La vie

Zolda *Celte*
Belle

Zölestina *Latin*
Les cieux

Zomouroud *Arabe*
L'émeraude

Zoubaïda *Arabe*
Crème, fine fleur

Zoubéida *Arabe*
Crème, fine fleur

Zouhaira *Arabe*
Eclat, brillant

Zouhéira *Arabe*
Eclat, brillante

Zouhour *Arabe*
Fleurs

Zouhra *Arabe*
Eclat de la lumière

Zoulfa *Arabe*
Degré, rang

Zoumourouda *Arabe*
L'émeraude

Zuleika *Arabe*
Séductrice

A

MASCULIN

Aaron *Hébreu*
Arche d'alliance

Aata *Tahitien*
L'enfant gai de la lune

Abbad *Hébreu*
Fervent adorateur

Abbas *Arabe*
Lion, qui a un visage sévère

Abbes *Arabe*
Qui a un visage sévère

Abbou *Arabe*
L'homme

Abdallah *Arabe*
Le serviteur de Dieu

Abdéchahid *Arabe*
Le serviteur du témoin par excellence

Abdèchakour *Arabe*
Le serviteur du Très-Reconnaissant

Abdèladle *Arabe*
Le serviteur du juste, de l'équitable

Abdelali *Arabe*
Le serviteur du très haut

Abdèlalim *Arabe*
Le serviteur de l'omniscient

Abdèlazim *Arabe*
Le serviteur du Tout-Puissant

Abdelaziz *Arabe*
Le serviteur du Tout-Puissant

Abdelbadi *Arabe*
Le serviteur de l'inventeur de toutes choses

Abdelbar *Arabe*
Le serviteur du bienveillant

Abdelbari *Arabe*
Le serviteur de celui qui donne l'existence

Abdelbasset *Arabe*
Le serviteur de celui qui dilate les cœurs

Abdelbassir *Arabe*
Le serviteur de celui qui voit tout

Abdelbassit *Arabe*
Le serviteur de celui qui dilate les cœurs

Abdelbatine *Arabe*
Le serviteur du secret

Abdelchakour　　　*Arabe*
Le serviteur du Très-Reconnaissant

Abdelfattah　　　*Arabe*
Qui accorde la victoire

Abdelghaffar　　　*Arabe*
Le serviteur du très pardonnant

Abdelghafour　　　*Arabe*
Le serviteur du tout pardonnant

Abdelghani　　　*Arabe*
Le serviteur du riche

Abdèlhadi　　　*Arabe*
Le serviteur de guide

Abdèlhafiz　　　*Arabe*
Le serviteur du Tout-Puissant

Abdelhak　　　*Arabe*
Le serviteur du vrai

Abdèlhakam　　　*Arabe*
Le serviteur du juge

Abdelhakim　　　*Arabe*
Le serviteur du sage

Abdelhalim　　　*Arabe*
Le serviteur de l'indulgent

Abdèlhamid　　　*Arabe*
Le serviteur du très loué

Abdèlhannane　　　*Arabe*
Le serviteur du très compatissant

Abdèlhaqq　　　*Arabe*
Le serviteur du vrai

Abdelhay　　　*Arabe*
Le serviteur du vivant

Abdèlhaye　　　*Arabe*
Le serviteur du vivant

Abdeljalil　　　*Arabe*
Le serviteur du majestueux

Abdeljami　　　*Arabe*
Le serviteur de celui qui totalise toutes choses

Abdeljellil　　　*Arabe*
Le serviteur du majestueux

Abdelkabir　　　*Arabe*
Le serviteur de l'infiniment grand

Abdelkader　　　*Arabe*
Le serviteur du puissant

Abdelkarim　　　*Arabe*
Le serviteur du généreux

Abdelkhaled　　　*Arabe*
Le serviteur de l'éternel

Abdelkhaliq　　　*Arabe*
Le serviteur du créateur

Abdellatif　　　*Arabe*
Le serviteur du bienveillant

Abdelmadjid　　　*Arabe*
Le serviteur du glorieux

Abdelmajid　　　*Arabe*
Le serviteur du glorieux

Abdelmalik　　　*Arabe*
Le serviteur du souverain

Abdelmannane　　　*Arabe*
Le serviteur du bienfaiteur

Abdelmoughni　　　*Arabe*
Le serviteur de celui qui délivre du besoin et donne en suffisance

Abdelmouhaïmine　　　*Arabe*
Le serviteur de celui qui veille

Abdelmouhy *Arabe*
Le serviteur de celui qui fait vivre

Abdelmoujib *Arabe*
Le serviteur de celui qui exauce

Abdelmoumene *Arabe*
Le serviteur du fidèle

Abdelmoumine *Arabe*
Le serviteur du fidèle

Abdelmouqaddem *Arabe*
Serviteur de celui qui attribue la propriété

Abdelmouqaddim *Arabe*
Serviteur de celui qui donne la propriété

Abdelmouqit *Arabe*
Le serviteur du nourricier

Abdelmouqsit *Arabe*
Le serviteur de l'équitable

Abdelmouqtader *Arabe*
Le serviteur du puissant

Abdelmouqtadir *Arabe*
Le serviteur du Tout-Puissant

Abdelmoussaouir *Arabe*
Le serviteur de celui qui crée les formes

Abdelmoussawir *Arabe*
Le serviteur de celui qui crée les formes

Abdelouadoud *Arabe*
Le serviteur du très aimant

Abdelouahab *Arabe*
Le serviteur de celui qui ne cesse de donner

Abdelouahed *Arabe*
Le serviteur de l'unique

Abdelouahhab *Arabe*
Le serviteur de celui qui ne cesse de donner

Abdèlouahid *Arabe*
Le serviteur de l'unique

Abdèlouakil *Arabe*
Le serviteur de celui à qui l'on confie toute chose

Abdèlouali *Arabe*
Le serviteur du très proche

Abdèlouaris *Arabe*
Le serviteur de l'héritier

Abdèlouarith *Arabe*
Le serviteur de l'héritier

Abdèlouassi *Arabe*
Le serviteur de celui qui englobe tout

Abdelqader *Arabe*
Le serviteur du puissant

Abdelqadir *Arabe*
Le serviteur du Tout-Puissant

Abdelqaoui *Arabe*
Le serviteur du très fort

Abdelqawi *Arabe*
Le serviteur du très fort

Abdelqayyoum *Arabe*
Le serviteur de l'immuable

Abdelqouddous *Arabe*
Le serviteur du très Saint

Abdelraffar *Arabe*
Le serviteur du très pardonnant

Abdelrafour *Arabe*
Le serviteur du tout pardonnant

Abdelraliq *Arabe*
Le serviteur du créateur

Abdelrani *Arabe*
Le serviteur du riche

Abdelwadoud *Arabe*
Le serviteur du très aimant

Abdelwahab *Arabe*
Le serviteur de celui qui ne cesse
de donner

Abdelwahid *Arabe*
Le serviteur de l'unique

Abdelwajid *Arabe*
Le serviteur du possesseur des
réalités

Abdelwakil *Arabe*
Le serviteur de celui à qui l'on
confie toute chose

Abdelwassi *Arabe*
Le serviteur de celui qui englobe
tout

Abdennafi *Arabe*
Le serviteur de celui qui accorde
le profit

Abdennour *Arabe*
Le serviteur de la lumière primor-
diale

Abderrachid *Arabe*
Le serviteur du guide

Abderrafi *Arabe*
Le serviteur de celui qui élève

Abderrahim *Arabe*
Le serviteur du Très-Miséricor-
dieux

Abderrahmane *Arabe*
Le serviteur du Tout Miséricordieux

Abderraouf *Arabe*
Le serviteur du très bienveillant

Abderrazzaq *Arabe*
Le serviteur de celui qui pourvoit

Abdessabour *Arabe*
Le serviteur du très constant

Abdessalam *Arabe*
Le serviteur de la paix

Abdessamad *Arabe*
Le serviteur du soutien universel

Abdessami *Arabe*
Le serviteur de celui qui entend tout

Abdessattar *Arabe*
Le serviteur de celui qui voit les
défauts et qui protège

Abdezzahir *Arabe*
Le serviteur de l'apparent

Abdoullah *Arabe*
Le serviteur de Dieu

Abe *Hébreu*
Diminutif de Abraham

Abeau *Hébreu*
Fragilité des choses qui passent

Abel *Hébreu*
Fragilité des choses qui passent

Abélard *Hébreu*
Fragilité des choses qui passent

Abelardo *Germanique*
Fier

Abelin *Hébreu*
Fragilité des choses qui passent

Abid *Arabe*
Qui vit en état d'adoration constante

Abiel *Hébreu*
Père fort

Abner *Hébreu*
Le père de la lumière

Abondance *Latin*
Richesse, abondance

Abou Bakr *Arabe*
Successeur

Abou Tourab *Arabe*
L'homme à la poussière

Aboubekr *Arabe*
Successeur

Abraham *Hébreu*
Père de la multitude

Abram *Hébreu*
Père de la multitude

Abramo *Hébreu*
Père de la multitude

Absalom *Hébreu*
Père de la lumière

Abundio *Latin*
Abondant de grâce

Acestus *Hébreu*
Père de la paix

Achaz *Grec*
L'innocent

Acheq *Arabe*
Amoureux

Achileüs *Grec*
Prénom moderne du héros de l'Iliade Akkileus

Achill *Grec*
Prénom moderne du héros de l'Iliade Akkileus

Achille *Grec*
Prénom moderne du héros de l'Iliade Akkileus

Achillée *Grec*
Prénom moderne du héros de l'Iliade Akkileus

Achillèo *Grec*
Prénom moderne du héros de l'Iliade Akkileus

Achilles *Grec*
Prénom moderne du héros de l'Iliade Akkileus

Achillios *Grec*
Prénom moderne du héros de l'Iliade Akkileus

Achiq *Arabe*
Amoureux

Achmed *Arabe*
Avantageux

Achour *Arabe*
Dixième jour du mois

Achraf *Arabe*
Très noble

Ackel *Hébreu*
Père de la paix

Adalbald *Germanique*
Noble, généreux, hardi, audacieux

Adan *Hébreu*
Père de la multitude

Adalbero *Germanique*
Noble ours

Adanet *Hébreu*
Père de la multitude

Adalbert *Germanique*
Brillant, noble

Adel *Hébreu*
Qui est source d'équilibre

Adalberto *Germanique*
Brillant, noble

Adelardo *Germanique*
Noble et fier

Adalbrand *Germanique*
Noble, épée

Adelbert *Germanique*
Noble, célèbre

Adalciso *Germanique*
La flèche noble

Adelphe *Germanique*
Dérivé d'Adolphe

Adalfried *Germanique*
Généreux, paix

Adelwali *Arabe*
Le serviteur du très proche

Adalger *Germanique*
Noble, lance

Adelwaris *Arabe*
Le serviteur de l'héritier

Adalgiso *Germanique*
La flèche noble

Adelwarith *Arabe*
Le serviteur de l'héritier

Adalhard *Germanique*
Noble et fort

Adenot *Hébreu*
Père de la multitude

Adalhelm *Germanique*
Noble, casque

Adéodat *Latin*
Donner par Dieu

Adalwin *Germanique*
Noble ami

Adhamh *Hébreu*
Père de la multitude

Adalwolf *Germanique*
Noble loup

Adhémar *Germanique*
Maison, noble, illustre

Adam *Hébreu*
Père de la multitude

Adi *Germanique*
Diminutif de Adolf

Adame *Hébreu*
Père de la multitude

Adib *Arabe*
Cultivé, lettré

Adamo *Hébreu*
Père de la multitude

Adil *Arabe*
Juste

Adinolfo *Germanique*
Noble loup

Admeo *Germanique*
Protecteur de la richesse

Adnane *Arabe*
Aïeul du Prophète

Adnet *Hébreu*
Père de la multitude

Adnot *Hébreu*
Père de la multitude

Adolar *Germanique*
Noble, aigle

Adolf *Germanique*
Noble loup

Adolfino *Germanique*
Noble loup

Adolfo *Germanique*
Noble loup

Adolph *Germanique*
Noble loup

Adolphe *Germanique*
Noble loup

Adolphus *Germanique*
Noble loup

Adrian *Latin*
De Adria, ville de Vénétie

Adriano *Latin*
De Adria, ville de Vénétie

Adrianos *Latin*
De Adria, ville de Vénétie

Adrien *Latin*
De Adria, ville de Vénétie

Adrion *Latin*
De Adria, ville de Vénétie

Adulf *Germanique*
Noble loup

Ael *Breton*
Vient de saint Angelus

Afa'iau *Tahitien*
Je porte la fleur odoriférante de Hiro

Afanassi *Grec*
L'immortel

Affonso *Germanique*
Noble et rapide

Afif *Arabe*
Qui fait preuve de retenue

Afrodisie *Grec*
Amoureux

Afrodisio *Grec*
Amoureux

Agapios *Grec*
Amour

Agapis *Grec*
Amour

Agapito *Grec*
Amour

Ägid *Grec*
Manche de bouclier

Agilbert *Germanique*
Epée, brillant

Agilhard *Germanique*
Tirailleur fort

Agilolf *Germanique*
Glaive, loup

Agimar   *Germanique*
Epée, renommée

Agostino   *Latin*
Majestueux

Aguistin   *Latin*
Vénérable, majestueux

Ahmad   *Arabe*
Le plus loué

Ahmed   *Arabe*
Le plus doué

Aibial   *Hébreu*
Fragilité des choses qui passent

Aichill   *Grec*
Prénom moderne du héros de
l'Iliade Akkileus

Aidan   *Irlandais*
Diminutif de Aodh, saint irlandais

Aidrian   *Latin*
De Adria, ville de Vénétie

Aiko   *Germanique*
Maison du roi

Ailean   *Indo-européen*
Harmonieux

Ailfrid   *Germanique*
Protecteur

Ailin   *Celte*
Pierre

Aïmane   *Arabe*
Très heureux

Aimard   *Germanique*
Force, dur

Aimé   *Latin*
Aimé

Aimeri   *Germanique*
Maison, puissant

Aimeric   *Germanique*
Maison, puissant

Aimon   *Germanique*
Maison

Aindréas   *Grec*
Illustre parmi les hommes

Aindriu   *Grec*
Illustre parmi les hommes

Air   *Scandinave*
Roi puissant

Aissa   *Hébreu*
Jésus - de l'Hébreu : Dieu sauve

Aïssar   *Arabe*
Aisance

Aitu   *Tahitien*
Prêtre mangeant debout la nourriture des Dieux

Akhilleus   *Grec*
Prénom moderne du héros de
l'Iliade Akkileus

Al
Diminutif d'Albert

Alaeddine   *Arabe*
Aladin - La grandeur de la religion

Alain   *Indo-européen*
Harmonieux

Alan   *Celte*
Pierre

Alano *Indo-européen*
Harmonieux

Alaois *Germanique*
Illustre, bataille

Alard *Germanique*
Noble et fort

Alaric *Germanique*
Puissant

Alarico *Germanique*
Puissant

Alary *Germanique*
Puissant

Alastair *Grec*
Repousser, défendre

Alastar *Grec*
Repousser, défendre

Alaus *Scandinave*
Fils de l'illustre

Albain *Latin*
Blanc

Alban *Latin*
Blanc

Albanino *Latin*
Blanc

Albano *Latin*
Blanc

Albéric *Germanique*
Seigneur des Elfes

Alberich *Germanique*
Seigneur des Elfes

Alberico *Germanique*
Seigneur des Elfes

Albero *Germanique*
Noble ours

Albert *Germanique*
Noble, célèbre

Alberti *Germanique*
Noble, célèbre

Albertini *Germanique*
Noble, célèbre

Alberto *Germanique*
Noble, célèbre

Albin *Latin*
Blanc

Albino *Latin*
Blanc

Alderano *Germanique*
Vieux, commander

Alderino *Germanique*
Vieux, commander

Aldesino *Germanique*
Vieux, commander

Aldino *Germanique*
Vieux, commander

Aldisio *Germanique*
Vieux, commander

Aldo *Germanique*
Vieux, commander

Aldorino *Germanique*
Vieux, commander

Aldous *Germanique*
Vieux

Alduccio *Germanique*
Vieux, commander

Aleandro   *Grec*
Repousser, défendre

Alec   *Grec*
Repousser, défendre

Alejandro   *Grec*
Repousser, défendre

Alessandro   *Grec*
Repousser, défendre

Alessio   *Grec*
Repousser, défendre

Alex   *Grec*
Diminutif d'Alexandre

Alexander   *Grec*
Repousser, défendre

Alexandre   *Grec*
Repousser, défendre

Alexandrieij   *Grec*
Repousser, défendre

Alexandros   *Grec*
Repousser, défendre

Alexandru   *Grec*
Repousser, défendre

Alexej   *Grec*
Repousser, défendre

Alexios   *Grec*
Repousser, défendre

Alexis   *Grec*
Repousser, défendre

Alf   *Germanique*
Diminutif de Alfred et Adolf

Alfaric   *Germanique*
Seigneur des Elfes

Alfino   *Latin*
Qui a les cheveux clairs

Alfio   *Latin*
Qui a les cheveux clairs

Alfons   *Germanique*
Noble et rapide

Alfonso   *Germanique*
Noble et rapide

Alfred   *Germanique*
Tout, paix, plus, conseil

Alfredino   *Germanique*
Tout, paix, plus, conseil

Alfredo   *Germanique*
Tout, paix, plus, conseil

Alfried   *Germanique*
Tout, paix, plus, conseil

Alger   *Germanique*
Lance noble

Algernon   *Normand*
Avec une moustache

Algie   *Normand*
Avec une moustache

Ali   *Arabe*
Elevé, noble

Alistair   *Grec*
Repousser, défendre

Aljoscha   *Grec*
Repousser, défendre

Alkuin   *Germanique*
Sanctification

Allaire   *Latin*
Le serein

Allan *Celte*
Pierre

Allard *Germanique*
Noble et fort

Allen *Celte*
Pierre

Alois *Germanique*
Intelligent, sage

Alonso *Germanique*
Noble et rapide

Alonzo *Germanique*
Noble et rapide

Aloysius *Latin*
Illustre, bataille, combattant

Alphonse *Germanique*
Noble, rapide

Alphonso *Germanique*
Noble et rapide

Alrick *Germanique*
Puissant

Alsander *Grec*
Défendre, guerrier

Alun *Celte*
Pierre

Alva *Espagnol*
Blanc

Alvar *Germanique*
Elfe, armée

Alvarino *Germanique*
Prudent entre tous

Alvaro *Germanique*
Prudent entre tous

Alvin *Germanique*
Prudent entre tous

Alwis *Germanique*
Très sage

Alwyn *Germanique*
Prudent entre tous

Amable *Latin*
Qui aime

Amaddio *Latin*
Aime Dieu

Amadeo *Latin*
Aime Dieu

Amadeus *Latin*
Aime Dieu

Amadis *Latin*
Aime Dieu

Amado *Latin*
Aimé

Amalio *Germanique*
Travail, puissant

Amalric *Germanique*
Puissant

Amalrico *Germanique*
Puissant

Amana *Tahitien*
Souverain, grand au pays rouge

Amanallah *Arabe*
La protection divine

Amancio *Latin*
Aimant

Amand *Latin*
Aimable

Amandin   *Latin*
Aimable

Amando   *Latin*
Aimable

Amandus   *Latin*
Amour de Valeur

Amane   *Arabe*
Sécurité

Amanoullah   *Arabe*
La protection divine

Amar   *Arabe*
Qui emploie sa vie au jeûne, à la
prière

Amata   *Tahitien*
Premières bûchettes du feu rouge

Amatus   *Latin*
Amour

Amaury   *Germanique*
Puissant

Ambre   *Grec*
Immortel

Ambrogino   *Grec*
Immortel

Ambrogio   *Grec*
Immortel

Ambroise   *Grec*
Immortel

Ambros   *Grec*
Immortel

Ambrose   *Grec*
Immortel

Ambrosio   *Grec*
Immortel

Ambrosios   *Grec*
Immortel

Ambrosius   *Grec*
Immortel

Ambrossi   *Grec*
Immortel

Ambrozie   *Grec*
Immortel

Amédée   *Latin*
Aime Dieu

Amedeo   *Latin*
Aime Dieu

Amerigo   *Germanique*
Les règles du travail

Amhlaoibh   *Germanique*
Guerrier, paix

Ami   *Tahitien*
L'eau absorbée de Vaipohe (eau
desséchée)

Amine   *Arabe*
Digne de confiance

Amineddine   *Arabe*
L'homme de confiance de la religion

Amintore   *Grec*
Défenseur, vengeur

Amir   *Arabe*
Destiné à une vie féconde et prospère

Amjad   *Arabe*
Très glorieux

Ammar   *Arabe*
Qui emploie sa vie au jeûne, à la
prière

Amon *Grec*
Nom de Dieu égyptien

Amory *Germanique*
Puissant

Amos *Hébreu*
Prophète hébreu, du verbe hébreu : porter

Amour *Français*
Surnom

Amparo *Latin*
Se préparer

Amr *Arabe*
Vie, longévité, religion

Amura *Tahitien*
Epoque de l'éclipse du Dieu soleil

Anapa *Tahitien*
Mer étincelant au soleil

Anas *Arabe*
Ami proche

Anastase *Grec*
Né une nouvelle fois

Anastasie *Grec*
Né une nouvelle fois

Anastasio *Grec*
Né une nouvelle fois

Anastasios *Grec*
Né une nouvelle fois

Anastasius *Grec*
Né une nouvelle fois

Anatol *Grec*
L'aurore

Anatole *Grec*
L'aurore

Anatoli *Grec*
L'aurore

Anatolie *Grec*
L'aurore

Anatolio *Grec*
L'aurore

Anatolios *Grec*
L'aurore

Anders *Grec*
Illustre parmi les hommes

Andi *Grec*
Illustre parmi les hommes

Andor *Grec*
Illustre parmi les hommes

André *Grec*
Illustre parmi les hommes

Andreani *Grec*
Illustre parmi les hommes

Andreas *Grec*
Illustre parmi les hommes

Andrei *Grec*
Illustre parmi les hommes

Andrés *Grec*
Illustre parmi les hommes

Andreu *Grec*
Illustre parmi les hommes

Andrev *Grec*
Illustre parmi les hommes

Andrew *Grec*
Illustre parmi les hommes

Andrieu *Grec*
Illustre parmi les hommes

Andronic   *Grec*
Homme, victoire

Andronikos   *Grec*
Homme fort

Andy   *Grec*
Illustre parmi les hommes

Anebar   *Arabe*
L'ambre gris

Anetara   *Arabe*
Héros arabe à la bravoure légendaire

Angel   *Grec*
Messager

Angelo   *Grec*
Messager

Angelos   *Grec*
Messager

Angelus   *Grec*
Messager

Angiolino   *Grec*
Messager

Angiolo   *Grec*
Messager

Angus   *Celte*
Surprenant

Aniano   *Latin*
Nom d'une famille romaine

Aniceto   *Grec*
Victorieux

Anis   *Arabe*
Courtois, cordial

Anisse   *Arabe*
Courtois, cordial

Anno   *Germanique*
Le gouverneur de l'aigle

Anouar   *Arabe*
Très lumineux, éblouissant

Anrai   *Germanique*
Maison, roi

Ansbert   *Germanique*
Dieu, brillant

Anse   *Germanique*
Protection des Dieux

Anseaume   *Germanique*
Protection des Dieux

Ansel   *Germanique*
Protection des Dieux

Anselm   *Germanique*
Protection des Dieux

Anselme   *Germanique*
Protection des Dieux

Anselmo   *Germanique*
Protection des Dieux

Anserme   *Germanique*
Protection des Dieux

Ansgaine   *Germanique*
Ase (divinité) lance

Ansgar   *Germanique*
Ase (divinité) lance

Answald   *Germanique*
Dieu, forêt

Antar   *Arabe*
Héros arabe à la bravoure légendaire

Antara   *Arabe*
Héros arabe à la bravoure légendaire

Antek *Slave*
Inestimable fleur

Anthelme *Germanique*
Protection des Dieux

Anthony *Grec*
Inestimable fleur

Antoine *Grec*
Inestimable fleur

Anton *Grec*
Inestimable fleur

Antonello *Grec*
Inestimable fleur

Antoni *Grec*
Inestimable fleur

Antonie *Grec*
Inestimable fleur

Antonien *Grec*
Inestimable fleur

Antonin *Grec*
Inestimable fleur

Antonino *Grec*
Inestimable fleur

Antonio *Grec*
Inestimable fleur

Anui *Tahitien*
Grande pirogue s'envolant vers Opoa

Anzo *Germanique*
Protection des Dieux

Aodh *Irlandais*
Dieu du feu et du soleil

Aodh *Germanique*
Intelligence

Aonghus *Ecossais*
Le choix

Aous *Arabe*
Cadeaux, don, lynx

Apeau *Tahitien*
Le prince retenu de Mou'a-Tapu, (montagne sacrée)

Apolinarie *Grec*
Qui inspire

Apollinaire *Grec*
Qui inspire

Apollo *Grec*
Qui inspire

Apollon *Grec*
Qui inspire

Apollonio *Grec*
Qui inspire

Apollonius *Grec*
Qui inspire

Apollos *Grec*
Qui inspire

Apolonio *Grec*
Qui inspire

Appolinaris *Grec*
Qui inspire

Aqil *Arabe*
Intelligent, sage

Aqmar *Arabe*
Plus brillant que la lune

Aquilino *Latin*
Relatif à la famille de Aquiles

Araldo *Germanique*
La loi de l'armée

Aralt   *Germanique*
La loi de l'armée

Arana   *Tahitien*
Le nid d'oiseau difficile à trouver
de l'arbre apiri

Arava   *Tahitien*
Le bel enfant convoité

Arbo   *Germanique*
Héritier, étranger

Arbogast   *Germanique*
Héritier, étranger

Arcadi   *Grec*
Ancien nom de pays

Arcadie   *Grec*
Ancien nom de pays

Arcadio   *Grec*
Ancien nom de pays

Arcadius   *Grec*
Ancien nom de pays

Archibald   *Germanique*
Naturel, audacieux

Archie   *Germanique*
Diminutif de Achibald

Archimbaut   *Germanique*
Naturel, audacieux

Arcibaldo   *Germanique*
Naturel, audacieux

Arcisio   *Germanique*
La flèche noble

Arciso   *Germanique*
La flèche noble

Ardal   *Germanique*
La loi de l'aigle

Arduino   *Germanique*
Ami valeureux

Areiti   *Tahitien*
La petite vague de la mer calme

Arend   *Germanique*
Le gouverneur de l'aigle

Arenui   *Tahitien*
Grande vague de l'océan profond

Ari   *Tahitien*
L'eau profonde au chant agréable

Ariadne   *Grec*
Vénérable

Aribert   *Germanique*
Gloire de l'armée

Ariberto   *Germanique*
Gloire de l'armée

Ariel   *Hébreu*
Foyer de l'autel

Arif   *Arabe*
Qui détient la connaissance

Ariiheiva   *Tahitien*
Le prince des jeux divers

Ariitea   *Tahitien*
Prince blanc venant du ciel

Ariiura   *Tahitien*
Le prince rouge de l'armée exté-
rieure

Ariperto   *Germanique*
Gloire de l'armée

Aristeides   *Grec*
Fils du meilleur

Aristid   *Grec*
Fils du meilleur

Aristide *Grec*
Fils du meilleur

Aristides *Grec*
Fils du meilleur

Aristion *Grec*
Fils du meilleur

Aristobulo *Grec*
Se distingue par le conseil

Aristovoulos *Grec*
Se distingue par le conseil

Armand *Germanique*
Homme fort

Armandin *Germanique*
Homme fort

Armando *Germanique*
Homme fort

Armel *Celte*
Prince des ours

Armelin *Celte*
Prince des ours

Armin *Germanique*
Le héros

Arminius *Germanique*
Le combattant

Arnaldo *Germanique*
Le gouverneur de l'aigle

Arnall *Germanique*
Le gouverneur de l'aigle

Arnaud *Germanique*
Le gouverneur de l'aigle

Arnaudet *Germanique*
Le gouverneur de l'aigle

Arnaudy *Germanique*
Le gouverneur de l'aigle

Arndt *Germanique*
Le gouverneur de l'aigle

Arne *Germanique*
Le gouverneur de l'aigle

Arnfried *Germanique*
Aigle, paix

Arno *Germanique*
Diminutif

Arnold *Germanique*
Le gouverneur de l'aigle

Arnoldo *Germanique*
Le gouverneur de l'aigle

Arnost *Germanique*
Sérieux, combat

Arnoud *Germanique*
Le gouverneur de l'aigle

Arnould *Germanique*
Le gouverneur de l'aigle

Arnst *Germanique*
Sérieux, combat

Arnulf *Germanique*
Loup guerrier

Arnulfo *Germanique*
Loup guerrier

Aroldo *Germanique*
La loi de l'armée

Aron *Hébreu*
Arche d'alliance

Arona *Tahitien*
Le prince qui affronte la nuit

Arpad *Hongrois*
Nom d'une grande dynastie magyare

Arrigo *Germanique*
Maison du roi

Arsalane *Arabe*
Lion

Arsène *Grec*
Viril, puissant

Arsenie *Grec*
Viril, puissant

Arsenio *Grec*
Viril, puissant

Arsenios *Grec*
Viril, puissant

Arsenius *Grec*
Viril, puissant

Arslane *Arabe*
Lion

Arthur *Celte*
L'ours

Arthus *Celte*
L'ours

Arthuys *Celte*
L'ours

Artie *Celte*
L'ours

Artor *Celte*
L'ours

Arturo *Celte*
L'ours

Artus *Celte*
L'ours

Arwed *Scandinave*
L'ours

Arzhel *Vieux breton*
Ours, guerrier, prince

Asa *Hébreu*
Docteur, guérisseur

Ashley *Vieil anglais*
Bois de frêne

Aslam *Arabe*
Plus préservé

Asmus *Grec*
Aimable, sympathique

Assaad *Arabe*
Qui jouit d'un bonheur parfait

Assad *Arabe*
Qui jouit d'un bonheur parfait

Assadallah *Arabe*
Le lion de Dieu

Assadoullah *Arabe*
Le lion de Dieu

Assem *Arabe*
Qui ne peut être approché par le mal

Assim *Arabe*
Qui écarte

Ataallah *Arabe*
Le don de Dieu

Atanasie *Grec*
Immortel

Atanasio *Grec*
Immortel

Atea *Tahitien*
Grand Atea du ciel, du temps des Dieux

Atef *Arabe*
Bienveillant

Atek *Arabe*
Noble et généreux

Athallah *Arabe*
Le don de Dieu

Athanase *Grec*
Immortel

Athanasios *Grec*
Immortel

Athanasius *Grec*
Immortel

Athelstan
Noble pierre, joyau

Atif *Arabe*
Bienveillant

Atik *Arabe*
Noble et généreux

Attila *Gothique*
Le père

Auban *Latin*
Blanc

Aubert *Germanique*
Noble, célèbre

Aubertin *Germanique*
Noble, célèbre

Aubin *Latin*
Blanc

Aubrey *Germanique*
La loi des Elfes

Aubriet *Germanique*
Seigneur des Elfes

Aubriot *Germanique*
Seigneur des Elfes

Aufroy *Germanique*
Tout, paix

August *Latin*
Vénérable, majestueux

Auguste *Latin*
Vénérable, majestueux

Augustin *Latin*
Vénérable, majestueux

Augustine *Latin*
Vénérable, majestueux

Augusto *Latin*
Vénérable, majestueux

Augustus *Latin*
Vénérable, majestueux

Aumoana *Tahitien*
Petits gémissements comme les pleurs d'enfant

Aurel *Latin*
Semblable à l'or

Aureliano *Latin*
Semblable à l'or

Aurélien *Latin*
Semblable à l'or

Aurelio *Latin*
Semblable à l'or

Aurelius *Latin*
Semblable à l'or

Aurt *Celte*
L'ours

Austin   *Latin*
Contraction de Augustin

Autonomos   *Grec*
Autonome

Autua   *Tahitien*
Le nageur sur dos, invaincu du
Dieu Ta'aroa

Avel   *Hébreu*
Fragilité des choses qui passent

Avery   *Germanique*
Courageux

Awen   *Gallois*
Elégant, noble

Axel   *Hébreu*
Père de la paix

Ayachi   *Arabe*
Très vivant

Aylwin   *Germanique*
Prudent entre tous

Aymane   *Arabe*
Très heureux

Aymar   *Germanique*
Illustre maison

Aymeric   *Germanique*
Maison, puissant

Aymon   *Germanique*
Maison

Ayoub   *Hébreu*
(Job) qui se repent et revient
vers Dieu

Ayyache   *Arabe*
Très vivant

Aza   *Hébreu*
Père de la multitude

Azhar   *Arabe*
D'une blancheur éblouissante

Aziz   *Arabe*
Qui est cher, aimé

Azmi   *Arabe*
Fidèle à ses engagements

Azouz   *Arabe*
Qui est cher, aimé

Azzam   *Arabe*
Déterminé

Azzouz   *Arabe*
Qui est cher, aimé

B

MASCULIN

Bacchus *Latin*
Dieu du vin

Bachar *Arabe*
Porteur de bonnes nouvelles

Bachir *Arabe*
Porteur de bonnes nouvelles

Bader *Arabe*
Lumineux comme la pleine lune

Badir *Arabe*
Aussi beau et lumineux que la pleine lune

Badr *Arabe*
Pleine lune

Badrane *Arabe*
Aussi beau et lumineux que la pleine lune

Badreddine *Arabe*
La pleine lune de la religion

Badri *Arabe*
Semblable à la pleine lune

Bahaddine *Arabe*
La splendeur de la religion

Bahaeddine *Arabe*
La splendeur de la religion

Baher *Arabe*
Resplendissant

Bahi *Arabe*
Eclatant de beauté

Bahij *Arabe*
Plein d'allégresse

Bahir *Arabe*
Resplendissant

Bahja *Arabe*
Liesse, allégresse

Bahjat *Arabe*
Allégresse

Bailintin *Latin*
Vigoureux

Bakir *Arabe*
Riche en bien et en science

Balder *Nordique*
Dieu des lumières

Baldino *Germanique*
Ami courageux

Baldomero *Germanique*
Valeureux, protecteur

Baldovino *Germanique*
Ami courageux

Balduccio *Germanique*
Ami courageux

Balduin *Germanique*
Ami courageux

Balduino *Germanique*
Ami courageux

Baldur *Nordique*
Dieu des lumières

Baldus *Babylonien*
Nom d'un des trois rois mages

Baldwin *Germanique*
L'ami audacieux

Baligh *Arabe*
Eloquent

Bâlint *Latin*
Vigoureux

Balir *Arabe*
Eloquent

Balko *Germanique*
Ami courageux

Baltasar *Babylonien*
Nom d'un des trois rois mages

Balthasar *Babylonien*
Nom d'un des trois rois mages

Balthazar *Babylonien*
Nom d'un des trois rois mages

Bapper *Grec*
Le baptisé

Baptist *Grec*
Le baptisé

Baptiste *Grec*
Le baptisé

Baptistes *Grec*
Le baptisé

Baptistin *Grec*
Le baptisé

Baqir *Arabe*
Riche en bien et en science

Barbaros *Latin*
Barbares

Barbe *Latin*
Barbares

Barbu *Latin*
Barbares

Bardo *Germanique*
Hache de guerre, loup

Bardolf *Germanique*
Hache de guerre, loup

Barnabas *Hébreu*
Fils de la consolation

Barnabé *Hébreu*
Fils de la consolation

Barnaby *Hébreu*
Fils de la consolation

Barnaib *Hébreu*
Fils de la consolation

Barnard *Germanique*
Ours fort

Barnd *Germanique*
Ours fort

Barnet *Germanique*
Ours fort

Barney *Hébreu*
Dérivé de Barnaby

Barry *Gaélique*
La lance

Bartel *Hébreu*
Fils qui taille le sillon

Barthel *Hébreu*
Fils qui taille le sillon

Barthélémy *Hébreu*
Fils qui taille le sillon

Barthold *Germanique*
Règne, brillant

Bartholomäus *Hébreu*
Fils qui taille le sillon

Bartholomé *Hébreu*
Fils qui taille le sillon

Bartholomew *Hébreu*
Fils qui taille le sillon

Bartolo *Hébreu*
Diminutif de Bartholomäus

Bartolomé *Hébreu*
Fils qui taille le sillon

Bartolomeo *Hébreu*
Fils qui taille le sillon

Baruch *Hébreu*
Le béni

Basch *Grec*
Honoré

Basil *Grec*
Roi

Basile *Grec*
Roi

Basileios *Grec*
Roi

Basileo *Grec*
Roi

Basileus *Grec*
Roi

Basilide *Grec*
Roi

Basilio *Grec*
Roi

Basiliskos *Grec*
Roi

Basilius *Grec*
Roi

Basko *Russe*
Beau, joli

Bassam *Arabe*
Qui a toujours le sourire

Bassem *Arabe*
Souriant

Bassim *Arabe*
Souriant, radieux

Bast *Grec*
Honoré

Basten *Grec*
Honoré

Bastian *Grec*
Honoré

Bastien *Grec*
Honoré

Bastin *Grec*
Honoré

Bastion *Grec*
Honoré

Baudilio *Celte*
Victorieux

Baudoin *Germanique*
L'ami audacieux

Baudouin *Germanique*
L'ami audacieux

Bautisse *Grec*
Le baptisé

Bayard *Anglais*
Forme de nom de famille

Bazel *Arabe*
Très généreux

Bazil *Arabe*
Très généreux

Bearach *Celte*
La lance

Bearchan *Celte*
La lance

Bearnard *Germanique*
Ours courageux

Beatus *Latin*
Heureux

Beaudoin *Germanique*
L'ami audacieux

Bechir *Arabe*
Porteur de bonnes nouvelles

Bèh *Sénafo*
Cinquième garçon

Béhij *Arabe*
Plein d'allégresse

Bèhja *Arabe*
Liesse, allégresse

Bèhjat *Arabe*
Allégresse

Bela *Germanique*
Brillant, noble

Ben *Hébreu*
Fils de ma main droite (fils de prédilection)

Bénard *Germanique*
Ours fort

Bendix *Latin*
Béni

Benedetto *Latin*
Béni

Benedict *Latin*
Béni

Benedicto *Latin*
Béni

Bengt *Latin*
Béni

Beniamino *Hébreu*
Fils de ma main droite (fils de prédilection)

Benignus *Latin*
Le bienveillant

Benito *Latin*
Béni

Benjamin *Hébreu*
Fils de ma main droite (fils de prédilection)

Benkt *Latin*
Bien nommé

Bennet *Latin*
Béni

Benniged   *Latin*
Béni

Benno   *Germanique*
Fils de ma main droite (fils de prédilection)

Benny   *Hébreu*
Fils de ma main droite (fils de prédilection)

Benoît   *Latin*
Bien nommé

Benvenuto   *Latin*
Bien arrivé

Benz   *Latin*
Bien nommé

Beppo   *Hébreu*
Dieu ajoute

Berengar   *Germanique*
Ours, lance

Berengario   *Germanique*
Ours, lance

Berenger   *Germanique*
Ours, lance

Bernard   *Germanique*
Ours fort

Bernardin   *Germanique*
Dérivé de Bernard

Bernardino   *Germanique*
Ours fort

Bernardo   *Germanique*
Ours fort

Bernd   *Germanique*
Ours

Bernhard   *Germanique*
Ours fort

Bernhardin   *Germanique*
Ours fort

Bernward   *Germanique*
Ours fort

Bert   *Germanique*
Noble, célèbre

Bertfried   *Germanique*
Briller, paix

Berthold   *Germanique*
Illustre dans le commandement

Berti   *Germanique*
Illustre dans le commandement

Bertoldo   *Germanique*
Illustre dans le commandement

Bertram   *Germanique*
Corbeau brillant

Bertrand   *Germanique*
Corbeau brillant

Bertus   *Germanique*
Esprit brillant

Bessam   *Arabe*
Qui a toujours le sourire

Bhailtair   *Germanique*
Gouverner, armée

Bhaltair   *Germanique*
Souverain, homme

Biagio   *Latin*
Balbutiant

Bibian   *Latin*
Plein de vie

Bichr *Arabe*
Réjouissance, bonne humeur

Bienvenido *Français*
Bienvenue

Bienvenue *Français*
Bienvenue

Bilal *Arabe*
Rafraîssement

Bilel *Arabe*
Rafraîchissement

Bill *Germanique*
Volonté, protection

Billfried *Germanique*
Le glaive, paix

Billhard *Germanique*
Tirailleur, dur

Billie *Germanique*
Volonté, protection

Billo *Germanique*
Volonté, protection

Billy *Germanique*
Volonté, protection

Birger *Suédois*
Assistant, garant

Birk *Germanique*
Asile, fort

Björn *Suèdois*
L'ours

Blaise *Latin*
Qui bégaie

Blake *Celte*
Pâle

Blas *Latin*
Qui bégaie

Blasius *Latin*
Qui bégaie

Bob *Germanique*
Diminutif de Robert

Bobby *Germanique*
Gloire, brillant

Bodo *Germanique*
Le souverain

Bodomar *Germanique*
Le souverain célèbre

Bogdan *Slave*
Présent de Dieu

Bogislaw *Slave*
Gloire de Dieu

Bogumil *Slave*
Dieu aime

Bonafas *Latin*
Celui qui a bonne face

Bonapart *Français*
Bonaparte

Bonaventura *Italien*
Bonne aventure

Boniface *Latin*
Celui qui a bonne face

Bonifacio *Latin*
Celui qui a bonne face

Bonifaciu *Latin*
Celui qui a bonne face

Bonifacius *Latin*
Celui qui a bonne face

Bonifatius *Latin*
Celui qui a bonne face

Borchard *Germanique*
Asile, fort

Boris *Slave*
Combattant, guerrier

Bork *Germanique*
Asile, fort

Börries *Germanique*
Consacré aux Dieux

Borromée *Slave*
Combattant, guerrier

Bosco *Germanique*
Asile, fort

Boto *Germanique*
Le souverain

Bouchra *Arabe*
Bonne nouvelle

Boukhari *Arabe*
Grand compilateur de traditions prophétiques

Boumadiane *Arabe*
Saint andalou du 12e siècle

Boumediene *Arabe*
Saint andalou du 12e siècle

Bourhaneddine *Arabe*
Preuve évidente de la religion

Boussiri *Arabe*
Originaire de Bûsîr (Egypte)

Brad *Vieil anglais*
Vaste gué

Bradford *Vieil anglais*
Vaste gué

Bradley *Vieil anglais*
Vaste clairière

Brandolf *Germanique*
Arme, loup

Branko *Slave*
Gloire

Braulio *Germanique*
Feu

Breandan *Gaélique*
Petit corbeau

Breasal *Irlandais*
Brésil

Brendan *Gaélique*
Petit corbeau

Brent *Celte*
Montagne

Brès *Celte*
Force

Brett *Celte*
Né de Bretagne

Briag *Celte*
Irlandais

Brian *Celte*
Fort

Brice *Celte*
Force

Bricius *Celte*
Force

Brix *Celte*
Force

Briz *Celte*
Force

Brochadh *Gallois*
Mer brillante

Broder *Nordique*
Frère

Broen *Germanique*
Bouclier

Bror *Nordique*
Frère

Bruce *Ecossais*
Nom d'une grande famille

Brunetto *Germanique*
Bouclier

Bruno *Germanique*
Bouclier

Bryan *Celte*
Fort

Bryce *Celte*
Force

Bryn *Celte*
Fort

Buach *Latin*
Vainqueur

Bud *Anglais*
Messager

Budog *Breton*
Victorieux

Burgess *Germanique*
Citadin

Burk *Germanique*
Asile, fort

Burkhard *Germanique*
Asile, fort

Burt *Vieil anglais*
Forteresse

Burton *Vieil anglais*
Forteresse

Busso *Germanique*
Asile, fort

Byron *Celte*
Gardien du bétail

C

MASCULIN

Cäcilius *Latin*
Qui pratique une césarienne

Caesar *Latin*
Qui pratique une césarienne

Caesarios *Latin*
Qui pratique une césarienne

Caetano *Latin*
Habitant de Caieta

Cain *Hébreu*
La lance

Caleb *Hébreu*
Chien

Calixto *Grec*
Beau

Callum *Gaélique*
Colombe

Calogero *Grec*
Bon vieux

Calvin *Français*
Chauve

Cam *Hébreu*
Etre chaud

Cameron *Ecossais*
Nom d'une tribu au nez crochu

Camil *Arabe*
Total, intégral

Camillo *Latin*
Jeune homme

Camilo *Latin*
Jeune homme

Campbell *Ecossais*
Pour ceux qui ont une relation avec l'Ecosse

Candido *Latin*
Candide, pur

Candidus *Latin*
Candide, pur

Caoimhin *Gaélique*
De naissance agréable

Caolmhin *Gaélique*
De naissance agréable

Caradoc *Gaélique*
Amour

Carel *Germanique*
Viril

Carito *Germanique*
Viril

Carl *Germanique*
Viril

Casio *Latin*
Prénom romain

Carlo *Germanique*
Viril

Caspar *Hébreu*
Gérer les trésors

Carlos *Germanique*
Viril

Casper *Hébreu*
Gérer les trésors

Carlton *Celte*
La loi

Cass *Polonais*
Qui fait la paix

Carlus *Germanique*
Viril

Cathal *Germanique*
Viril

Carmelo *Latin*
Chanson, poème

Cayetano *Latin*
Gai

Carol *Germanique*
Viril

Cayo *Latin*
Gai

Carolus *Germanique*
Viril

Cearbhall *Germanique*
Viril

Carroll *Irlandais*
Tailler à coups de hache

Cecil *Latin*
Aveugle

Carsten *Latin*
Chrétien

Cédric *Celte*
Chef de guerre

Cary *Celte*
Nom d'une rivière

Ceferino *Latin*
Relatif au vent

Caryl *Irlandais*
Viril

Celestin *Latin*
Céleste

Cäsar *Latin*
Pratiquer une césarienne

Celestino *Latin*
Céleste

Casey *Gaélique*
Vigilant

Cenzino *Latin*
Qui vainc

Casimir *Polonais*
Qui fait la paix

Cenzo *Latin*
Qui vainc

Casimiro *Polonais*
Qui fait la paix

César *Latin*
Pratiquer une césarienne

Cesare   *Latin*
Pratiquer une césarienne

Cesàrio   *Latin*
Pratiquer une césarienne

Césarius   *Latin*
Pratiquer une césarienne

Cézaire   *Latin*
Pratiquer une césarienne

Cezar   *Latin*
Pratiquer une césarienne

Chaabane   *Arabe*
Huitième mois du calendrier islamique

Chabane   *Arabe*
Huitième mois du calendrier islamique

Chad   *Celte*
Nom de saint

Chadi   *Arabe*
Qui chante mélodieusement

Chadli   *Arabe*
Celui qui s'est détourné du monde, pour le divin

Chafi   *Arabe*
Qui guérit

Chafik   *Arabe*
Plein de sollicitude et de bienveillance

Chafiq   *Arabe*
Compatissant

Chahed   *Arabe*
Témoin de la vérité

Chahid   *Arabe*
Témoin de la vérité

Chaker   *Arabe*
Remerciant

Chakib   *Arabe*
Qui donne beaucoup

Chakir   *Arabe*
Remerciant

Chamseddine   *Arabe*
Le soleil de la religion

Chaouki   *Arabe*
Qui désire ardemment Dieu

Chaouqi   *Arabe*
Qui désire ardemment Dieu

Charaf   *Arabe*
Noblesse, honneur

Charif   *Arabe*
Noble

Charles   *Germanique*
Viril

Charley   *Germanique*
Viril

Charlie   *Germanique*
Viril

Charlton   *Germanique*
Viril

Chauncey   *Français*
Grande famille normande

Chawqi   *Arabe*
Qui désire ardemment Dieu

Chékib   *Arabe*
Qui donne beaucoup

Cherif   *Arabe*
Noble

Chester *Vieil anglais*
Elfe, lance

Chick *Germanique*
Viril

Chihabeddine *Arabe*
L'astre de la religion

Chiril *Grec*
Consacré au divin

Chiro *Japonais*
Le quatrième homme, ou fils

Chisse *Arabe*
Cadeau

Chlodwig *Germanique*
Illustre, bataille, combattant

Chokri *Arabe*
De nature reconnaissante

Chouaib *Arabe*
Diminutif « tribu, peuple »

Choukrallah *Arabe*
La reconnaissance de Dieu

Choukri *Arabe*
De nature reconnaissante

Choukroullah *Arabe*
La reconnaissance de Dieu

Chrétien *Latin*
Chrétien

Chris *Grec*
Qui porte le Christ

Christian *Latin*
Chrétien

Christiano *Latin*
Chrétien

Christie *Latin*
Chrétien

Christmas *Latin*
Fête du Christ

Christoph *Grec*
Qui porte le Christ

Christophe *Grec*
Qui porte le Christ

Christopher *Grec*
Qui porte le Christ

Christophorus *Grec*
Qui porte le Christ

Christy *Grec*
Qui porte le Christ

Chrystal *Grec*
Qui porte le Christ

Chuck *Germanique*
Viril

Ciano *Latin*
Lumière

Cillian *Irlandais*
Eglise

Cinnéide *Gaélique*
Tête casquée

Cionaod *Celte*
Charmant, agile

Ciprian *Grec*
Originaire de l'île de Chypre

Cipriano *Grec*
Originaire de l'île de Chypre

Cir *Perse*
Soleil

Ciriaco *Grec*
Consacré au divin

Ciril *Grec*
Consacré au divin

Cirillo *Grec*
Consacré au divin

Cirilo *Grec*
Consacré au divin

Cirioel *Grec*
Consacré au divin

Claas *Germanique*
Victoire, peuple

Clancy *Irlandais*
Guerrier rouge

Clarence *Latin*
Illustre

Clark *Latin*
Homme cultivé

Claud *Latin*
Boiteux

Claude *Latin*
Boiteux

Claudien *Latin*
Boiteux

Claudio *Latin*
Boiteux

Claudius *Latin*
Nom qui vient de Rome

Claus *Germanique*
Victoire, peuple

Clayton *Anglais*
Nom d'un lieu anglais

Cléimeans *Latin*
Clément, indulgent

Clem *Latin*
Clément, indulgent

Clemens *Latin*
Clément, indulgent

Clément *Latin*
Clément, indulgent

Clemente *Latin*
Clément, indulgent

Clementin *Latin*
Clément, indulgent

Clementius *Latin*
Clément, indulgent

Clemes *Latin*
Clément, indulgent

Cliff *Vieil anglais*
Grande falaise

Clifford *Vieil anglais*
Grande falaise

Clifton *Anglais*
Nom d'un lieu anglais

Clim *Latin*
Clément, indulgent

Clint *Anglais*
Nom d'un lieu anglais

Clinton *Anglais*
Nom d'un lieu anglais

Clive *Vieil anglais*
Le versant (de la montagne)

Clodwig *Germanique*
Illustre, bataille, combattant

Clos *Grec*
Victoire, peuple

Clyde *Ecossais*
Chaud

Cob *Hébreu*
Que Dieu favorise

Cobb *Hébreu*
Que Dieu favorise

Cobie *Hébreu*
Que Dieu favorise

Coelestin *Latin*
Céleste

Coilean *Grec*
Victoire, peuple

Coilin *Grec*
Victoire, peuple

Coinneach *Celte*
Charmant, agile

Coireall *Grec*
Consacré au divin

Colin *Grec*
Victoire, peuple

Colm *Latin*
Concernant la famille Colomo

Colomban *Latin*
Colombe

Colombat *Latin*
Colombe

Columbano *Latin*
Concernant la famille Colomo

Côme *Grec*
Monde

Conan *Vieil irlandais*
Haut

Conchobhar *Vieil irlandais*
Grand désir

Conn *Vieil irlandais*
Haut

Connor *Vieil irlandais*
Grand désir

Conny *Germanique*
Conseiller, hardi

Conrad *Germanique*
Conseiller, hardi

Conrade *Germanique*
Conseiller, hardi

Conradin *Germanique*
Conseiller, hardi

Conrado *Germanique*
Conseiller, hardi

Conrard *Germanique*
Conseiller, hardi

Conrart *Germanique*
Conseiller, hardi

Consaidin *Latin*
Constance

Constant *Latin*
Constance

Constantin *Latin*
Constance

Constantine *Latin*
Constance

Constantino *Latin*
Constance

Cord   *Germanique*
Conseiller, hardi

Corentin   *Celte*
Parenté, ami

Corentino   *Celte*
Parenté, ami

Corin   *Latin*
L'homme de Quirinum

Cormack   *Gaélique*
Fils du corbeau

Cornelio   *Latin*
Le clairon

Corneliu   *Latin*
Le clairon

Cornelius   *Latin*
Nom qui vient de Rome

Corradino   *Germanique*
Conseiller, hardi

Corrado   *Germanique*
Courageux dans le conseil

Corvin   *Latin*
Le corbeau

Cosimo   *Grec*
Ornement

Cosmas   *Grec*
Monde

Côsme   *Grec*
Monde

Costante   *Latin*
Constance

Costantino   *Latin*
Constance

Costanzo   *Latin*
Constance

Costin   *Latin*
Constance

Courtney   *Vieux français*
Court nez

Craig   *Ecossais*
Pierre

Crépin   *Latin*
Crépu

Crépinien   *Latin*
Crépu

Cresar   *Latin*
Pratiquer une césarienne

Criostal   *Grec*
Qui porte le Christ

Criostoir   *Grec*
Qui porte le Christ

Crisanto   *Latin*
Nom de fleur, chrysanthème

Crispian   *Latin*
Forme médiévale de Crispin

Crispin   *Latin*
Cheveux bouclés

Cristiano   *Latin*
Disciple du Christ

Cristino   *Latin*
Disciple du Christ

Cristobal   *Grec*
Qui porte le Christ

Cristof   *Grec*
Qui porte le Christ

Cristofano *Grec*
Qui porte le Christ

Cristoforo *Grec*
Qui porte le Christ

Curd *Germanique*
Conseiller, hardi

Curi *Celte*
Parenté, ami

Curt *Germanique*
Diminutif de Conrad

Curtis *Français*
Courtois

Cuthbert *Vieil anglais*
Brillant, renommé

Cyprian *Latin*
Originaire de l'île de Chypre

Cyprien *Latin*
Originaire de l'île de Chypre

Cypris *Latin*
Originaire de l'île de Chypre

Cyriac *Grec*
Consacré au divin

Cyril *Grec*
Consacré au divin

Cyrill *Grec*
Consacré au divin

Cyrillus *Grec*
Consacré au divin

Cyrus *Perse*
Le soleil

D

MASCULIN

Dafydd *Hébreu*
Aimé, chéri

Dagobert *Germanique*
Qui brille dans la journée

Dagoberto *Germanique*
Qui brille dans la journée

Daibhéid *Hébreu*
Aimé, chéri

Daibhidh *Hébreu*
Aimé, chéri

Dainéal *Hébreu*
Dieu est seul juge

Dainial *Hébreu*
Dieu est seul juge

Dair *Latin*
Le propriétaire

Daithi *Hébreu*
Aimé, chéri

Daivi *Hébreu*
Aimé, chéri

Dalciso *Germanique*
La flèche noble

Dale *Anglais*
Qui habite dans une vallée

Daley *Irlandais*
Assemblée

Dalil *Arabe*
Guide, preuve

Daman *Grec*
Déesse de la fertilité et des moissons

Damaso *Grec*
Dompteur

Damhnaic *Latin*
Qui appartient au seigneur

Dami *Grec*
Déesse de la fertilité et des moissons

Damian *Grec*
Déesse de la fertilité et des moissons

Damiano *Grec*
Déesse de la fertilité et des moissons

Damianus *Grec*
Déesse de la fertilité et des moissons

Damien *Grec*
Déesse de la fertilité et des moissons

Damionen *Grec*
Déesse de la fertilité et des moissons

Dan *Hébreu*
Dieu est seul juge

Danial *Hébreu*
Dieu est seul juge

Danie *Hébreu*
Dieu est seul juge

Daniel *Hébreu*
Dieu est seul juge

Daniele *Hébreu*
Dieu est seul juge

Danielo *Hébreu*
Dieu est seul juge

Danilo *Hébreu*
Dieu est seul juge

Danjel *Hébreu*
Dieu est seul juge

Dankmar *Germanique*
Qui pense à la renommée

Dankrat *Germanique*
Conseil et idée

Dankward *Germanique*
Le penseur, gardien

Dännel *Hébreu*
Dieu est seul juge

Danny *Hébreu*
Dieu est seul juge

Dante *Latin*
Qui supporte, patient

Dantino *Latin*
Qui supporte, patient

Daoud *Hébreu*
Dieu est seul juge

Darcy *Français*
Nom d'un baron

Dario *Germanique*
Maison du roi

Darius *Persan*
Riche, opulent

Darqawi *Arabe*
Saint marocain

Darrell *Normand*
Nom de lieu dans le Calvados

Dave *Hébreu*
Aimé, chéri

David *Hébreu*
Aimé, chéri

Davide *Hébreu*
Aimé, chéri

Davidou *Hébreu*
Aimé, chéri

Daviot *Hébreu*
Aimé, chéri

Davit *Hébreu*
Aimé, chéri

Davy *Hébreu*
Aimé, chéri

Daw *Hébreu*
Aimé, chéri

De Witt *Flamand*
Vient d'un nom de famille

Deaglan *Anglais*
Nom de saint

Dean *Américain*
Qui habite dans une vallée

Debald *Germanique*
Peuple hardi

Dedo *Germanique*
Peuple hardi

Degenhard *Germanique*
Le guerrier, héros

Deimitre *Grec*
Fils du Dieu du monde, Demeter

Delf *Scandinave*
Fils du peuple

Delfin *Grec*
Bête féroce

Dell *Anglais*
Personne qui habite dans un vallon

Delmar *Espagnol*
De la mer

Delroy *Français*
Le roi

Demetrio *Grec*
Fils du Dieu du monde Déméter

Demetrios *Grec*
Fils du Dieu du monde Déméter

Deniel *Hébreu*
Dieu est seul juge

Denis *Grec*
Fils de Dieu

Denney *Grec*
Fils de Dieu

Dennis *Grec*
Fils de Dieu

Denys *Grec*
Fils de Dieu

Denzil *Celte*
Lieu en Cornouailles

Déodat *Latin*
Donner par Dieu

Derek *Germanique*
Souverain du peuple

Derk *Germanique*
Souverain du peuple

Dermot *Irlandais*
Sans envie

Derrick *Germanique*
Souverain du peuple

Desidario *Latin*
Souhaité, désiré

Desideratus *Latin*
Souhaité, désiré

Desiderio *Latin*
Souhaité, désiré

Desiderius *Latin*
Souhaité, désiré

Désirat *Latin*
Souhaité, désiré

Désiré *Latin*
Souhaité, désiré

Detlef *Scandinave*
Fils du peuple

Detlof *Scandinave*
Forme de Detlef

Detmar *Germanique*
Forme de Dietmar

Dewald *Germanique*
Peuple hardi

Dewi *Hébreu*
Aimé, chéri

Dexter *Latin*
Droitier

Diarmuid *Irlandais*
Envie de liberté

Dick *Germanique*
Roi fort

Dickie *Germanique*
Diminutif de Dick

Didier *Latin*
Désiré

Dié *Latin*
Donner par Dieu

Diedrich *Germanique*
Souverain du peuple

Diego *Hébreu*
Que Dieu favorise

Dierk *Germanique*
Souverain du peuple

Dietbald *Germanique*
Peuple hardi

Dieter *Germanique*
Souverain du peuple

Diethard *Germanique*
Audacieux, peuple

Diethelm *Germanique*
Peuple, casque

Dietmar *Germanique*
Peuple, célèbre

Dietram *Germanique*
Peuple et corbeau

Dietrich *Germanique*
Souverain du peuple

Dietwald *Germanique*
Peuple qui règne

Dietz *Germanique*
Souverain du peuple

Dieudonné *Latin*
Donner par Dieu

Diktus *Latin*
Le béni

Dimas *Grec*
Moribond, débile

Dimitri *Latin*
Qui vient de Démétrius

Dimitrie *Latin*
Qui vient de Démétrius

Dimitry *Latin*
Qui vient de Démétrius

Dino *Italien*
Diminutif

Diodor *Grec*
Cadeau de Dieu

Diodoro *Grec*
Cadeau de Dieu

Diomedes *Grec*
Pensée de Dieu

Dion *Grec*
Fils de Dieu

Dionigi *Grec*
Fils de Dieu

Dionisie *Grec*
Fils de Dieu

Dionisio *Grec*
Fils de Dieu

Dionysios *Grec*
Fils de Dieu

Dionysius *Grec*
Fils de Dieu

Dirk *Germanique*
Diminutif de Derek

Dix *Germanique*
Diminutif de Benedikt

Diya *Arabe*
Lumière, clarté

Diyaèddine *Arabe*
La lumière de la religion

Diyaèlhaq *Arabe*
La lumière de la vérité

Dizier *Latin*
Souhaité, désiré

Djaber *Arabe*
Consolant, réconfortant

Djamel *Arabe*
Beauté

Djamil *Arabe*
Beau

Dodge *Germanique*
Gloire, lance

Doimin Ic *Latin*
Qui appartient au seigneur

Dolf *Germanique*
Loup glorieux

Dolfino *Germanique*
Noble loup

Domenico *Latin*
Qui appartient au seigneur

Domien *Latin*
Qui appartient au seigneur

Domingo *Latin*
Qui appartient au seigneur

Domingos *Latin*
Qui appartient au seigneur

Dominic *Latin*
Qui appartient au seigneur

Dominik *Latin*
Qui appartient au seigneur

Dominikus *Latin*
Qui appartient au seigneur

Dominique *Latin*
Qui appartient au seigneur

Don *Celte*
Bon, noël

Donal *Celte*
Bon, noël

Donald *Celte*
Bon, noël

Donat *Latin*
Dieu donne

Donatello *Latin*
Donné

Donatien *Latin*
Donné

Donato *Latin*
Donné

Donatos *Latin*
Donné

Donatus *Latin*
Donné

Donnchadh *Grec*
Fils de Dieu

Donovan *Irlandais*
Sombre

Dorian *Latin*
Région de Grèce

Dorotei *Grec*
Cadeau de Dieu

Doroteo *Grec*
Cadeau de Dieu

Dougal *Gaélique*
Etranger sombre

Douglas *Celte*
Bleu foncé

Dragan *Slave*
Amour cher

Drees *Grec*
Illustre parmi les hommes

Drew *Grec*
Illustre parmi les hommes

Drickes *Germanique*
Maison du roi

Dries *Grec*
Illustre parmi les hommes

Dualtach *Anglais*
Grande famille anglaise

Duane *Irlandais*
Le petit foncé

Duarte *Germanique*
Gardien des biens et des richesses

Dubhdaleithe *Anglais*
Grande famille anglaise

Dubhdara *Anglais*
Nom d'un lieu, et nom d'une grande famille anglaise

Dubhghlas *Celte*
Bleu foncé

Dud *Anglais*
Nom d'un lieu anglais

Dudley *Anglais*
Nom d'un lieu anglais

Duilin *Latin*
Duel

Duilio *Latin*
Duel

Duke *Irlandais*
Dévoué à Maédoc

Dulf *Germanique*
Loup glorieux

Dumitru *Latin*
Qui vient de Demetrius

Duncan *Celte*
Guerrier brun

Dunstan *Vieil anglais*
Falaise sombre

Dunvel *Latin*
Prince, chef

Dustin *Vieil anglais*
La pierre de Thor

Dwight *Grec*
Fils de Dieu

Dwight *Germanique*
Celui qui a les cheveux clairs

Dylan *Gallois*
La mer

Dyaeddine *Arabe*
La lumière de la religion

Dyonisos *Grec*
Fils de Dieu

E

MASCULIN

Eachann *Grec*
Qui tient fortement

Eachtair *Grec*
Qui tient fortement

Eadbhard *Germanique*
Gardien des biens

Eamon *Germanique*
Richesse, protection

Eamonn *Germanique*
Richesse, protecteur

Eanruig *Germanique*
Maison du roi

Earast *Grec*
Aimable, sympathique

Earcull *Grec*
Célèbre pour ses travaux

Earl *Celte*
Noble, prince, guerrier

Earnan *Germanique*
Combat, sérieux

Earnest *Germanique*
Sérieux, combat

Ebenezer *Hébreu*
La pierre de l'aide

Eberhard *Germanique*
Sanglier fort

Eckehard *Germanique*
L'épée puissante

Ed
Diminutif des prénoms commençant par ED

Eddie
Diminutif de ED

Edgar *Germanique*
Richesse, lance, pique

Edgardo *Germanique*
Richesse, lance, pique

Edger *Germanique*
Richesse, lance, pique

Edme *Germanique*
Protecteur de la richesse

Edmond *Germanique*
Protecteur de la richesse

Edmondo *Anglo-saxon*
Protecteur de la richesse

Edmund *Germanique*
Protecteur de la richesse

Edmundo *Germanique*
Protecteur de la richesse

Edo *Germanique*
Gardien des biens et des richesses

Edoardo *Germanique*
Gardien des biens et des richesses

Edouard *Germanique*
Gardien des biens et des richesses

Edouardik *Germanique*
Gardien des biens et des richesses

Eduard *Germanique*
Gardien des biens et des richesses

Eduardo *Germanique*
Gardien des biens et des richesses

Eduin *Vieil anglais*
L'ami de la fortune

Eduino *Vieil anglais*
L'ami de la fortune

Edward *Germanique*
Gardien des biens et des richesses

Edwin *Vieil anglais*
L'ami de la fortune

Edzard *Germanique*
L'épée puissante

Egbert *Germanique*
L'épée brillante

Egbrecht *Germanique*
L'épée puissante

Egid *Germanique*
Descendant de haute origine

Egidio *Germanique*
Descendant de haute origine

Egilbert *Germanique*
Epée, brillant

Eginald *Germanique*
L'épée qui règne

Eginhard *Germanique*
Epée solide

Eginolf *Germanique*
Epée, loup

Egle *Grec*
Splendeur

Egmund *Germanique*
L'épée brutale

Egon *Germanique*
Epée solide

Egor *Grec*
Travailleur de la terre

Ehrenfried *Germanique*
Honneur, paix

Ehrhard *Germanique*
Honneur fort

Ehuarii *Tahitien*
Enfant roux, royal du ciel éloigné

Eigid *Germanique*
Descendant de haute origine

Eigneachan *Latin*
Le fougueux

Eilbert *Germanique*
Epée, brillante

Eile *Hébreu*
Jéhovah est Dieu

Eilhard *Germanique*
Epée, force

Einri *Germanique*
Maison, roi

Eireamhon *Ecossais*
Nom de lieu

Eirik *Scandinave*
Roi puissant

Eladie *Hébreu*
Grec

Eladio *Hébreu*
Grec

Elakhdar *Arabe*
Le verdoyant

Elarabi *Arabe*
L'arabe par excellence

Elardar *Arabe*
Le verdoyant

Elberich *Germanique*
Seigneur des Elfes

Elbert *Germanique*
Noble, célèbre

Eldred *Germanique*
Conseil avisé

Eleazar *Hébreu*
Dieu a aidé

Elgo *Latin*
L'élu

Eli *Hébreu*
Jéhovah est Dieu

Elias *Hébreu*
Jéhovah est Dieu

Eliassa *Arabe*
Celui dont la science spirituelle
est vaste

Eliaz *Hébreu*
Forme de Elie

Eligius *Latin*
L'élu

Elihu *Hébreu*
Jéhovah est Dieu

Elijah *Hébreu*
Jéhovah est Dieu

Elio *Grec*
Dieu du soleil

Eliot *Hébreu*
Le don de Dieu

Elisei *Hébreu*
Dieu est mon serment

Eliseo *Hébreu*
Dieu est mon serment

Elisha *Hébreu*
Dieu est mon serment

Elko *Germanique*
Diminutif

Elliot *Hébreu*
Jéhovah est Dieu

Ellis *Gallois*
Amical

Elmar *Vieil anglais*
Noble, renommé

Elmer *Vieil anglais*
Noble, renommé

Elmo *Vieil anglais*
Noble, renommé

Eloi *Latin*
Elu

Eloy *Latin*
Elu

Elroy *Français*
Le roi

Elton *Anglais*
De la vieille ferme

Elvino *Grec*
Blond

Elvio *Grec*
Blond

Elvis *Nordique*
Le prince de la sagesse

Elwis *Nordique*
Le prince de la sagesse

Emanuel *Hébreu*
Dieu est avec nous

Emanuele *Hébreu*
Dieu est avec nous

Emele *Grec*
Ruse

Emeric *Germanique*
Maison, puissant

Emery *Germanique*
Les règles du travail

Emeterio *Grec*
Refouleur, défendeur

Emidio *Germanique*
Grand, puissant

Emil *Grec*
Ruse

Emile *Grec*
Ruse

Emilian *Grec*
Ruse

Emiliano *Grec*
Ruse

Emilien *Grec*
Ruse

Emilio *Grec*
Ruse

Emilius *Grec*
Ruse

Emmanouïl *Hébreu*
Dieu est avec nous

Emmanuel *Hébreu*
Dieu est avec nous

Emmerich *Germanique*
Roi puissant

Emmett *Germanique*
Travailleur

Emmo *Germanique*
Roi puissant

Emrys *Grec*
Immortel

Enata *Tahitien*
Cela est tatoué diversement des Dieux

Enders *Grec*
Dérivé d'Andreas

Eneas *Grec*
Louange digne

Engelbert *Germanique*
Lance brillante

Engelhard *Germanique*
Javelot puissant

Enguerrand *Germanique*
Ange, corbeau

Enoch *Hébreu*
Expérimenté

Enos *Hébreu*
Homme

Enrico *Germanique*
Maison du roi

Enselin *Germanique*
Protection des Dieux

Envel *Breton*
Gallois

Enzino *Latin*
L'innocent

Enzio *Germanique*
Maison du roi

Enzo *Germanique*
Maison du roi

Enzo *Latin*
L'innocent

Eoghan *Grec*
Bien né

Eoin *Hébreu*
Dieu accorde

Eolo *Grec*
Rapide

Eozen *Germanique*
L'if

Eperona *Tahitien*
L'oiseau rôdant au large

Ephraim *Hébreu*
Le fécond

Eraldo *Vieil anglais*
La loi de l'armée

Erasmo *Grec*
Aimable, sympathique

Erasmus *Grec*
Aimable, sympathique

Erastus *Grec*
Aimable, sympathique

Ercolano *Grec*
Célèbre pour ses travaux

Ercole *Grec*
Célèbre pour ses travaux

Erdmann *Germanique*
L'homme fort

Erdmut *Germanique*
Dur, esprit

Erhard *Germanique*
Honneur puissant

Eri *Scandinave*
Roi puissant

Eriberto *Germanique*
Noble guerrier

Eric *Scandinave*
Roi puissant

Erich *Scandinave*
Roi puissant

Erick *Scandinave*
Roi puissant

Erico *Scandinave*
Roi puissant

Erik *Scandinave*
Roi puissant

Eriks *Scandinave*
Roi puissant

Erke *Scandinave*
Roi puissant

Erkenbald *Germanique*
Noble, audacieux

Erkenbert *Germanique*
Noble, brillant

Erker *Scandinave*
Roi puissant

Erlfried *Germanique*
Noble, paix

Ermanno *Germanique*
Le combattant

Ermenegildo *Germanique*
Fort, valeur

Ermil *Germanique*
Grand, puissant

Erminio *Germanique*
Le combattant

Ernest *Germanique*
Sérieux, combat

Ernesto *Germanique*
Sérieux, combat

Ernestus *Germanique*
Sérieux, combat

Erni *Germanique*
Sérieux, combat

Ernie *Germanique*
Sérieux, combat

Erno *Germanique*
Sérieux, combat

Ernout *Germanique*
Le gouverneur de l'aigle

Ernst *Germanique*
Sérieux, combat

Erny *Germanique*
Sérieux, combat

Eros *Grec*
Dieu de l'amour

Errol *Celte*
Noble, prince, guerrier

Erskine *Ecossais*
Nom de lieu

Erwan *Germanique*
L'if

Erwann *Germanique*
L'if

Erwin *Germanique*
L'ami des armées

Esmond *Germanique*
Protection de la beauté

Esra *Hébreu*
Bon secours

Estanislao *Slave*
Lever, gloire

Esteban *Grec*
Couronne

Esteffe *Grec*
Couronne

Estevan *Grec*
Couronne

Estienne *Grec*
Couronne

Ethan   *Hébreu*
Fermeté

Ethelbert   *Germanique*
Brillant, renommé

Ethelred   *Germanique*
Conseil, noble

Etienne   *Grec*
Couronne

Etini   *Tahitien*
Il y a de nombreuses fleurs blanches sur le chemin

Ettore   *Grec*
Qui dirige

Etzel   *Gothique*
Le père

Eudeni   *Grec*
De noble race

Eufemio   *Grec*
Bon augure

Eugen   *Grec*
De noble race

Eugène   *Grec*
De noble race

Eugeneos   *Grec*
De noble race

Eugenien   *Grec*
De noble race

Eugenio   *Grec*
De noble race

Eugenios   *Grec*
De noble race

Eugenius   *Grec*
De noble race

Eujen   *Grec*
De noble race

Eulogio   *Grec*
Bon orateur

Eusebie   *Grec*
Le pieux

Eusebio   *Grec*
Le pieux

Eusebios   *Grec*
Le pieux

Eusebius   *Grec*
Le pieux

Eustace   *Grec*
Bel épi

Eustache   *Grec*
Bel épi

Eustachio   *Grec*
Bel épi

Eustachius   *Grec*
Bel épi

Eustaquio   *Grec*
Bel épi

Eustasius   *Grec*
Bel épi

Eustathios   *Grec*
Bel épi

Eustatiu   *Grec*
Bel épi

Eustazio   *Grec*
Bel épi

Evan   *Hébreu*
Dieu est miséricordieux

Evangelos *Grec*
Le bon messager

Evariste *Grec*
Complaisant, serviable

Evaristo *Grec*
Complaisant, serviable

Evelyn *Germanique*
Grâce, merci

Everard *Germanique*
Fort comme un ours

Everett *Germanique*
Fort comme un ours

Evghenie *Grec*
De noble race

Evgueni *Grec*
De noble race

Evloghie *Grec*
De noble race

Evrard *Germanique*
Sanglier vigoureux

Ewald *Germanique*
Le règne de la loi

Ewan *Hébreu*
Dieu est miséricordieux

Ewart *Germanique*
Gardien des biens et des richesses

Exuperancio *Latin*
Abondance

Ezekiel *Hébreu*
Dieu donne la force

Ezra *Hébreu*
Bon secours

F

MASCULIN

Fa'ati'a　　*Tahitien*
Constructeur de la maison des héros

Faas　　*Latin*
Celui qui a bonne face

Fabian　　*Latin*
Fève

Fabiano　　*Latin*
Fève

Fabianus　　*Latin*
Fève

Fabien　　*Latin*
Fève

Fabio　　*Latin*
Forme de Fabius

Fabion　　*Latin*
Fève

Fabis　　*Latin*
Fève

Fabius　　*Latin*
Le producteur de haricot

Fabri　　*Latin*
Forgeron

Fabrice　　*Latin*
Forgeron

Fabricien　　*Latin*
Forgeron

Fabricio　　*Latin*
Forgeron

Fabricius　　*Latin*
Forgeron

Fabrizio　　*Latin*
Forgeron

Facundo　　*Latin*
Eloquent

Fadel　　*Arabe*
Digne, vertueux, méritant

Fadi　　*Arabe*
Qui sacrifie ses biens ou sa vie pour sauver quelqu'un

Fadil　　*Arabe*
Digne, vertueux

Fahd　　*Arabe*
Le guépard

Fahed　　*Arabe*
Le guépard

Fahim *Arabe*
A l'intelligence fine et vive

Fahmi *Arabe*
Doué de compréhension

Faïd *Arabe*
Flux et effusion spirituelle

Faïq *Arabe*
Qui surpasse

Faïssal *Arabe*
Qui tranche de manière décisive

Faïz *Arabe*
Qui remporte un succès

Falito *Hébreu*
Dieu a guéri

Falk *Germanique*
Le faucon

Falko *Germanique*
Le faucon

Fano *Tahitien*
Voyager loin à la saison fraîche

Faouz *Arabe*
Succès, victoire

Faouzi *Arabe*
Prédisposé au succès

Faraj *Arabe*
Soulagement

Fareani *Tahitien*
Maison demandée par les poètes

Farès *Arabe*
Chevalier

Fareura *Tahitien*
La maison des plumes de l'armée
des guerriers

Farha *Arabe*
Joie, gaieté

Farhane *Arabe*
Très joyeux

Farhat *Arabe*
Joie, gaieté

Farid *Arabe*
Sans pareil, incomparable

Faris *Arabe*
Chevalier

Farouk *Arabe*
Qui distingue le vrai du faux

Farouq *Arabe*
Qui distingue le vrai du faux

Fassih *Arabe*
Au langage clair

Fastrad *Germanique*
Fête, fort, conseiller

Fatarau *Tahitien*
Les divers autels du Marae royal

Fateh *Arabe*
Victorieux, qui ouvre, conquérant

Fatèh *Arabe*
Victorieux, qui ouvre

Fatheddine *Arabe*
La victoire de la religion

Fathi *Arabe*
Qui a un caractère ouvert

Fatih *Arabe*
Qui a un caractère ouvert

Fatim *Arabe*
Qui est sevré

Fatine *Arabe*
Intelligent

Fatzel *Latin*
Celui qui a bonne face

Faust *Latin*
Heureux

Faustino *Latin*
Heureux

Faustinus *Latin*
Heureux

Fausto *Latin*
Heureux

Fauvero *Tahitien*
Le chef lançant le javelot très loin

Favre *Latin*
Forgeron

Fayad *Arabe*
Qui est d'une générosité sans limite

Faycal *Arabe*
Qui tranche de manière décisive

Faysal *Arabe*
Arbitre, juge

Fayssal *Arabe*
Qui tranche de manière décisive

Fazio *Latin*
Celui qui a bonne face

Fearadhach *Germanique*
Hardi, défendre

Fearghal *Latin*
Pousse, bourgeon

Fearghus *Celte*
Le choix de l'homme

Fedder *Germanique*
Puissance, protection

Feddo *Germanique*
Prince de la paix

Fedele *Latin*
Fidèle

Fedelino *Latin*
Fidèle

Federico *Germanique*
Roi puissant, protecteur

Federigo *Germanique*
Puissance, protection

Fedor *Grec*
Cadeau de Dieu

Fédor *Grec*
Don de Dieu

Fëdor *Grec*
Don de Dieu

Feilim *Latin*
Heureux

Felice *Latin*
Heureux

Feliciano *Latin*
Heureux

Félicien *Latin*
Heureux

Felicitas *Latin*
Chance, bonheur

Félicité *Latin*
Chance, bonheur

Felipe *Grec*
Ami du cheval

Felix *Latin*
Heureux

Félizon *Latin*
Heureux

Feodor *Grec*
Cadeau de Dieu

Feoras *Grec*
Pierre, rocher

Fercsi *Latin*
Franc, homme libre

Ferd *Germanique*
Protecteur, paix, courageux

Ferdi *Germanique*
Protecteur, paix, courageux

Ferdinand *Germanique*
Protecteur, paix, courageux

Ferdinando *Germanique*
Protecteur, paix, courageux

Ferdl *Germanique*
Protecteur, paix, courageux

Ferenc *Germanique*
Franc, homme libre

Fergus *Celte*
La force virile

Ferhat *Arabe*
Joie, gaieté

Férid *Arabe*
Sans pareil

Fermin *Latin*
Ferme dans sa conviction

Fernand *Germanique*
Protecteur, paix, courageux

Fernandez *Germanique*
Forme de Ferdinand

Fernando *Germanique*
Protecteur, paix, courageux

Ferrante *Germanique*
Protecteur, paix, courageux

Ferry *Germanique*
Puissance, protection

Fertel *Germanique*
Protecteur, paix, courageux

Fiacre *Latin*
Patron des jardiniers

Fida *Arabe*
Sacrifice au profit d'autrui

Fidel *Latin*
Croyant

Fidèle *Latin*
Croyant

Fidelis *Latin*
Croyant

Fiete *Germanique*
Dérivé de Friedrich

Filemon *Grec*
Aimable, affectueux

Filib *Grec*
Ami du cheval

Filiberto *Germanique*
Très illustre

Filimon *Grec*
Aimable, affectueux

Filip *Grec*
Ami du cheval

Filipos *Grec*
Ami du cheval

Firmino *Latin*
Ferme dans ses convictions

Filippo *Grec*
Ami du cheval

Firmus *Latin*
Ferme dans ses convictions

Filumen *Grec*
Aimable, affectueux

Fitheal *Latin*
Florissant

Finbar *Gaélique*
Tête blanche

Fjodor *Grec*
Cadeau de Dieu

Fingal *Gaélique*
Etranger blanc

Flavian *Latin*
Blond

Finghin *Latin*
Florissant

Flaviano *Latin*
Blond

Finlay *Ecossais*
Héros juste

Flavianus *Latin*
Blond

Fino *Hébreu*
Le flamboyant

Flavien *Latin*
Blond

Fiodor *Grec*
Cadeau de Dieu

Flavio *Latin*
Blond

Fionn *Celte*
Héros juste

Flavius *Latin*
Blond

Fiorenzo *Latin*
Florissant

Fliep *Grec*
Ami du cheval

Fippe *Grec*
Ami du cheval

Flor *Latin*
Fleur

Fips *Grec*
Ami du cheval

Florencio *Latin*
En floraison

Firmin *Latin*
Ferme dans ses convictions

Florent *Latin*
En floraison

Firminian *Latin*
Ferme dans ses convictions

Florentin *Latin*
En floraison

Firminien *Latin*
Ferme dans ses convictions

Florentino *Latin*
En floraison

Florestan   *Latin*
En floraison

Florian   *Latin*
En floraison

Florin   *Latin*
En floraison

Floros   *Latin*
Fleur

Floyd   *Gallois*
Les cheveux gris

Folbert   *Germanique*
Guerre du peuple, brillant

Folc   *Germanique*
Tribu, peuple

Folker   *Germanique*
Guerre du peuple et lance

Folkrad   *Germanique*
Guerre du peuple, conseiller

Foma   *Araméen*
Jumeau

Fons   *Germanique*
Noble et rapide

Fortunato   *Latin*
Fortuné

Fortunatos   *Latin*
Fortuné

Fortunatus   *Latin*
Fortuné

Fosco   *Latin*
Sombre

Fouad   *Arabe*
Le cœur spirituel

Foudaïl   *Arabe*
Digne, vertueux

Foudaïli   *Arabe*
Digne et méritant

Foudayl   *Arabe*
Digne et méritant

Foudéil   *Arabe*
Digne, vertueux

Foudil   *Arabe*
Digne, vertueux, méritant

Fra   *Tahitien*
Pandanus rouge du rocher dangereux

Fran   *Latin*
Franc, homme libre

Francelin   *Latin*
Franc, homme libre

Francesco   *Latin*
Franc, homme libre

Francis   *Latin*
Franc, homme libre

Francisco   *Latin*
Franc, homme libre

Francisek   *Latin*
Franc, homme libre

Francisque   *Latin*
Franc, homme libre

Franck   *Latin*
Forme de Franz

Franco   *Germanique*
Hardi, lance

François *Latin*
Franc, homme libre

Franek *Latin*
Franc, homme libre

Frangag *Latin*
Franc, homme libre

Frani *Latin*
Franc, homme libre

Frank *Latin*
Franc, homme libre

Frankie *Latin*
Franc, homme libre

Franklin *Latin*
Franc, homme libre

Frankobert *Germanique*
Franc, brillant

Franz *Latin*
Franc, homme libre

Franziskus *Latin*
Franc, homme libre

Fraser *Ecossais*
Fraise

Freck *Germanique*
Puissance, protection

Fred *Germanique*
Puissance, protection

Freddie *Germanique*
Puissance, protection

Freddy *Germanique*
Tout, paix, plus, conseil

Frédéric *Germanique*
Puissance, protection

Frederick *Germanique*
Puissance, protection

Frederk *Germanique*
Puissance, protection

Frédric *Germanique*
Puissance, protection

Fredriek *Germanique*
Puissance, protection

Frémin *Latin*
Ferme dans ses convictions

Frerich *Germanique*
Prince de la paix

Frerk *Germanique*
Puissance, protection

Fridericus *Latin*
Prince de la paix

Fridichs *Germanique*
Puissance, protection

Frido *Germanique*
Prince de la paix

Fried *Germanique*
Prince de la paix

Friedbert *Germanique*
Paix brillante

Friedel *Germanique*
Puissance, protection

Friedemann *Germanique*
Prince de la paix

Frieder *Germanique*
Prince de la paix

Friedger *Germanique*
Paix, lance

Friedhelm   *Germanique*
Les vrais amis

Friedl   *Germanique*
Puissance, protection

Friedlieb   *Germanique*
Pacifique

Friedmar   *Germanique*
Paix, célèbre

Friedo   *Germanique*
Prince de la paix

Friedrich   *Germanique*
Prince de la paix

Friso   *Germanique*
Liberté

Frithjof   *Nordique*
Prince de la paix

Fritz   *Germanique*
Prince de la paix

Froilan   *Germanique*
Patrie de l'homme

Frommhold   *Germanique*
Souverain capable

Fromund   *Germanique*
Tirailleur intelligent

Fructuoso   *Latin*
Fructueux

Fulbert   *Germanique*
Peuple, brillant

Fulgencio   *Latin*
Prénom romain « Qui refuse »

Fulk   *Germanique*
Tribu, peuple

Fulko   *Germanique*
Diminutif

Fülop   *Grec*
Ami du cheval

Fulp   *Grec*
Ami du cheval

Fulvi   *Latin*
Jaunâtre, fauve

Fulvian   *Latin*
Jaunâtre, fauve

Fulvio   *Latin*
Jaunâtre, fauve

Fulvius   *Latin*
Jaunâtre, fauve

G

MASCULIN

Gaaf *Hébreu*
Force de Dieu

Gaby *Hébreu*
Force de Dieu

Gabay *Hébreu*
Force de Dieu

Gaël *Germanique*
Etranger

Gabel *Hébreu*
Force de Dieu

Gaëtan *Latin*
Habitant de Caieta

Gabin *Hébreu*
Force de Dieu

Gaetano *Latin*
Habitant de Caieta

Gabino *Hébreu*
Force de Dieu

Gaibrial *Hébreu*
Force de Dieu

Gabor *Hébreu*
Force de Dieu

Gairiad *Hébreu*
Force de Dieu

Gabrel *Hébreu*
Force de Dieu

Gall *Irlandais*
Bravoure, exploit

Gabriel *Hébreu*
Force de Dieu

Galtier *Germanique*
Gouverner, armée

Gabriele *Hébreu*
Force de Dieu

Galvane *Vieux gallois*
Faucon de la plaine

Gabriello *Hébreu*
Force de Dieu

Gandolf *Germanique*
Loup hésitant

Gabrio *Hébreu*
Force de Dieu

Gangolf *Germanique*
Loup, assaut

Gabry *Hébreu*
Force de Dieu

Gard *Germanique*
Epée forte

Gardiner   *Celte*
Nom de famille anglaise

Gareth   *Celte*
Fougueux, sauvage

Garlieb   *Germanique*
Héritier, javelot, amour entier

Garmon   *Latin*
Issu du même sang

Garnier   *Germanique*
Qui vient protéger l'armée

Garret   *Germanique*
Lance, courageux

Garrit   *Germanique*
Lance, courageux

Garth   *Celte*
Lance, courageux

Gary   *Celte*
Fougueux, sauvage

Gaspar   *Hébreu*
Gérer les trésors

Gaspard   *Hébreu*
Gérer les trésors

Gaspare   *Hébreu*
Gérer les trésors

Gasparin   *Hébreu*
Gérer les trésors

Gasparo   *Hébreu*
Gérer les trésors

Gasper   *Hébreu*
Gérer les trésors

Gastâo   *Germanique*
Hôte, voyageur

Gaston   *Germanique*
Hôte, voyageur

Gastone   *Germanique*
Hôte, voyageur

Gatien   *Latin*
Forme savante de saint Gatianus,
1er évêque de Tours

Gaubert   *Germanique*
Divinité, brillant

Gaudebert   *Germanique*
Divinité, brillant

Gaudencio   *Latin*
Celui qui se réjouit

Gaudentiu   *Latin*
Celui qui se réjouit

Gaudentius   *Latin*
Celui qui se réjouit

Gaudenz   *Latin*
Forme de Gaudentius

Gaudenzio   *Latin*
Celui qui se réjouit

Gaultier   *Germanique*
Gouverner, armée

Gautier   *Germanique*
Gouverner, armée

Gauvain   *Vieux gallois*
Faucon de la plaine

Gauvin   *Vieux gallois*
Faucon de la plaine

Gauwe   *Vieux gallois*
Faucon de la plaine

Gavan   *Vieux gallois*
Faucon de la plaine

Gaven *Vieux gallois*
Faucon de la plaine

Gavin *Vieux gallois*
Faucon de la plaine

Gavril *Hébreu*
Force de Dieu

Gawain *Vieux gallois*
Faucon de la plaine

Gawen *Vieux gallois*
Faucon de la plaine

Gaylord *Vieux français*
Dandy

Gearalt *Germanique*
Lance, commande, gouverne

Gearard *Germanique*
Lance, commande, gouverne

Gearoid *Germanique*
Lance, courageux

Geaspar *Hébreu*
Gérer les trésors

Ged *Germanique*
Diminutif de Gérard, Gérald

Gedeon *Hébreu*
Le combattant brutal

Geert *Germanique*
Lance, courageux

Gelasio *Grec*
Jovial

Gelijn *Germanique*
Otage, dur

Gene *Grec*
De noble race

Genseric *Scandinave*
Roi puissant

Geo *Grec*
Travailleur de la terre

Geoff *Germanique*
La paix de Dieu

Geoffrey *Germanique*
La paix de Dieu

Geoffroy *Germanique*
La paix de Dieu

Georas *Grec*
Travailleur de la terre

Georg *Grec*
Travailleur de la terre

George *Grec*
Travailleur de la terre

Georges *Grec*
Travailleur de la terre

Georgi *Grec*
Travailleur de la terre

Georgie *Grec*
Travailleur de la terre

Georgio *Grec*
Travailleur de la terre

Georgius *Grec*
Travailleur de la terre

Georgos *Grec*
Travailleur de la terre

Georgy *Grec*
Travailleur de la terre

Geraint *Grec*
Vieil homme

Gérald   *Germanique*
Lance, commande, gouverner

Geraldo   *Germanique*
Lance, commande, gouverner

Gerallt   *Germanique*
Lance, commande, gouverner

Gérard   *Germanique*
Lance, courageux

Gérardin   *Germanique*
Lance, courageux

Gerardo   *Germanique*
Lance, courageux

Gerardus   *Germanique*
Lance, courageux

Géraud   *Germanique*
Lance, courageux

Gerbald   *Germanique*
Ouvert et hardi

Gerbert   *Germanique*
Epéc, brillant

Gerd   *Germanique*
Lance, courageux

Gérémia   *Hébreu*
Elève de Dieu

Gereon   *Grec*
Le vieillard

Gerfried   *Germanique*
La lance, paix

Gerhard   *Germanique*
Epée forte

Gerjet   *Germanique*
Lance, courageux

Gerlach   *Germanique*
Lance, jeux de combat

Germain   *Latin*
Issu du même sang

German   *Latin*
Issu du même sang

Germano   *Latin*
Issu du même sang

Germanos   *Latin*
Issu du même sang

Germanus   *Latin*
Issu du même sang

Germar   *Germanique*
Epée, célèbre

Germo   *Germanique*
Epée, célèbre

Gernot   *Germanique*
Lance, danger

Gerold   *Germanique*
Lance, commande, gouverner

Gerolf   *Germanique*
Javelot, loup

Geronimo   *Grec*
Nom sacré

Gerrit   *Germanique*
Nom sacré

Gerrolt   *Germanique*
Lance, commande, gouverner

Gerry   *Germanique*
Lance, courageux

Gersten   *Germanique*
Lance, courageux

Gert *Germanique*
Lance, courageux

Gervaise *Germanique*
Lance

Gervasio *Germanique*
Audacieux par la lance

Gervasios *Grec*
Honoré

Gerwald *Germanique*
La lance, régner

Gerwig *Germanique*
Combat, javelot

Gethin *Gallois*
Basané

Géza *Hongrois*
Honorifique

Ghaïs *Arabe*
Pluie abondante

Ghaïth *Arabe*
Pluie abondante

Ghalib *Arabe*
Vainqueur

Ghani *Arabe*
Qui se suffit de ce qu'il possède

Ghassane *Arabe*
Vigueur

Ghazi *Arabe*
Qui entreprend une expédition
militaire

Gheorghe *Grec*
Travailleur de la terre

Gherman *Latin*
Issu du même sang

Ghilain *Germanique*
Otage, dur

Ghislain *Germanique*
Otage, dur

Ghiyas *Arabe*
Assistance

Ghiyasseddine *Arabe*
Le secours de la religion

Ghiyath *Arabe*
Secours, assistance

Ghoufrane *Arabe*
Le pardon divin

Giaccobe *Hébreu*
Que Dieu favorise

Giacinto *Grec*
Jacynthe

Giacobo *Hébreu*
Que Dieu favorise

Giacomo *Hébreu*
Que Dieu favorise

Gianni *Hébreu*
Dieu a exaucé

Giau *Hébreu*
Dieu est miséricordieux

Gib *Germanique*
Descendant de haute race, brillant

Gideon *Hébreu*
Le combattant brutal

Gieronymus *Grec*
Nom sacré

Gigi *Germanique*
Illustre, bataille, combattant

Gil *Germanique*
Descendant de haute origine

Gilbert *Germanique*
Descendant de haute race, brillant

Gilberto *Germanique*
Descendant de haute race, brillant

Gildas *Ecossais*
Saint anglais

Gilet *Germanique*
Descendant de haute origine

Gilibeirt *Germanique*
Descendant de haute race, brillant

Gill *Germanique*
Descendant de haute origine

Gilles *Germanique*
Descendant de haute origine

Gillesk *Germanique*
Descendant de haute origine

Gillet *Latin*
Qui vient de Julier

Gillian *Latin*
Qui vient de Julier

Gillis *Germanique*
Descendant de haute origine

Gillo *Germanique*
Descendant de haute origine

Gilroy *Irlandais*
Fils du jeune homme roux

Ginés *Grec*
Protecteur de la famille

Ginger *Irlandais*
Les roux

Gino *Latin*
Gouverner

Giolla Chriost *Latin*
Disciple du Christ

Giolla Dhé *Irlandais*
Saint anglais

Giolla Easpaig *Germanique*
Naturel, audacieux

Gion *Hébreu*
Dieu est miséricordieux

Giorgio *Grec*
Travailleur de la terre

Giosuè *Hébreu*
Dieu est salut

Giovanni *Hébreu*
Dieu a exaucé

Giraldo *Germanique*
Lance, courageux

Girard *Germanique*
Lance, courageux

Giraud *Germanique*
Lance, commande, gouverner

Girolamo *Grec*
Mont sacré

Gisbert *Germanique*
Noble et brillant

Giselher *Germanique*
Le noble, 1er guerrier

Gislain *Germanique*
Otage, dur

Gisleno *Germanique*
Otage, dur

Gislenus *Germanique*
Otage, dur

Gismar *Germanique*
Noble, renommée

Giuliano *Latin*
Ancien nom de gens

Giulio *Latin*
Qui vient de Julier

Giuseppe *Hébreu*
Dieu ajoute

Glen *Celte*
Nom de vallée

Glenn *Celte*
Nom de vallée

Glorius *Latin*
Le glorieux

Glyn *Celte*
Nom de vallée

Gnacie *Latin*
Feu

Gnazi *Latin*
Feu

Goal *Celte*
Combat, valeureux

Goberto *Germanique*
Divinité, brillant

Godbert *Germanique*
Dieu, brillant

Goddard *Germanique*
La résolution divine

Godefroi *Germanique*
La paix de Dieu

Godefroy *Germanique*
La paix de Dieu

Godehard *Germanique*
Dieu, fort

Godel *Germanique*
La paix de Dieu

Godfred *Germanique*
La paix de Dieu

Godfrey *Germanique*
La paix de Dieu

Godfroi *Germanique*
La paix de Dieu

Godofredo *Germanique*
La paix de Dieu

Godwin *Germanique*
Ami de Dieu

Goffert *Germanique*
La paix de Dieu

Goffredo *Germanique*
La paix de Dieu

Gofraidh *Germanique*
La paix de Dieu

Golia *Germanique*
Guerrier, géant

Goliat *Germanique*
Guerrier, géant

Goliath *Germanique*
Guerrier, géant

Goliato *Germanique*
Guerrier, géant

Golio *Germanique*
Guerrier, géant

Golven   *Gallois*
Prière, heureux

Gontard   *Germanique*
Forme de Gunthard

Gontram   *Germanique*
Combat, corbeau

Gontran   *Germanique*
Combat, corbeau

Gontrano   *Germanique*
Combat, corbeau

Gonzague   *Italien*
Nom d'une famille princière d'Italie et de saint Gonzague

Gonzalo   *Latin*
Guerrier

Goraidh   *Germanique*
La paix de Dieu

Goran   *Grec*
Qui veille

Göran   *Grec*
Qui veille

Gorch   *Grec*
Travailleur de la terre

Gordan   *Ecossais*
Nom de lieu et de famille

Gordian   *Latin*
L'homme de Gordium

Gordie   *Latin*
L'homme de Gordium

Gordon   *Ecossais*
Prénom de famille d'Ecosse

Görge   *Grec*
Travailleur de la terre

Görgel   *Grec*
Travailleur de la terre

Gorgias   *Grec*
Travailleur de la terre

Goro   *Japonais*
Le cinquième

Gosbert   *Germanique*
Le Goth, renommée

Gösta   *Germanique*
Qui prospère

Goswin   *Germanique*
Dieu, ami

Gottbert   *Germanique*
Dieu, brillant

Gottfredo   *Germanique*
La paix de Dieu

Gottfried   *Germanique*
Dieu, paix

Gotthard   *Germanique*
Dieu puissant

Gottlieb   *Germanique*
Amour de Dieu

Gottschalk   *Germanique*
Valet de Dieu

Gottwin   *Germanique*
Dieu, ami

Götz   *Germanique*
La paix de Dieu

Goulia   *Latin*
Marchand de serge

Goulven *Gallois*
Prière, heureux

Goulvenez *Gallois*
Prière, heureux

Goulwen *Gallois*
Prière, heureux

Goulwenig *Gallois*
Prière, heureux

Govert *Germanique*
Dieu, paix

Graald *Germanique*
Lance, commande, gouverner

Graham *Celte*
Ferme des graviers

Granier *Germanique*
Qui vient protéger l'armée

Grant *Ecossais*
Grand

Gratian *Latin*
Gracieux

Graziano *Latin*
Favori

Gréachan *Celte*
Ferme des graviers

Greagoir *Grec*
Qui veille

Greer *Grec*
Qui veille

Greg *Grec*
Qui veille

Gregger *Grec*
Qui veille

Gregh *Grec*
Qui veille

Grégoire *Grec*
Qui veille

Gregor *Grec*
Qui veille

Gregori *Grec*
Qui veille

Gregorio *Grec*
Qui veille

Gregorios *Grec*
Qui veille

Gregorius *Grec*
Qui veille

Gregory *Grec*
Qui veille

Grégory *Grec*
Qui veille

Grels *Grec*
Qui veille

Griffin *Celte*
Roux

Griffith *Celte*
Roux

Grigor *Grec*
Qui veille

Grigore *Grec*
Qui veille

Grigori *Grec*
Qui veille

Grigorie *Grec*
Qui veille

Griogair *Grec*
Qui veille

Grioghar *Grec*
Qui veille

Grioghar *Grec*
Qui veille

Grischa *Grec*
Qui veille

Grover *Germanique*
L'habitant du bosquet

Gualber *Germanique*
Divinité, brillant

Gualtiero *Germanique*
Gouverner, armée

Gudrun *Germanique*
Combat, magie

Guenrikh *Germanique*
Maison du roi

Guerman *Latin*
Issu du même sang

Guerrino *Germanique*
Protecteur

Guglielmo *Germanique*
Volonté, protection

Guido *Germanique*
Forêt, bois

Guillain *Germanique*
Otage, dur

Guillaume *Germanique*
Volonté, protection

Guillemet *Germanique*
Volonté, protection

Guillemin *Germanique*
Volonté, protection

Guillermo *Germanique*
Volonté, protection

Guillou *Germanique*
Volonté, protection

Guilmot *Germanique*
Volonté, protection

Guiorgi *Grec*
Travailleur de la terre

Guiskard *Germanique*
Manière forte

Guislain *Germanique*
Otage, dur

Gunar *Germanique*
Armée, combat

Günter *Germanique*
Armée, combat

Gunthard *Germanique*
Combat et force

Guntmar *Germanique*
Combat, renommée

Guntrun *Germanique*
Combat, magie

Guntwin *Germanique*
Combat, ami

Gurig *Germanique*
Forêt, bois

Gurvan *Breton*
Désir, passion

Gus *Germanique*
Qui prospère

Gussie *Germanique*
Qui prospère

Gust *Germanique*
Qui prospère

Gustaf *Germanique*
Qui prospère

Gustav *Germanique*
Qui prospère

Gustave *Germanique*
Qui prospère

Gustavo *Germanique*
Qui prospère

Gustavus *Germanique*
Qui prospère

Gustel *Germanique*
Qui prospère

Gusti *Germanique*
Qui prospère

Guy *Germanique*
Forêt, bois

Guyot *Germanique*
Forêt, bois

Gwenaël *Celte*
Blanc, heureux, béni

Gwenal *Celte*
Blanc, heureux, béni

Gwenel *Celte*
Blanc, heureux, béni

Gwenhaël *Celte*
Blanc, heureux, béni

Gwenn *Celte*
Blanc, heureux, béni

Gwennaël *Celte*
Blanc, heureux, béni

Gwennaële *Celte*
Blanc, heureux, béni

Gwennaig *Celte*
Blanc, heureux, béni

Gwennel *Celte*
Blanc, heureux, béni

Gwennen *Celte*
Blanc, heureux, béni

Gwennig *Celte*
Blanc, heureux, béni

Gwenole *Celte*
Blanc, heureux, béni

Gwenolé *Celte*
Blanc, heureux, béni

Gwilym *Germanique*
Volonté, protection

Gwyn *Gallois*
Blanc

Gwynfor *Gallois*
Loyal

Györgi *Grec*
Travailleur de la terre

György *Grec*
Travailleur de la terre

Gyösö *Latin*
Vainqueur

H

MASCULIN

Ha'afana *Arabe*
Faiseur d'arc des nobles du pouvoir exécutif

Haain *Germanique*
Maison du roi

Habib *Arabe*
Qui adore Dieu

Habiballah *Arabe*
Le bien-aimé de Dieu

Habiboullah *Arabe*
Le bien-aimé de Dieu

Hachem *Arabe*
Celui qui rompt le pain

Hachim *Arabe*
Celui qui rompt le pain

Hadamar *Germanique*
Combat, renommée

Hadi *Arabe*
Qui guide

Hadiyatallah *Arabe*
Le don de Dieu

Hadiyatoullah *Arabe*
Le don de Dieu

Hadj *Arabe*
Pèlerin qui accomplit ou qui a accompli le pèlerinage à la Mecque

Hadrian *Latin*
De Adria, ville de Vénétie

Hadwin *Germanique*
Combat, ami

Haeretua *Tahitien*
Marche au large de la mer sacrée

Hafez *Arabe*
Qui préserve

Hafiz *Arabe*
Qui préserve

Hafs *Arabe*
Petit lion

Hagen *Germanique*
Le garant

Haïd *Arabe*
Qui retourne vers Dieu

Haïdar *Arabe*
Lion

Haiko *Germanique*
Clôture et puissant

Haimo   *Germanique*
Foyer, corbeau

Haïssam   *Arabe*
Jeune faucon

Haïtem   *Arabe*
Jeune faucon

Haïtham   *Arabe*
Jeune faucon

Hajj   *Arabe*
Pèlerin qui accomplit ou a accompli le pèlerinage

Hajjaj   *Arabe*
Qui accomplit souvent le pèlerinage

Hajo   *Germanique*
Le garant

Hakem   *Arabe*
Juge équitable

Hakim   *Arabe*
Celui qui rompt le pain

Hakon   *Germanique*
Le garant

Hal   *Germanique*
La loi de l'armée

Haldor   *Norvège*
Pierre, Dieu

Hale   *Vieil anglais*
Celui qui habite dans un recoin

Halle   *Germanique*
La loi de l'armée

Halvor   *Nordique*
Pierre, gardien

Hamdane   *Arabe*
Qui adresse beaucoup de louanges à Dieu

Hamdoun   *Arabe*
Qui adresse beaucoup de louanges à Dieu

Hamed   *Arabe*
Le plus loué

Hamid   *Arabe*
Qui loue Dieu

Hamidallah   *Arabe*
Qui loue Dieu

Hamideddine   *Arabe*
Le porte louanges de la religion

Hamidoullah   *Arabe*
Qui loue Dieu

Hamilton   *Vieil anglais*
Vient d'un nom de famille

Hamim   *Arabe*
Proche, ami intime

Hamish   *Hébreu*
Dieu est miséricordieux

Hammad   *Arabe*
Qui ne cesse de louer Dieu

Hammadi   *Arabe*
Très fervent dans ses louanges

Hammam   *Arabe*
Très déterminé

Hampe   *Hébreu*
Dieu est miséricordieux

Hampus   *Hébreu*
Dieu est miséricordieux

Hamza *Arabe*
Lion

Hanezala *Arabe*
La coloquinte

Hanfried *Arabe*
Nouvelle forme de Johann et Friedrich

Hanif *Arabe*
Qui rejette l'erreur et la déviation

Hanjo *Hébreu*
Diminutif d'Hansjoachim

Hank *Hébreu*
Dieu est miséricordieux

Hanko *Hébreu*
Dieu est miséricordieux

Hannes *Hébreu*
Dieu est miséricordieux

Hannibal *Hébreu*
Dieu est élément

Hanno *Hébreu*
Dieu est miséricordieux

Hanraoi *Germanique*
Maison, roi

Hans *Hébreu*
Dieu est miséricordieux

Hansbernd *Germanique*
Assemblage de Hans et Bernd

Hansdieter *Allemand*
Assemblage de Hans et Dieter

Hänsel *Hébreu*
Dieu est miséricordieux

Hanselmo *Hébreu*
Dieu est miséricordieux

Hansgeorg *Allemand*
Assemblage de Hans et Georg

Hansgerd *Allemand*
Assemblage de Hans et Gerhard

Hansi *Hébreu*
Dieu est miséricordieux

Hansjakob *Allemand*
Assemblage de Hans et Jakob

Hansjoakchim *Allemand*
Assemblage de Hans et Joachim

Hansjörg *Allemand*
Assemblage de Hans et Jörg

Hansjürgen *Allemand*
Assemblage de Hans et Jürgen

Hanskarl *Allemand*
Assemblage de Hans et Karl

Hansko *Hébreu*
Dieu est miséricordieux

Hanspeter *Allemand*
Assemblage de Hans et Peter

Happy *Vieil anglais*
Avoir de la chance

Harailt *Germanique*
La loi de l'armée

Harald *Germanique*
La loi de l'armée

Haralds *Germanique*
La loi de l'armée

Haraldus *Germanique*
La loi de l'armée

Harding *Germanique*
Fort, ami

Haribert *Germanique*
Gloire de l'armée

Hario *Latin*
Le serein

Haris *Arabe*
Qui médite le Coran

Hariulf *Germanique*
Armée, loup

Harley *Anglais*
Nom de lieu anglais

Harm *Germanique*
Le combattant

Haro *Germanique*
Le combattant

Harold *Germanique*
La loi de l'armée

Haroldo *Germanique*
La loi de l'armée

Haroun *Arabe*
Aaron prophète

Harriet *Germanique*
Maison du roi

Harro *Germanique*
Diminutif d'Hermann, Harold, Herbert

Harry *Germanique*
Maison du roi

Hartlef *Germanique*
Fort, audace, amour

Hartlieb *Germanique*
Fort, audace, amour

Hartmann *Germanique*
L'homme fort

Hartmut *Germanique*
Dur, esprit

Hartwig *Germanique*
Combat hardi

Hartwin *Germanique*
Fort, ami

Harvey *Celte*
Fort, ardent

Haske *Hébreu*
Dieu est miséricordieux

Hasko *Hébreu*
Dieu est miséricordieux

Hassan *Arabe*
Excellent, beau

Hassane *Arabe*
Bon, beau

Hassâne *Arabe*
Bon, beau

Hassib *Arabe*
Considéré, estimé

Hassoun *Arabe*
Le chardonneret

Hassouna *Arabe*
Le chardonneret

Hatem *Arabe*
Juge

Hatim *Arabe*
Juge

Hatto *Germanique*
Diminutif

Haug *Germanique*
Intelligence

Hauke   *Germanique*
Intelligence

Haunui   *Tahitien*
Grand gouvernement de l'époque
féodale

Haymo   *Germanique*
Maison

Haymon   *Germanique*
Maison

Hector   *Grec*
Qui tient fortement

Hedi   *Arabe*
Guide

Hèdi   *Arabe*
Qui guide

Heia   *Tahitien*
La beauté couronnée de plumes

Heiko   *Germanique*
Diminutif de Heinrich

Heilmar   *Germanique*
Sain, célèbre

Heilwig   *Germanique*
Sain, combat

Heimana   *Tahitien*
Couronne puissante déplaçant le
ciel

Heimanu   *Tahitien*
Couronne d'oiseaux s'envolant
en tournoyant dans le ciel

Heimeran   *Germanique*
Foyer, corbeau

Heimfried   *Germanique*
Maison et paix

Hein   *Germanique*
Clôture et puissant

Heinar   *Germanique*
Clôture et puissant

Heinfried   *Germanique*
Assemblage de Heinrich et Friedrich

Heinko   *Germanique*
Clôture et puissant

Heinmann   *Germanique*
Maison du roi

Heino   *Hébreu*
Dieu est miséricordieux

Heino   *Germanique*
Maison du roi

Heinold   *Germanique*
Maison, régner

Heinrich   *Germanique*
Clôture et puissant

Heintje   *Germanique*
Clôture et puissant

Heinz   *Germanique*
Clôture et puissant

Heinzkarl   *Allemand*
Assemblage de Heinz et Karl

Heinzpeter   *Allemand*
Assemblage de Heinz et Peter

Heiva   *Tahitien*
L'athlète s'exerçant aux jeux divers

Hektor   *Grec*
Qui tient fortement

Helge *Scandinave*
Sain et sauf

Henke *Germanique*
Maison du roi

Helgo *Scandinave*
Forme d'Helge

Henne *Hébreu*
Dieu est miséricordieux

Hélier *Latin*
Le serein

Henneke *Hébreu*
Dieu est miséricordieux

Heliodoro *Grec*
Don du soleil

Henner *Germanique*
Clôture et puissant

Helle *Germanique*
Casque et âme

Henning *Germanique*
Forme de Heinrich et Johannes

Helm *Germanique*
Casque et âme

Henno *Germanique*
Maison du roi

Helmbrecht *Germanique*
Casque, brillant

Henri *Germanique*
Maison du roi

Helmfried *Germanique*
Casque et paix

Henrik *Germanique*
Clôture et puissant

Helmo *Germanique*
Casque et âme

Henry *Germanique*
Maison du roi

Helmod *Germanique*
Casque et régner

Henschel *Hébreu*
Dieu est miséricordieux

Helmut *Germanique*
Casque et âme

Herakleides *Grec*
Fils de Zeus

Helmuts *Germanique*
Casque et âme

Herb *Germanique*
Diminutif de Herbert

Helwig *Germanique*
Sain, combat

Herbald *Germanique*
Armée audacieuse

Hemmo *Germanique*
Le combattant

Herbert *Germanique*
Gloire de l'armée

Hendricus *Germanique*
Maison du roi

Hercules *Grec*
Célèbre pour ses travaux

Hendrik *Germanique*
Clôture et puissant

Heribert *Germanique*
Gloire de l'armée

Heriberto   *Germanique*
Armée, brillant

Herkules   *Grec*
Célèbre pour ses travaux

Hermake   *Germanique*
Le combattant

Herman   *Germanique*
Le combattant

Hermance   *Germanique*
Le combattant

Hermanis   *Germanique*
Le combattant

Hermann   *Germanique*
Le combattant

Hermeias   *Grec*
Nom d'un commissionnaire de Grèce

Hermel   *Germanique*
Le combattant

Hermelin   *Celte*
Prince des ours

Hermen   *Germanique*
Le combattant

Hermes   *Grec*
Nom d'un Dieu commissionnaire de Grèce

Herminius   *Germanique*
Le combattant

Hermjke   *Germanique*
Le combattant

Hermo   *Germanique*
Le combattant

Hermos   *Grec*
Nom d'un commissionnaire de Grèce

Herms   *Germanique*
Le combattant

Hernando   *Germanique*
Protecteur, paix, courageux

Herold   *Germanique*
La loi de l'armée

Heroldo   *Germanique*
La loi de l'armée

Hervé   *Celte*
Fort, ardent

Hervea   *Celte*
Fort, ardent

Herveig   *Celte*
Fort, ardent

Hervey   *Celte*
Fort, ardent

Hervie   *Celte*
Fort, ardent

Herwart   *Germanique*
Armée, gardien

Herwig   *Germanique*
Armée combattante

Herwin   *Germanique*
Armée, ami

Hetze   *Germanique*
Le combattant

Hetzel   *Germanique*
Le combattant

Hezekiah   *Hébreu*
Les colères de Dieu

Hias *Germanique*
Diminutif de Hermann

Hicham *Arabe*
Générosité

Hieronimus *Latin*
Nom sacré

Hieronymus *Latin*
Nom sacré

Higinio *Grec*
Vigoureux

Hihiura *Tahitien*
Rayon rouge du beau coucher de soleil

Hikma *Arabe*
Sagesse divine ou humaine

Hikmat *Arabe*
Sagesse divine

Hilal *Arabe*
Fin croissant de lune

Hilar *Latin*
Le serein

Hilario *Latin*
Le serein

Hilarion *Latin*
Le serein

Hilarius *Latin*
Le serein

Hilary *Latin*
Le serein

Hilbert *Germanique*
Combat, brillant

Hildebert *Germanique*
Combat, brillant

Hildebrand *Germanique*
Combat, épée

Hildeger *Germanique*
Combat, lance

Hildemar *Germanique*
Sain, célèbre

Hildolf *Germanique*
Loup combattant

Hilel *Arabe*
Fin croissant de lune

Hilger *Germanique*
Combat, lance

Hillery *Latin*
Le serein

Hilmar *Germanique*
Sain, célèbre

Hilpert *Germanique*
Combat, brillant

Himaya *Arabe*
Défense

Himayat *Arabe*
Protection infaillible

Himayatallah *Arabe*
La protection divine

Himayatoullah *Arabe*
La protection divine

Hina *Tahitien*
L'arrière-petit-fils des Dieux enveloppé de plumes

Hinaarii *Tahitien*
Arrière-petit-fils royal acclamé plusieurs fois

Hinderik *Germanique*
Maison du roi

Hinnerk *Germanique*
Clôture et puissant

Hinrich *Germanique*
Clôture et puissant

Hinz *Germanique*
Clôture et puissant

Hinzpeter *Allemand*
Assemblage de Hinz et Peter

Hiob *Hébreu*
Où est le père (Dieu)

Hipolito *Grec*
Qui dompte le cheval

Hippol *Grec*
Qui dompte le cheval

Hippolutos *Grec*
Qui dompte le cheval

Hippolyte *Grec*
Qui dompte le cheval

Hippolytus *Grec*
Qui dompte le cheval

Hiram *Hébreu*
Frère honoré

Hitiura *Tahitien*
Les deux côtés rouges du rocher à pic

Hitoshi *Japonais*
Bénévole

Hiva *Tahitien*
La compagnie gardant le gouvernement royal

Hjalmar *Nordique*
Casque, guerrier

Hoani *Tahitien*
Oiseaux cajolé des Dieux

Hoanui *Tahitien*
Grand ami du roi qui médite

Hobard *Germanique*
Esprit brillant

Hobart *Germanique*
Esprit brillant

Hocine *Arabe*
Excellent, beau

Hodge *Germanique*
Goire, lance

Hoege *Germanique*
Intelligence

Hoibeard *Germanique*
Intelligent, brillant

Hoibeard *Germanique*
Esprit brillant

Hoimar *Germanique*
Esprit célèbre

Hoireabard *Germanique*
Gloire de l'armée

Holger *Nordique*
Ami, champion de la lance

Homam *Arabe*
Généreux

Homer *Germanique*
L'aveugle

Honesto *Latin*
Digne d'honneurs

Honor *Latin*
Digne d'honneurs

Honorat *Latin*
Digne d'honneurs

Honorato *Latin*
Digne d'honneurs

Honoratus *Latin*
Digne d'honneurs

Honoré *Latin*
Digne d'honneurs

Honorio *Latin*
Digne d'honneurs

Honorius *Latin*
Digne d'honneurs

Hopkin *Germanique*
Gloire, brillant

Horace *Latin*
Nom d'une famille romaine

Horatio *Latin*
Nom d'une famille romaine

Horst *Germanique*
L'homme de la forêt

Horstmar *Germanique*
Peuple, célèbre

Hosea *Hébreu*
Libération, délivrance

Hosni *Arabe*
Naturellement beau

Hosséine *Arabe*
Excellent, beau

Houd *Arabe*
Qui se repent et se tourne vers Dieu

Houdâ *Arabe*
La vie

Houmaïd *Arabe*
Digne de louanges

Houmam *Arabe*
Généreux

Houméid *Arabe*
Digne de louanges

Housni *Arabe*
Naturellement beau

Houssam *Arabe*
Sabre tranchant

Houssameddine *Arabe*
Le sabre de la religion

Houzaïfa *Arabe*
Petit mouton noir

Howard *Scandinave*
Haut gardien

Hristofor *Grec*
Qui porte le Christ

Hube *Germanique*
Esprit brillant

Hubert *Germanique*
Esprit brillant

Huberto *Germanique*
Esprit brillant

Hubertus *Germanique*
Esprit brillant

Huey *Germanique*
Esprit brillant

Hugbert *Germanique*
Esprit brillant

Hugh *Germanique*
Esprit brillant

Hugibert *Germanique*
Esprit brillant

Hugly *Germanique*
Intelligence

Hugo *Germanique*
Intelligence

Hugold *Germanique*
Intelligence

Hugolin *Germanique*
Intelligence

Hugolino *Germanique*
Intelligence

Hugorick *Germanique*
Intelligence

Hugues *Germanique*
Intelligence

Huibert *Germanique*
Esprit brillant

Hukko *Germanique*
Esprit brillant

Huldreich *Germanique*
Patrimoine, roi

Humbert *Germanique*
Garçon brillant

Humberto *Germanique*
Garçon brillant

Humfried *Germanique*
Garçon, paix

Humphrey *Germanique*
Garçon, paix

Hunold *Germanique*
Qui règne

Huppel *Germanique*
Esprit brillant

Huprecht *Germanique*
Esprit brillant

Huschke *Hébreu*
Dieu est miséricordieux

Hyacinth *Grec*
La fleur de jacinthe

Hyazinth *Grec*
La fleur de jacinthe

I

MASCULIN

Iachint *Grec*
La fleur de jacinthe

Iacob *Hébreu*
Que Dieu favorise

Iacov *Hébreu*
Que Dieu favorise

Iacovo *Hébreu*
Que Dieu favorise

Iafad *Hébreu*
Puissant

Iago *Hébreu*
Que Dieu favorise

Iaian *Hébreu*
Dieu est miséricordieux

Iaicim *Hébreu*
Dieu met debout

Iakov *Hébreu*
Que Dieu favorise

Ian *Hébreu*
Dieu est miséricordieux

Iarom *Grec*
Nom sacré

Iasan *Grec*
Porteur du salut

Iason *Grec*
Porteur du salut

Iban *Hébreu*
Dieu est miséricordieux

Ibo *Germanique*
L'if

Ibrahim *Hébreu*
Père de la multitude

Ichabod *Hébreu*
Non glorieux

Ichiro *Japonais*
Le premier homme

Idris *Gallois*
Lord ardent

Idris *Arabe*
Etudier

Idriss *Arabe*
Etudier

Idzi *Germanique*
Descendant de haute origine

Ignace *Latin*
Feu

Ignacio *Latin*
Feu

Ignatie   *Latin*
Feu

Ignatios   *Latin*
Feu

Ignatius   *Latin*
Feu

Ignatz   *Latin*
Feu

Ignazio   *Latin*
Feu

Igneachan   *Latin*
Feu

Igor   *Germanique*
Fils protecteur

Ihoa   *Tahitien*
Grande collection de javelots du grand guerrier

Ihsane   *Arabe*
Recherche de la perfection

Ike   *Hébreu*
Que Dieu sourit

Ikey   *Hébreu*
Que Dieu sourit

Ikhlas   *Arabe*
Sincérité, pureté d'intention

Ikie   *Hébreu*
Que Dieu sourit

Ikram   *Arabe*
Témoignage de respect

Ikrima   *Arabe*
La tourterelle

Ilarie   *Grec*
Qui a de la joie

Ilario   *Grec*
Qui a de la joie

Ilarion   *Grec*
Qui a de la joie

Ilarione   *Latin*
Le serein

Ilary   *Latin*
Le serein

Ilian   *Germanique*
Descendant de haute origine

Ilias   *Hébreu*
Jéhovah est Dieu

Ilja   *Hébreu*
Jéhovah est Dieu

Illo   *Latin*
Diminutif de Ägidius

Ilya   *Hébreu*
Jéhovah est Dieu

Imadeddine   *Arabe*
Le pilier de la religion

Imam   *Arabe*
Qui dirige la prière

Imdad   *Arabe*
Aide, assistance

Imdadallah   *Arabe*
L'aide divine

Imdadoullah   *Arabe*
L'aide divine

Imirau   *Tahitien*
L'oiseau cherchant de nombreuses plumes

Immanuel   *Hébreu*
Dieu avec nous

Imrane *Arabe*
Longue vie et prospérité

Imre *Germanique*
Roi puissant

Inayat *Arabe*
Soin, attention

Indalecio *Basque*
Force

Ingamar *Germanique*
Fils célèbre

Ingbert *Germanique*
Diminutif de Ingobert

Ingemar *Germanique*
Fils célèbre

Ingmar *Germanique*
Fils célèbre

Ingmar *Germanique*
Ingwio (Dieu), renommée

Ingo *Germanique*
L'if

Ingobert *Germanique*
Ingwio (Dieu), brillant

Ingolf *Germanique*
Dieu allemand, loup

Ingomar *Germanique*
Ingwio (Dieu), renommée

Ingraban *Germanique*
Ingwio (Dieu), corbeau

Ingram *Germanique*
Le corbeau ancré

Ingvar *Germanique*
Guerre du peuple

Ingvarr *Germanique*
Fils protecteur

Ingver *Germanique*
Fils protecteur

Ingwar *Germanique*
Fils protecteur

Ingwin *Germanique*
Ingwio (Dieu), ami

Inigo *Latin*
Feu

Innocent *Latin*
L'innocent

Innocente *Latin*
L'innocent

Innocenzo *Latin*
L'innocent

Innokenti *Latin*
L'innocent

Innozenz *Latin*
L'innocent

Inocencio *Latin*
L'innocent

Inochentie *Latin*
L'innocent

Ioan *Hébreu*
Dieu accorde

Iob *Hébreu*
Persécuté

Ioio *Tahitien*
L'œil brillant de l'étoile du matin

Iona *Hébreu*
Pigeon

Ionatan *Hébreu*
Don de Dieu

Iosa *Hébreu*
Le nom de Dieu sauve

Iosac *Hébreu*
Dieu est serein

Iosaph *Hébreu*
Dieu ajoute

Iosep *Hébreu*
Dieu ajoute

Iosif *Hébreu*
Dieu ajoute

Iosog *Hébreu*
Dieu est serein

Iossif *Hébreu*
Dieu ajoute

Iosua *Hébreu*
Dieu est le sauveur

Iouli *Latin*
Ancien nom de gens

Ioulian *Latin*
Ancien nom de gens

Iouri *Grec*
Travailleur de la terre

Ipolit *Grec*
Dompteur de chevaux

Ippolito *Grec*
Dompteur de chevaux

Iqbal *Arabe*
Prospérité

Ira *Hébreu*
Vigilant

Irenäus *Grec*
La paix

Ireneo *Grec*
La paix

Irima *Tahitien*
Le messager avisé qui fut honoré

Irimias *Hébreu*
Le choix de Dieu

Irvin *Germanique*
L'ami des armées

Irving *Germanique*
L'ami des armées

Irving *Ecossais*
Nom de lieu

Irwin *Germanique*
L'ami des armées

Isaachie *Hébreu*
Que Dieu sourit

Isaak *Hébreu*
Que Dieu sourit

Isacco *Hébreu*
Que Dieu sourit

Isacio *Grec*
Egalité

Isaiah *Hébreu*
Le salut de Dieu

Isbert *Germanique*
Fer, brillant

Ishaq *Hébreu*
Que Dieu sourit

Isidor *Grec*
Cadeau de la déesse Isis

Isidore *Grec*
Cadeau de la déesse Isis

Isidorius *Grec*
Cadeau de la déesse Isis

Isidoro *Grec*
Cadeau de la déesse Isis

Isidoros *Grec*
Cadeau de la déesse Isis

Isidro *Grec*
Cadeau de la déesse Isis

Islam *Arabe*
Soumission à Dieu

Isma *Arabe*
Protection, vertu

Ismael *Hébreu*
Dieu a entendu

Ismail *Hébreu*
Ismaël de l'hébreu : Dieu a entendu

Ismaïl *Hébreu*
Ismaël de l'hébreu : Dieu a entendu

Ismar *Germanique*
Fer, célèbre

Ismat *Arabe*
Protection qui met à l'abri de toute atteinte

Israel *Hébreu*
Dieu le combattant

Istvan *Grec*
Couronne

Italo *Italien*
Italien

Itzaq *Hébreu*
Que Dieu sourit

Iuassik *Hébreu*
Dieu est miséricordieux

Iud *Hébreu*
Eloge

Iuda *Hébreu*
Le nom de Dieu sauve

Iul *Latin*
Jeune, juvénile

Iulian *Latin*
Ancien nom de gens

Iupatar *Grec*
Jupiter

Iustas *Grec*
Bel épi

Iustin *Latin*
Le juste

Iv *Germanique*
L'if

Ivain *Germanique*
L'if

Ivan *Hébreu*
Dieu accorde

Ivar *Germanique*
L'if

Ivo *Germanique*
L'if

Iwan *Hébreu*
Dieu est miséricordieux

Iwo *Germanique*
L'if

Iyad *Arabe*
Force, appui, autorité

Iyas *Arabe*
Cadeau, don, lynx

Izak *Hébreu*
Que Dieu sourit

Izzedine *Arabe*
La puissance de la religion

Izzy *Grec*
Cadeau de la déesse Isis

J

MASCULIN

Jaafar *Arabe*
Fleuve, ruisseau

Jaap *Hébreu*
Que Dieu favorise

Jaber *Arabe*
Réconfortant

Jabez *Hébreu*
Chagrin

Jabir *Arabe*
Qui assiste dans l'adversité

Jachimo *Hébreu*
Que Dieu favorise

Jacinto *Grec*
Nom de fleur, jacinthe

Jack *Hébreu*
Que Dieu favorise

Jäckel *Hébreu*
Que Dieu favorise

Jackie *Hébreu*
Que Dieu favorise

Jackson *Hébreu*
Fils de Jack

Jacob *Hébreu*
Que Dieu favorise

Jacobin *Hébreu*
Que Dieu favorise

Jacobo *Hébreu*
Que Dieu favorise

Jacobus *Hébreu*
Que Dieu favorise

Jacolyn *Hébreu*
Que Dieu favorise

Jacomus *Hébreu*
Que Dieu favorise

Jacques *Hébreu*
Que Dieu favorise

Jacquot *Hébreu*
Que Dieu favorise

Jafar *Arabe*
Ruisseau du fleuve

Jäggi *Hébreu*
Que Dieu favorise

Jago *Hébreu*
Que Dieu favorise

Jahed *Arabe*
Qui s'efforce

Jahid *Arabe*
Qui fait un effort sur lui-même

Jaime *Hébreu*
Dieu récompensera

Jake *Hébreu*
Que Dieu favorise

Jakez *Hébreu*
Que Dieu favorise

Jakob *Hébreu*
Que Dieu favorise

Jakobys *Hébreu*
Que Dieu favorise

Jakoos *Hébreu*
Que Dieu favorise

Jakou *Hébreu*
Que Dieu favorise

Jalal *Arabe*
Majesté, grandeur

Jalaleddine *Arabe*
La majesté de la religion

Jalel *Arabe*
Majesté, grandeur

Jamal *Arabe*
Beauté

Jamaleddine *Arabe*
La beauté de la religion

Jamel *Arabe*
Beauté

Jameleddine *Arabe*
La beauté de la religion

James *Hébreu*
Que Dieu favorise

Jamie *Hébreu*
Dieu est miséricordieux

Jamil *Arabe*
Beau

Jan *Hébreu*
Dieu est miséricordieux

Janck *Hébreu*
Dieu est miséricordieux

Janheinz *Hébreu*
Assemblage de Jan et Heinz

Janis *Hébreu*
Dieu est miséricordieux

Janko *Hébreu*
Dieu est miséricordieux

Janos *Hébreu*
Dieu est miséricordieux

Jânos *Hébreu*
Dieu est miséricordieux

Janpeter *Allemand*
Assemblage de Jan et Peter

Jantinus *Hébreu*
Dieu est miséricordieux

Jaouad *Arabe*
Généreux

Japheth *Hébreu*
Puissant

Jared *Hébreu*
Descendant

Jarl *Germanique*
Viril

Jarmil *Tchèque*
Paix, sévère

Jaro *Slave*
Diminutif de Jaromir, Jaroslaw

Jaromir *Slave*
Violent, paix

Jaroslaw *Slave*
Violent, gloire

Jarvis *Normand*
Vient d'un nom de famille français normand

Jascha *Hébreu*
Que Dieu favorise

Jason *Grec*
Porteur du salut

Jasper *Hébreu*
Gérer les trésors

Jasper *Persan*
Trésorier

Jaubert *Germanique*
Divinité, brillant

Javier *Basque*
Maison neuve

Jawad *Arabe*
Généreux

Jay *Anglais*
Diminutif des prénoms commençant par J

Jean *Hébreu*
Dieu est miséricordieux

Jean-Baptiste *Hébreu*
Assemblage de Jean et Baptiste

Jeff *Germanique*
La paix de Dieu

Jeffe *Germanique*
La paix de Dieu

Jefferey *Germanique*
La paix de Dieu

Jefferson *Américain*
Fils de Jeffrey

Jeffrey *Germanique*
La paix de Dieu

Jehu *Hébreu*
Jéhovah est Dieu

Jélel *Arabe*
Grandeur

Jem *Hébreu*
Dieu est miséricordieux

Jémil *Arabe*
Beau

Jendrik *Germanique*
Clôture et puissant

Jeng *Hébreu*
Dieu est miséricordieux

Jengen *Hébreu*
Dieu est miséricordieux

Jenkin *Hébreu*
Dieu est miséricordieux

Jenneke *Hébreu*
Dieu est miséricordieux

Jens *Hébreu*
Dieu est miséricordieux

Jent *Hébreu*
Dieu est miséricordieux

Jephthah *Hébreu*
Opposé

Jeppe *Hébreu*
Que Dieu favorise

Jeremiah *Hébreu*
Elève de Dieu

Jésus *Hébreu*
Le nom de Dieu sauve

Jeremias *Hébreu*
Elève de Dieu

Jethro *Hébreu*
Abondant, excellent

Jérémie *Hébreu*
Elève de Dieu

Jezekael *Hébreu*
Seigneur, généreux

Jeremy *Hébreu*
Elève de Dieu

Jihad *Arabe*
Lutte contre son ego, ses passions

Jerk *Scandinave*
Roi puissant

Jilani *Arabe*
Saint du 13e siècle

Jermen *Latin*
Issu du même sang

Jilez *Germanique*
Descendant de haute origine

Jérôme *Grec*
Nom sacré

Jillian *Latin*
Qui vient de Julier

Jeromin *Grec*
Nom sacré

Jim *Hébreu*
Dieu est miséricordieux

Jeronim *Grec*
Nom sacré

Jimmy *Hébreu*
Dieu est miséricordieux

Jeronimo *Grec*
Nom sacré

Jindrich *Germanique*
Clôture et puissant

Jeronimus *Grec*
Nom sacré

Jiri *Grec*
Travailleur de la terre

Jerrold *Germanique*
Lance, commande, gouverner

Jiro *Japonais*
Le deuxième

Jerry *Grec*
Nom sacré

Jo *Hébreu*
Dieu est miséricordieux

Jesko *Slave*
Violent, gloire

Joab *Hébreu*
Jéhovah est père

Jesse *Hébreu*
Dieu regarde

Joachim *Hébreu*
Dieu met debout

Jessie *Hébreu*
Dieu regarde

Joakje *Hébreu*
Que Dieu favorise

Joan *Hébreu*
Dieu est miséricordieux

Joannikios *Hébreu*
Dieu met debout

Joao *Hébreu*
Dieu est miséricordieux

Joap *Hébreu*
Dieu ajoute

Joaquin *Hébreu*
Dieu met debout

Job *Hébreu*
Où est le père (Dieu)

Jobst *Hébreu*
Que Dieu favorise

Jock *Hébreu*
Dieu est miséricordieux

Jodokus *Celte*
Le combattant

Jody *Hébreu*
Juive

Joe *Hébreu*
Dieu ajoute

Joël *Hébreu*
Iahvé est Dieu

Joen *Hébreu*
Dieu est miséricordieux

Joes *Hébreu*
Dieu est miséricordieux

Joggi *Hébreu*
Que Dieu favorise

Johann *Hébreu*
Dieu est miséricordieux

Johannes *Hébreu*
Dieu est miséricordieux

Johanno *Hébreu*
Dieu est miséricordieux

John *Hébreu*
Dieu est miséricordieux

Johny *Hébreu*
Dieu est miséricordieux

Jolyon *Latin*
Qui vient de Julier

Jon *Hébreu*
Dieu est miséricordieux

Jonah *Hébreu*
Pigeon

Jonas *Hébreu*
Pigeon

Jonathan *Hébreu*
Don de Dieu

Jöns *Hébreu*
Dieu est miséricordieux

Joop *Hébreu*
Dieu est miséricordieux

Joos *Hébreu*
Dieu ajoute

Joost *Celte*
Le combattant

Jöran *Grec*
Qui veille

Jordan *Hébreu*
Nom du fleuve où a été baptisé le Christ

Jörg *Grec*
Travailleur de la terre

Jorge *Grec*
Travailleur de la terre

Jörgen *Grec*
Travailleur de la terre

Jorick *Grec*
Travailleur de la terre

Joris *Grec*
Travailleur de la terre

Jörn *Grec*
Travailleur de la terre

Jörn *Celte*
Le combattant

Josafat *Hébreu*
Dieu ajoute

Joscha *Hébreu*
L'homme est un cadeau

José *Hébreu*
Dieu ajoute

Josef *Hébreu*
Dieu ajoute

Joseph *Hébreu*
Dieu ajoute

Josephus *Hébreu*
Dieu ajoute

Joshua *Hébreu*
Dieu est le sauveur

Josias *Hébreu*
Le guérisseur

Joss *Germanique*
Fils de Dieu

Josselin *Germanique*
Fils de Dieu

Jost *Celte*
Le combattant

Josua *Hébreu*
Dieu est le sauveur

Josué *Hébreu*
Dieu est le sauveur

Joubaïr *Arabe*
Qui assiste dans l'adversité

Joubert *Français*
Le Goth, renommée

Jouda *Arabe*
Perfection

Jounaïd *Arabe*
Armée, combattant

Jounaïdi *Arabe*
Combattant

Jounéid *Arabe*
Armée, combattant

Jozsef *Hébreu*
Dieu ajoute

Juan *Hébreu*
Dieu est miséricordieux

Jubéir *Arabe*
Qui assiste dans l'adversité

Judah *Hébreu*
Le nom de Dieu sauve

Judas *Hébreu*
Le nom de Dieu sauve

Judicael *Breton*
Roi de Bretagne

Juhans *Hébreu*
Dieu est miséricordieux

Jules *Latin*
Qui vient de Julier

Julian *Latin*
Qui vient de Julier

Julianos *Latin*
Qui vient de Julier

Julien *Latin*
Qui vient de Julier

Julio *Latin*
Qui vient de Julier

Julius *Latin*
Qui vient de Julier

Juluen *Latin*
Qui vient de Julier

Junien *Latin*
La force vitale

Junius *Latin*
La force vitale

Junon *Latin*
La force vitale

Jupp *Hébreu*
Dieu ajoute

Jurek *Grec*
Travailleur de la terre

Jürg *Grec*
Travailleur de la terre

Jürgen *Grec*
Travailleur de la terre

Juri *Grec*
Travailleur de la terre

Juris *Grec*
Travailleur de la terre

Jürn *Grec*
Travailleur de la terre

Jürnjakob *Allemand*
Assemblage de Jürn et Jakob

Just *Latin*
Raisonnable, juste

Juste *Latin*
Raisonnable, juste

Justin *Latin*
Raisonnable, juste

Justinian *Latin*
Raisonnable, juste

Justiniano *Latin*
Raisonnable, juste

Justino *Latin*
Raisonnable, juste

Justus *Latin*
Raisonnable, juste

Juult *Latin*
Qui vient de Julier

Juvénal *Latin*
Juvénile

Jyungi *Japonais*
Le pur, innocent

Jyunpei *Japonais*
Obéissant

K

MASCULIN

Kafil *Arabe*
Garant

Kajetan *Latin*
Habitant de Caieta

Kalle *Germanique*
Viril

Kalman *Celte*
Le moine

Kamal *Arabe*
Perfection, plénitude

Kamaleddine *Arabe*
La plénitude de la religion

Kamel *Arabe*
Perfection

Kameleddine *Arabe*
La plénitude de la religion

Kamîl *Arabe*
Parfait

Kamillo *Latin*
Jeune homme

Kaou *Celte*
Parenté, ami

Kapp *Hébreu*
Gérer les trésors

Karadeg *Breton*
Ami, aimable

Karel *Germanique*
Viril

Karim *Arabe*
Généreux et noble

Karl *Germanique*
Viril

Karlheinz *Germanique*
Assemblage de Karl et Heinz

Karlludwig *Germanique*
Assemblage de Karl et Ludwig

Karol *Germanique*
Viril

Karoly *Germanique*
Viril

Karsten *Latin*
Chrétien

Kasimir *Polonais*
Qui fait la paix

Kaspar *Hébreu*
Le trésorier

Kastor *Grec*
Le remarquable

Katsutoshi *Japonais*
Victorieux, excellent

Kavan *Breton*
Combat, sage

Kazem *Arabe*
Qui se domine

Kazim *Arabe*
Qui se domine

Keith *Grec*
Pure

Kelly *Irlandais*
Nom de saint

Kelvin *Ecossais*
Nom d'une rivière

Kémil *Arabe*
Parfait

Ken *Celte*
Charmant, agile

Kendrick *Vieil anglais*
Pouvoir hardi

Kenelm *Celte*
Vive protection

Kennedy *Gaélique*
Tête casquée

Kenneth *Celte*
Charmant, agile

Kenny *Celte*
Charmant, agile

Keno *Germanique*
Conseiller, hardi

Kent *Celte*
Lisière, bordure

Kerr *Vieil anglais*
Celui qui habite sur une parcelle de bois humide

Kerst *Latin*
Chrétien

Kersten *Latin*
Chrétien

Kerstin *Latin*
Chrétien

Kester *Grec*
Qui porte le Christ

Keube *Hébreu*
Que Dieu favorise

Kevin *Gaélique*
De naissance agréable

Khaldoun *Arabe*
Demeurant pour l'éternité au paradis

Khaled *Arabe*
Eternel

Khalid *Arabe*
Demeurant pour l'éternité au paradis

Khalil *Arabe*
Confident

Khalilallah *Arabe*
L'ami de Dieu

Khaliloullah *Arabe*
L'ami de Dieu

Khalis *Arabe*
Pur, droit, sincère

Khalyfa *Sonrais*
Orphelin de père

Khéirallah *Arabe*
Le bien venant de Dieu

Khéireddine *Arabe*
Le bien de la religion

Khéiroullah *Arabe*
Le bien venant de Dieu

Kherreddine *Arabe*
Le bien de la religion

Khiredine *Arabe*
Le bien de la religion

Khoma *Araméen*
Jumeau

Khourchid *Persan*
Jonction des eaux du fleuve avec
la mer

Khristianos *Latin*
Disciple du Christ

Kilian *Celte*
L'homme indulgent (de l'église)

Kim *Vieil anglais*
Vient de la royale prairie

Kimberley *Vieil anglais*
Vient de la royale prairie

King *Anglais*
Roi

Kingsley *Vieil anglais*
La forêt du roi

Kirk *Ecossais*
Qui habite à côté d'une église

Kirsten *Latin*
Chrétien

Kit *Latin*
Qui porte le Christ

Kjeld *Nordique*
Casque, chaudron

Klaas *Grec*
Victoire, peuple

Klaudei *Latin*
Boiteux

Klaudius *Latin*
Nom romain

Klaus *Grec*
Victoire, peuple

Klausdieter *Allemand*
Assemblage de Klaus et Dieter

Klausjürgen *Allemand*
Assemblage de Klaus et Jürgen

Kléber *Alsace*
Maçon

Klébert *Alsace*
Maçon

Klemens *Latin*
Clément

Klodwig *Germanique*
Illustre, bataille, combattant

Knud *USA*
Audacieux, impertinent

Köb *Hébreu*
Que Dieu favorise

Köbes *Hébreu*
Que Dieu favorise

Koeeb *Hébreu*
Que Dieu favorise

Koert *Germanique*
Conseiller, hardi

Koertsje *Germanique*
Conseiller, hardi

Kohn *Germanique*
Conseiller, hardi

Kolaig *Grec*
Victoire, peuple

Kolja *Grec*
Victoire, peuple

Koloman *Celte*
Le moine

Konan *Celte*
Chien, guerrier

Kondrati *Latin*
Quadratus

Konny *Germanique*
Conseiller

Konrad *Germanique*
Conseiller

Konradin *Germanique*
Conseiller

Konstantin *Latin*
Constance

Kord *Germanique*
Conseiller, hardi

Kornelius *Latin*
Nom romain

Kosimo *Grec*
Monde

Kosmas *Grec*
Monde

Kostja *Latin*
Constance

Koulm *Latin*
Colombe

Koumaïl *Arabe*
Jeune homme

Kouméil *Arabe*
Jeune homme

Kovig *Hébreu*
Que Dieu favorise

Kraft *Germanique*
Viril, force

Krispin *Latin*
Tête crépue

Kristian *Latin*
Chrétien

Kristof *Grec*
Qui porte le Christ

Kristofer *Grec*
Qui porte le Christ

Kristofor *Grec*
Qui porte le Christ

Kunibert *Germanique*
Clan, brillant

Kuno *Germanique*
Conseiller, hardi

Kunz *Germanique*
Conseiller, hardi

Kurt *Germanique*
Conseiller

Kutrun *Germanique*
Combat, magie

Kyle *Ecossais*
Nom de région

Kyril *Grec*
Consacré au divin

Kyrill *Grec*
Consacré au divin

L

MASCULIN

Laban *Hébreu*
Blanc

Labhras *Latin*
Le laurier

Labhras *Latin*
Le laurier

Labib *Arabe*
Qui a du bon sens

Lachlan *Ecossais*
Les gens qui viennent de Scandinavie

Lachtna *Latin*
Le brillant

Ladewig *Germanique*
Illustre, bataille, combattant

Ladislao *Slave*
Qui gouverne avec gloire

Ladislaus *Slave*
Le souverain plein de gloire

Lafayette *Français*
Vient d'un nom de famille français

Laiseach *Latin*
Le brillant

Lajos *Germanique*
Illustre, bataille, combattant

Lamb *Germanique*
Pays, brillant

Lambert *Germanique*
Pays, brillant

Lamberto *Germanique*
Pays, brillant

Lambertus *Germanique*
Pays, brillant

Lambrecht *Germanique*
Pays, brillant

Lamhsaloid *Celte*
Avec des sources

Lampe *Germanique*
Pays, brillant

Lamprecht *Germanique*
Pays, brillant

Lanbert *Germanique*
Pays, brillant

Lance *Germanique*
De la terre

Lancelot *Celte*
Avec des sources

Landelino *Germanique*
Terre

Landfried *Germanique*
Terre et paix

Lando *Germanique*
Pays, brillant

Landolf *Germanique*
Terre, loup

Landolfo *Germanique*
Terre, loup

Landolt *Germanique*
Terre, bois

Landwin *Germanique*
Ami de la terre

Lanz *Germanique*
Pays, brillant

Lanzo *Germanique*
Pays, brillant

Larrance *Latin*
Le laurier

Larry *Latin*
Le laurier

Lars *Latin*
Le laurier

Laslo *Latin*
Le laurier

Lasse *Latin*
Le laurier

Laur *Latin*
Le laurier

Laureano *Latin*
Le laurier

Lauréat *Latin*
Le laurier

Laurel *Latin*
Le laurier

Laurence *Latin*
Le laurier

Laurens *Latin*
Le laurier

Laurent *Latin*
Le laurier

Laurentin *Latin*
Le laurier

Laurentios *Latin*
Le laurier

Laurentiu *Latin*
Le laurier

Laurenz *Latin*
Le laurier

Lauridas *Latin*
Le laurier

Laurids *Latin*
Le laurier

Laurie *Latin*
Le laurier

Lauritz *Latin*
Le laurier

Laux *Latin*
Lumière

Lawrance *Latin*
Le laurier

Lawrence *Latin*
Le laurier

Lawry *Latin*
Le laurier

Leindel *Latin, germanique*
Lion fort

Lazar *Hébreu*
Dieu aide

Lemuel *Hébreu*
Appartenant à Dieu

Lazare *Hébreu*
Dieu aide

Len *Latin, germanique*
Lion fort

Lazaro *Hébreu*
Dieu aide

Lenard *Latin*
Lion

Lazarus *Hébreu*
Dieu aide

Lendel *Latin, germanique*
Lion fort

Leander *Grec*
L'homme lion

Lennard *Latin, germanique*
Lion fort

Leandro *Grec*
Homme du peuple

Lennart *Latin*
Lion

Leâo *Latin*
Lion

Lennart *Latin, germanique*
Lion fort

Lee *Celte*
Bois

Lennox *Ecossais*
Nom de lieu

Lee *Latin*
Lion

Lenny *Latin*
Lion fort

Leent *Latin, germanique*
Lion fort

Lenz *Latin*
Le laurier

Léger *Germanique*
Peuple, lance

Leo *Latin*
Lion

Lehar *Latin, germanique*
Lion fort

Léon *Latin*
Lion

Lehrd *Latin, germanique*
Lion fort

Léonard *Latin, germanique*
Lion

Leif *Scandinave*
Fils, héritier

Leonardo *Latin, germanique*
Lion fort

Leigh *Anglais*
Surnom anglais

Leoncio *Latin*
Lion

Leone *Latin*
Lion

Leonel *Germanique*
Jeune lion

Leonello *Germanique*
Jeune lion

Leonerd *Latin, germanique*
Lion fort

Leonhard *Latin, germanique*
Lion fort

Leonid *Latin*
Lion

Leonidas *Latin*
Lion

Leonilo *Germanique*
Jeune lion

Leons *Latin*
Lion

Leontie *Latin*
Lion

Léontin *Latin*
Lion

Leontios *Latin*
Lion

Leontis *Latin*
Lion

Léopold *Germanique*
Peuple audacieux

Leopoldo *Germanique*
Peuple audacieux

Leovigildo *Germanique*
Guerrier aimé

Lernet *Latin, germanique*
Lion fort

Leroy *Français*
Le roi

Les *Ecossais*
Nom de lieu

Lesley *Ecossais*
Nom de lieu

Leslie *Ecossais*
Venant d'un nom de famille anglais

Lester *Anglais*
Le fort Roman

Leu *Germanique*
Loup

Leuthold *Germanique*
Peuple qui règne

Lev *Latin*
Lion

Levi *Hébreu*
Celui qui unit

Levin *Germanique*
Ami cher

Lew *Latin*
Forme de Leo

Lewis *Germanique*
Gloire, combat

Lex *Grec*
Repousser, défendre

Liam *Grec*
Volonté, protection

Liborio *Latin*
Consacré aux Dieux

Liborius　　　*Latin*
Consacré aux Dieux

Licinio　　　*Latin*
Gens de Licia

Liebfried　　*Germanique*
Bien-aimé, paix

Liebhard　　　*Germanique*
Amour fort

Liebwin　　　*Germanique*
Ami cher

Liénard　　*Latin, germanique*
Lion fort

Lienet　　*Latin, germanique*
Lion fort

Lienhard　　*Latin, germanique*
Lion fort

Liert　　*Latin, germanique*
Lion fort

Lincoln　　　*Anglais*
Nom d'une ville

Lindon　　　*Anglais*
Tilleul

Lindsey　　　*Ecossais*
Grande famille

Linnart　　*Latin, germanique*
Lion fort

Lino　　　*Grec*
Lin

Linus　　　*Grec*
Le plaignant

Lion　　　*Latin*
Lion

Lionardo　　*Latin, germanique*
Lion fort

Lionel　　　*Germanique*
Jeune lion

Lionello　　　*Germanique*
Jeune lion

Lionnello　　　*Germanique*
Jeune lion

Lip　　　*Grec*
Qui aime le cheval

Lippo　　　*Grec*
Qui aime le cheval

Lippus　　　*Grec*
Qui aime le cheval

Lips　　　*Grec*
Qui aime le cheval

Livio　　　*Latin*
Pâle

Livius　　　*Latin*
Qui vient de Livier

Lloyd　　　*Gallois*
Les cheveux gris

Lobo　　　*Germanique*
Loup

Lodewik　　　*Germanique*
Illustre, bataille, combattant

Lodovico　　　*Germanique*
Illustre, bataille, combattant

Lofti　　　*Arabe*
Plein de délicatesse et de gentillesse

Löhr　　　*Latin*
Le laurier

Loïc *Germanique*
Illustre, bataille, combattant

Loig *Germanique*
Illustre, bataille, combattant

Lois *Germanique*
Illustre, bataille, combattant

Lokmane *Arabe*
Personnage d'origine nubienne

Lonnie *Germanique*
Forme du prénom espagnol Alonso

Löns *Latin*
Le laurier

Lope *Germanique*
Loup

Lorcan *Latin*
Le laurier

Lorenz *Latin*
Le laurier

Lorenzo *Latin*
Le laurier

Lorin *Latin*
Le laurier

Lortz *Latin*
Le laurier

Lotfi *Arabe*
Courtois, doux

Loth *Hébreu*
Couvrir

Lothar *Germanique*
Le célèbre héros

Lotz *Germanique*
Illustre, bataille, combattant

Lou *Germanique*
Illustre, bataille, combattant

Louis *Germanique*
Illustre, bataille, combattant

Louka *Latin*
Lumière

Louki *Latin*
Lumière

Loukios *Latin*
Lumière

Loup *Germanique*
Loup

Lout *Arabe*
Neveu d'Ibrâhîm

Loutfallah *Arabe*
La bienveillance divine

Loutfi *Arabe*
Plein de délicatesse

Loutfoullah *Arabe*
La bienveillance divine

Loutsian *Latin*
Lumière

Lovell *Germanique*
Loup

Lovis *Germanique*
Illustre, bataille, combattant

Lowell *Anglais*
D'une vieille famille de la Nou-
velle-Angleterre

Lowik *Germanique*
Illustre, bataille, combattant

Lozoïc *Germanique*
Illustre, bataille, combattant

Lu *Germanique*
Illustre, bataille, combattant

Luc *Latin*
Lumière

Luca *Latin*
Lumière

Lucan *Latin*
Lumière

Lucas *Latin*
Lumière

Luchian *Latin*
Lumière

Luchilian *Latin*
Lumière

Lucian *Latin*
Lumière

Luciano *Latin*
Lumière

Lucien *Latin*
Lumière

Lucifer *Latin*
Le porteur de lumière

Lucillianos *Latin*
Lumière

Lucillien *Latin*
Lumière

Lucinien *Latin*
Lumière

Lucio *Latin*
Lumière

Lucius *Latin*
Lumière

Luck *Latin*
Lumière

Lucretius *Latin*
Brillant, jeune

Lucrezio *Latin*
Qui gagne

Ludel *Germanique*
Illustre, bataille, combattant

Ludger *Germanique*
Peuple et lance

Ludo *Germanique*
Illustre, bataille, combattant

Ludovic *Germanique*
Illustre, bataille, combattant

Ludovico *Germanique*
Illustre, bataille, combattant

Ludovicus *Germanique*
Illustre, bataille, combattant

Ludovique *Germanique*
Illustre, bataille, combattant

Ludvik *Germanique*
Illustre, bataille, combattant

Ludwig *Germanique*
Illustre, bataille, combattant

Lugaidh *Germanique*
Illustre, bataille, combattant

Lughaidh *Germanique*
Illustre, bataille, combattant

Luigi *Germanique*
Illustre, bataille, combattant

Luis *Germanique*
Illustre, bataille, combattant

Luisito *Germanique*
Illustre, bataille, combattant

Luitbald *Germanique*
Peuple audacieux

Luitbert *Germanique*
Peuple brillant

Luitbrand *Germanique*
Peuple, épée

Luitfried *Germanique*
Peuple, paix

Luitger *Germanique*
Peuple et lance

Luithard *Germanique*
Peuple et force

Luither *Germanique*
Peuple et lance

Luithold *Germanique*
Peuple qui règne

Luitpold *Germanique*
Peuple audacieux

Luitwin *Germanique*
Ami du peuple

Luiz *Germanique*
Illustre, bataille, combattant

Lukas *Latin*
Qui vient de la terre de Lucania

Luke *Latin*
Qui vient de la terre de Lucania

Lukretius *Latin*
Brillant, jeune

Lupo *Germanique*
Loup

Luther *Germanique*
Fameux guerrier

Lutz *Germanique*
Illustre, bataille, combattant

Lux *Latin*
Qui vient de la terre de Lucania

Luzius *Latin*
Lumière

Lyndon *Anglais*
Tilleul

Lysander *Grec*
Libérer, délivrer, l'homme

M

MASCULIN

M'Hamed *Arabe*
Très loué

Maamar *Arabe*
A qui Dieu prête longue vie

Maan *Hébreu*
Dieu est avec nous

Maarouf *Arabe*
La bonne conduite

Maas *Araméen*
Jumeau

Mabrouk *Arabe*
Qui reçoit la Baraka

Mac *Gallois*
Le fils

Macarie *Grec*
Celui qui porte l'épée

Macario *Grec*
Celui qui porte l'épée

Macédonie *Grec*
Qui vient de Macédoine

Macedonios *Grec*
Qui vient de Macédoine

Maciej *Hébreu*
Don de Dieu

Mack *Germanique*
Gardien de frontière (douanier)

Maden *Breton*
Bon

Mades *Hébreu*
Don de Dieu

Madih *Arabe*
Digne d'éloges

Mael *Breton*
Chef, grand

Maeleachlainn *Irlandais*
Nom de saint

Maevarau *Tahitien*
Souhaits variés de bienvenue à l'assemblée des princes

Magin *Latin*
Le plus grand

Magnus *Latin*
Le plus grand

Mahboub *Arabe*
Bien-aimé

Mahdi *Arabe*
Digne d'éloges

Maher *Arabe*
Adroit, habile

Mahfouz *Arabe*
Qui est sous la vigilante sauvegarde de Dieu

Mahir *Arabe*
Ingénieux, adroit

Mahmoud *Arabe*
Celui vers qui vont les louanges

Maik *Germanique*
Fort et puissant

Maïmoun *Arabe*
Favorisé, béni

Mairtin *Latin*
Guerrier

Maïssour *Arabe*
Facile, agréable

Maitias *Hébreu*
Don de Dieu

Maitiu *Hébreu*
Don de Dieu

Majdeddine *Arabe*
La gloire de la religion

Majdi *Arabe*
De nature glorieuse et noble

Makarios *Grec*
Celui qui porte l'épée

Makine *Arabe*
Fort

Maksim *Latin*
Le plus grand

Maksis *Latin*
Le plus grand

Makoto *Japonais*
Le vrai

Malachy *Irlandais*
Nom de saint

Malcolm *Ecossais*
Dévoué à la Sainte colombe

Malek *Arabe*
Qui possède

Malih *Arabe*
Qui a un beau visage

Malik *Arabe*
Qui possède

Malo *Breton*
Garantie, otage

Malte *Germanique*
Casque et régner

Mamdouh *Arabe*
Dont on fait éloge

Mamedouh *Arabe*
Dont on fait éloge

Mamoun *Arabe*
Digne de confiance

Mana *Tahitien*
Autorité voyageant la nuit

Manar *Arabe*
Source lumineuse

Mandel *Hébreu*
Dieu est avec nous

Mandy *Latin*
Aimable

Manes *Germanique*
Le combattant

Manés *Grec*
Mère

Manfred *Germanique*
Paix des hommes

Manfredo *Germanique*
Paix des hommes

Manlio *Latin*
Des mains de Dieu

Mannus *Germanique*
Le combattant

Manny *Hébreu*
Dieu est avec nous

Mano *Hébreu*
Dieu est avec nous

Manold *Hébreu*
Dieu est avec nous

Manolette *Hébreu*
Dieu est avec nous

Manolito *Hébreu*
Dieu est avec nous

Manolo *Hébreu*
Dieu est avec nous

Manouel *Hébreu*
Dieu est avec nous

Mansour *Arabe*
Facile, agréable

Manu *Hébreu*
Dieu est avec nous

Manu *Tahitien*
Oiseau chantant errant la nuit

Manua *Tahitien*
Oiseau chantant errant la nuit

Manuarii *Tahitien*
L'oiseau royal venu du ciel

Manuel *Hébreu*
Dieu est avec nous

Manuhiri *Tahitien*
Visiteur têtu de la maison des héros

Manui *Tahitien*
Grand flambeau de la nuit sombre

Manuil *Hébreu*
Dieu est avec nous

Manus *Latin*
Le Romain

Manutea *Tahitien*
Oiseau blanc se perchant dans les trous de rocher

Maoise *Hébreu*
Tiré des eaux

Maolcholm *Ecossais*
Dévoué à la sainte colombe

Maolmordha *Germanique*
Généreux

Maouhoub *Arabe*
Doué

Maouloud *Arabe*
Nouveau-né

Maqboul *Arabe*
Accepté, agréé

Marald *Germanique*
Cheval, régner

Marat *Araméen*
Seigneur

Marbod *Germanique*
Cheval et commander

Marc *Grec*
Consacré au Dieu Mars

Marceau *Grec*
Consacré au Dieu Mars

Marcel *Grec*
Consacré au Dieu Mars

Marcelino *Grec*
Consacré au Dieu Mars

Marcellin *Grec*
Consacré au Dieu Mars

Marcellino *Grec*
Consacré au Dieu Mars

Marcello *Grec*
Consacré au Dieu Mars

Marcellus *Grec*
Consacré au Dieu Mars

Marcelo *Grec*
Consacré au Dieu Mars

Marchetto *Grec*
Consacré au Dieu Mars

Marcial *Grec*
Consacré au Dieu Mars

Marcian *Grec*
Consacré au Dieu Mars

Marciano *Grec*
Consacré au Dieu Mars

Marcien *Grec*
Consacré au Dieu Mars

Marcin *Latin*
Guerrier

Marck *Grec*
Consacré au Dieu Mars

Marco *Grec*
Consacré au Dieu Mars

Marcos *Grec*
Consacré au Dieu Mars

Marcu *Grec*
Consacré au Dieu Mars

Marcus *Grec*
Consacré au Dieu Mars

Marek *Grec*
Consacré au Dieu Mars

Marhold *Germanique*
Cheval qui règne

Marian *Latin*
Du nom d'une famille romaine

Mariano *Hébreu*
Voyante, dame

Maric *Germanique*
Gloire, grandeur, puissant

Marin *Latin*
Homme de la mer

Marino *Latin*
Homme de la mer

Marinos *Latin*
Homme de la mer

Marinus *Latin*
Homme de la mer

Mario *Latin*
Du nom d'une famille romaine

Marius *Latin*
Du nom d'une famille romaine

Mark *Grec*
Consacré au Dieu Mars

Markel *Grec*
Consacré au Dieu Mars

Markian *Grec*
Consacré au Dieu Mars

Marko *Grec*
Consacré au Dieu Mars

Markolf *Germanique*
Gardien de frontière

Markus *Grec*
Consacré au Dieu Mars

Markward *Germanique*
Gardien de frontière (douanier)

Marlen *Russe*
Contraction de Marx et Lénine

Marmaduke *Irlandais*
Dévoué à Maédoc

Marotea *Tahitien*
Le héros à la ceinture blanche

Marotini *Tahitien*
Ceintures multiples de l'armée des Dieux

Marouane *Arabe*
Le quartz

Mars *Latin*
Guerrier

Marsal *Latin*
Guerrier

Marshal *Germanique*
Domestique pour les chevaux

Marshall *Germanique*
Domestique pour les chevaux

Mart *Latin*
Guerrier

Martan *Latin*
Guerrier

Martel *Latin*
Guerrier

Marten *Latin*
Guerrier

Martial *Latin*
Guerrier

Martialis *Latin*
Guerrier

Martien *Latin*
Guerrier

Martin *Latin*
Guerrier

Martinian *Latin*
Guerrier

Martiniano *Latin*
Guerrier

Martinianos *Latin*
Guerrier

Martinie *Latin*
Guerrier

Martinien *Latin*
Guerrier

Martino *Latin*
Guerrier

Martinus *Latin*
Guerrier

Marty *Latin*
Guerrier

Marvin *Germanique*
Ami de la mer

Marwald *Germanique*
Cheval, régner

Marwane *Arabe*
Le silex

Marx *Grec*
Consacré au Dieu Mars

Marzel *Grec*
Consacré au Dieu Mars

Marziano *Latin*
Guerrier

Marzio *Latin*
Guerrier

Marzouk *Arabe*
Sustenté par Dieu

Marzouq *Arabe*
Sustenté par Dieu

Masahito *Japonais*
Homme exact

Masetto *Araméen*
Jumeau

Maso *Araméen*
Jumeau

Mason *Germanique*
Le travailleur de pierre

Massaoud *Arabe*
Heureux

Massimiliano *Grec*
Le plus grand

Mat *Hébreu*
Don de Dieu

Matahi *Tahitien*
Yeux multiples regardant le ciel

Matei *Hébreu*
Don de Dieu

Mateo *Hébreu*
Don de Dieu

Matha *Hébreu*
Don de Dieu

Mathew *Hébreu*
Don de Dieu

Mathias *Hébreu*
Don de Dieu

Mathieu *Hébreu*
Don de Dieu

Mathijs *Hébreu*
Don de Dieu

Mathis *Hébreu*
Don de Dieu

Matias *Hébreu*
Don de Dieu

Matiaz *Hébreu*
Don de Dieu

Matrich *Germanique*
Puissant, vigoureux

Matt *Hébreu*
Don de Dieu

Mattalus *Hébreu*
Don de Dieu

Matteo *Hébreu*
Don de Dieu

Matthäus *Hébreu*
Don de Dieu

Matthew *Hébreu*
Don de Dieu

Matthias *Hébreu*
Don de Dieu

Matthieu *Hébreu*
Don de Dieu

Matti *Hébreu*
Don de Dieu

Mattie *Hébreu*
Don de Dieu

Matvei *Hébreu*
Don de Dieu

Maur *Latin*
Maure, africain

Maurelius *Latin*
Maure, africain

Maurice *Latin*
Maure, africain

Mauricio *Latin*
Maure, africain

Maurilio *Latin*
Maure, africain

Maurin *Latin*
Maure, africain

Mauritius *Latin*
Maure, africain

Maurizio *Latin*
Maure, africain

Mauro *Latin*
Maure, africain

Maurus *Latin*
Maure, africain

Mavr *Latin*
Maure, africain

Mawhoub *Arabe*
Doué

Mawloub *Arabe*
Doué

Max *Grec*
Le plus grand

Maxim *Latin*
Le plus grand

Maxime *Latin*
Le plus grand

Maximilian *Latin*
Le plus grand

Maximiliano *Latin*
Le plus grand

Maximilien *Latin*
Le plus grand

Maximo *Latin*
Le plus grand

Maximos *Latin*
Le plus grand

Maximus *Latin*
Le plus grand

Maxwell *Ecossais*
Nom de lieu, le ruisseau

Maynard *Germanique*
Force puissante

Mazé *Hébreu*
Don de Dieu

Mazène *Arabe*
Qui tient des propos élogieux

Mazine *Arabe*
Qui tient des propos élogieux

Médard *Germanique*
Dur, fort

Medardo *Germanique*
Dur, fort

Mède *Germanique*
Puissant, vigoureux

Médéric *Germanique*
Puissant, vigoureux

Medrich *Germanique*
Puissant, vigoureux

Mehdi *Arabe*
Bien guidé

Meiko *Germanique*
Fort et puissant

Meilseoir *Hébreu*
Roi de la lumière

Méimoun *Arabe*
Heureux, favorisé

Meinald *Germanique*
Force, régner

Meinardo *Germanique*
Homme glorieux

Meinhard *Germanique*
Fort et puissant

Meinhold *Germanique*
Force, régner

Meinold *Germanique*
Force et règne

Meinolf *Germanique*
Loup vigoureux

Meinrad *Germanique*
Force et conseil

Meins *Germanique*
Le combattant

Meir *Hébreu*
Brillant

Méissour *Arabe*
Facile, agréable

Mel *Français*
Diminutif de Melvin

Melcher *Hébreu*
Dérivé de Melchior

Melchior *Hébreu*
Mon roi est lumière

Melchiorre *Hébreu*
Mon roi est lumière

Melchor *Hébreu*
Mon roi est lumière

Meliton *Latin*
Miel

Melquiades *Hébreu*
Dieu est mon roi

Meleville *Français*
Vient du nom d'une place

Melvin *Français*
Dérivé de Meleville

Melvyn *Français*
Vient de Melvin

Mendel *Hébreu*
Dieu est avec nous

Mentino *Latin*
Clément

Menzel *Germanique*
Le combattant

Mercurios *Grec*
Mercure

Meredith *Gallois*
Protecteur de la Loi

Merlin *Celte*
La mer, la falaise

Merling *Celte*
La mer, la falaise

Merry *Germanique*
Puissant, vigoureux

Merten *Latin*
Guerrier

Mertens *Latin*
Guerrier

Mervin *Celte*
La mer, la falaise

Mervyn *Celte*
La mer, la falaise

Messaoud *Arabe*
Heureux, chanceux

Methodios *Grec*
Studieux

Metodie *Grec*
Studieux

Metodio *Grec*
Studieux

Meurig *Latin*
Maure, africain

Meurisse *Latin*
Maure, africain

Meven *Breton*
Agile, fort

Mewes *Hébreu*
Don de Dieu

Micah *Hébreu*
Qui est comme Dieu

Micha *Hébreu*
Qui est comme Dieu

Michael *Hébreu*
Qui est comme Dieu

Michal *Hébreu*
Qui est comme Dieu

Micheal *Hébreu*
Qui est comme Dieu

Micheil *Hébreu*
Qui est comme Dieu

Michel *Hébreu*
Qui est comme Dieu

Michele *Hébreu*
Qui est comme Dieu

Mick *Hébreu*
Qui est comme Dieu

Micky *Hébreu*
Qui est comme Dieu

Miek *Latin*
Rameur

Mies *Hébreu*
Diminutif de Bartholomäus

Migeli *Grec*
Ruse

Miguel *Hébreu*
Qui est comme Dieu

Mikael *Hébreu*
Qui est comme Dieu

Mikal *Hébreu*
Qui est comme Dieu

Mike *Hébreu*
Qui est comme Dieu

Mikkiel *Hébreu*
Qui est comme Dieu

Mikko *Hébreu*
Qui est comme Dieu

Miklas *Grec*
Victoire, peuple

Miklos *Grec*
Victoire, peuple

Mikosch *Hébreu*
Qui est comme Dieu

Mikosch *Grec*
Victoire, peuple

Mikus *Hébreu*
Qui est comme Dieu

Milan *Slave*
Paix, gloire

Milko *Slave*
Paix, gloire

Millan *Grec*
Ruse

Millian *Grec*
Ruse

Milo *Latin*
Le meunier

Miloslaw *Slave*
Paix, gloire

Milton *Vieil anglais*
La loi du milieu

Mingo *Latin*
Qui appartient au seigneur

Minhajeddine *Arabe*
La voie de la religion

Mirko *Slave*
Paix, gloire

Miroslaw *Slave*
Paix, gloire

Misail *Hébreu*
Qui est comme Dieu

Misbah *Arabe*
Qui apporte la lumière

Mischa *Hébreu*
Qui est comme Dieu

Mitch *Hébreu*
Qui est comme Dieu

Mitchell *Hébreu*
Qui est comme de Dieu

Mitja *Latin*
Qui vient de Demetrius

Mo'eore *Tahitien*
L'époux inoubliable parti très loin

Moana *Tahitien*
Prince voyageant en mer la nuit

Modan *Breton*
Jeune homme, feu

Modest *Latin*
Modeste

Modeste *Latin*
Modeste

Modesto *Latin*
Modeste

Modestos *Latin*
Modeste

Moe *Tahitien*
Le sommeil du soleil assombri

Moe *Hébreu*
Tiré des eaux

Moeava *Tahitien*
Le requin épiant le passage que l'on craint

Mohamed *Arabe*
Le lieu par excellence de la louange

Mohammed *Arabe*
Le lieu par excellence de la louange

Mohieddine *Arabe*
Le vivificateur de la religion

Moise *Hébreu*
Tiré des eaux

Moïse *Hébreu*
Tiré des eaux

Moisés *Hébreu*
Tiré des eaux

Mokhtar *Arabe*
Choisi par Dieu

Mombert *Germanique*
Pensée brillante

Momme *Germanique*
Pensée brillante

Monoel *Hébreu*
Dieu est avec nous

Monroe *Celte*
Nom de lieu

Montague *Français*
Falaise pointue

Montgomery *Français*
Lieu normand

Montserrat *Catalan*
Montagne en forme de chaîne

Monty *Français*
Lieu normand

Moran *Breton*
Grand

Morgan *Gallois*
Grand, brillant

Moric *Latin*
Maure, africain

Moritz *Latin*
Maure, africain

Morris *Latin*
Maure, africain

Mort *Latin*
Mer morte

Morten *Latin*
Guerrier

Mortimer *Français*
Mer morte

Morton *Anglais*
Nom d'un lieu

Morvan *Breton*
Mer, pensée

Mosbah   *Arabe*
Qui apporte la lumière

Mose   *Hébreu*
Tiré des eaux

Moses   *Hébreu*
Tiré des eaux

Moshé   *Hébreu*
Tiré des eaux

Mosie   *Hébreu*
Tiré des eaux

Moss   *Hébreu*
Forme de Moses

Mostapha   *Arabe*
Elu pour sa pureté

Mostefa   *Arabe*
Elu par Dieu

Mostyn   *Gallois*
Forteresse de la plaine

Mouammar   *Arabe*
A qui Dieu prête longue vie

Mouayad   *Arabe*
Renforcé, assisté, vainqueur

Moubachir   *Arabe*
Qui annonce de bonnes nouvelles

Moubarak   *Arabe*
Béni, chanceux

Moubarek   *Arabe*
Qui reçoit la Baraka

Moubine   *Arabe*
Evident

Moufid   *Arabe*
Bénéfique

Moughith   *Arabe*
Qui porte secours

Mouhammad *Arabe*
Très loué, le prophète de l'Islam

Mouhsine   *Arabe*
Qui recherche la perfection

Mouhtadi   *Arabe*
Bien guidé

Mouhyeddine *Arabe*
Le vivificateur de la religion

Moujab   *Arabe*
Exaucé

Moujahid   *Arabe*
Qui est en état de Jihâd

Moukhlis   *Arabe*
Pur d'intention

Moukhtar   *Arabe*
Choisi par Dieu

Moulham   *Arabe*
Qui reçoit l'inspiration

Moumine   *Arabe*
Qui a la foi

Mounib   *Arabe*
Qui se repent et revient vers Dieu

Mounif   *Arabe*
Dominant

Mounir   *Arabe*
Qui illumine

Mounji   *Arabe*
Qui sauve d'un danger

Mounsef   *Arabe*
Selon le juste milieu

Mounsif *Arabe*
Selon le juste milieu

Mountassir *Arabe*
Victorieux

Mounzir *Arabe*
Qui avertit et annonce le châtiment

Mourad *Arabe*
Désiré de Dieu

Mourid *Arabe*
Qui désire Dieu

Mouris *Arabe*
Qui porte secours

Mourlis *Arabe*
Pur d'intention, sincère

Mourtar *Arabe*
Choisi par Dieu

Mousaddaq *Arabe*
Celui que l'on tient pour véridique

Mouslim *Arabe*
Qui est soumis à Dieu

Moussa *Hébreu*
Moïse de l'hébreu : sauvé, tiré des eaux

Moussaab *Arabe*
Symbole de noblesse chez les arabes

Moussab *Arabe*
Symbole de noblesse chez les arabes

Moustafa *Arabe*
Elu pour sa pureté

Moustapha *Arabe*
Elu pour sa pureté

Moustassim *Arabe*
Qui cherche refuge auprès de Dieu

Moutawakkil *Arabe*
Celui qui donne sa confiance

Mouzaffar *Arabe*
Qui remporte succès et victoire

Mouzakkir *Arabe*
Celui qui vivifie le souvenir

Mozes *Hébreu*
Tiré des eaux

Mstislav *Slave*
Le vengeur

Muck *Slave*
L'homme de Pomuk

Muircheartach *Français*
Mer morte

Muiris *Latin*
Maure, africain

Munro *Ecossais*
Celui qui habite près de l'embouchure de la rivière

Murdo *Gaélique*
Mer

Murdock *Celte*
L'homme de la mer

Murray *Ecossais*
Nom de lieu

Murray *Latin*
Maure, africain

Mustapha *Arabe*
Elu par Dieu

Miles *Germanique*
Généreux

Myles *Italien*
Généreux

MASCULIN

Naareddine   *Arabe*
Le salut de la religion

Naarii   *Arabe*
Les deux princes de la maison des héros

Nabih   *Arabe*
Esprit clair et vif

Nabil   *Arabe*
Noble, chevaleresque

Nacer   *Arabe*
Vainqueur

Nacereddine   *Arabe*
Le vainqueur de la religion

Nachit   *Arabe*
Agile, vif, gai

Nadem   *Arabe*
Qui regrette et se repent

Nader   *Arabe*
Rare, exceptionnel

Nadim   *Arabe*
Qui regrette et se repent

Nadir   *Arabe*
Rare, exceptionnel

Nadjib   *Arabe*
De noble ascendance

Naehu   *Tahitien*
Les deux jumeaux blonds grandement sacrés

Nafis   *Arabe*
De grande valeur

Nahum   *Hébreu*
Consolateur

Naïm   *Arabe*
Doux, délicieux

Naïmallah   *Arabe*
Le bienfait de Dieu

Naïmoullah   *Arabe*
Le bienfait de Dieu

Najah   *Arabe*
Succès, réussite

Najeh   *Arabe*
Réussite

Naji   *Arabe*
Qui échappe au danger

Najiallah   *Arabe*
Le confident de Dieu

Najib *Arabe*
De noble ascendance

Najid *Arabe*
Lion, intrépide, courageux

Najioullah *Arabe*
Le confident de Dieu

Najm *Arabe*
Etoile

Najmeddine *Arabe*
L'étoile de la religion

Najmi *Arabe*
Etoilé

Naldo *Germanique*
Conseil, gouverneur

Namata *Tahitien*
Les yeux des étoiles brillantes de
la voûte céleste

Nandolf *Germanique*
Loup hardi

Nani *Tahitien*
Enfant aimé de l'assemblée divine

Nantwig *Germanique*
Audacieux et ami

Naoi *Hébreu*
Réconfort

Naouar *Arabe*
Eblouissant

Naoufal *Arabe*
Homme généreux et beau

Naoufel *Arabe*
Homme généreux et beau

Napoilean *Italien*
Lion de Naples

Napoléon *Italien*
Lion de Naples

Nara'i *Tahitien*
Les huit cieux des Dieux

Narcis *Grec*
Narcisse

Narciso *Grec*
Narcisse

Narses *Grec*
Narcisse

Nasr *Arabe*
Victoire

Nasrallah *Arabe*
Le victorieux secours de Dieu

Nasreddine *Arabe*
Le salut de la religion

Nasri *Arabe*
De tempérament victorieux

Nasroullah *Arabe*
Le victorieux secours de Dieu

Nasseh *Arabe*
Ami sincère et loyal

Nasser *Arabe*
Qui porte assistance

Nassih *Arabe*
Conseiller véridique

Nassîh *Arabe*
Conseiller véridique

Nâssih *Arabe*
Conseiller véridique

Nassik *Arabe*
Voué exclusivement à Dieu

Nassim *Arabe*
Brise légère

Nassir *Arabe*
Vainqueur

Nat *Hébreu*
Dieu donne

Natai *Tahitien*
L'armée errant côté mer

Natale *Latin*
Jour de naissance

Natalis *Latin*
Jour de naissance

Nathan *Hébreu*
Dieu donne

Nathanael *Hébreu*
Dieu donne

Nathaniel *Hébreu*
Dieu donne

Nato *Tahitien*
Les deux chefs de l'armée des guerriers

Natz *Latin*
Feu

Nawar *Arabe*
Très lumineux

Nawwar *Arabe*
Eblouissant

Nayir *Arabe*
Très brillant

Nazario *Hébreu*
Consacré, couronné

Nazem *Arabe*
Qui établit l'ordre

Nazerl *Latin*
Feu

Nazim *Arabe*
Qui établit l'ordre

Nazir *Arabe*
Consacré à Dieu

Ned *Germanique*
Gardien des biens et des richesses

Néfis *Arabe*
De grande valeur

Nehemiah *Hébreu*
Le réconfort de Dieu

Neidhard *Germanique*
Le combattant rageur

Neil *Celte*
Champion

Néill *Celte*
Champion

Néjib *Arabe*
De noble ascendance

Nejm *Arabe*
Etoile, astre

Nejmi *Arabe*
Etoile, astre

Nelson *Anglais*
Le fils de Neil

Nemesio *Latin*
Justicier

Nepomuk *Slave*
L'homme de Pomuk

Nereo *Sanscrit*
Homme

Neres *Germanique*
Décret, armée

Nero *Latin*
Fort; d'un nom de clan romain

Néssim *Arabe*
Brise légère

Nestor *Grec*
Celui qui rentre chez lui sous les bons auspices

Nestore *Grec*
Celui qui rentre chez lui sous les bons auspices

Neven *Breton*
Ciel

Neville *Français*
Nom de lieu normand

Nevio *Latin*
Nouveau

Newton *Anglais*
Nom de famille

Nézir *Arabe*
Consacré à Dieu

Niall *Celte*
Champion

Nicasio *Grec*
Victorieux

Niccolo *Grec*
Victoire, peuple

Niceto *Grec*
Victorieux

Nicholas *Grec*
Victoire, peuple

Nick *Grec*
Victoire, peuple

Nicky *Grec*
Victoire, peuple

Niclaus *Grec*
Victoire, peuple

Nico *Grec*
Victoire, peuple

Nicol *Grec*
Victoire, peuple

Nicola *Grec*
Victoire, peuple

Nicolae *Grec*
Victoire, peuple

Nicolai *Grec*
Victoire, peuple

Nicolaï *Grec*
Victoire, peuple

Nicolas *Grec*
Victoire, peuple

Nicolau *Grec*
Victoire, peuple

Nicoli *Grec*
Victoire, peuple

Nicolin *Grec*
Victoire, peuple

Nicolo *Grec*
Victoire, peuple

Nicou *Grec*
Victoire, peuple

Niels *Grec*
Victoire, peuple

Nigel *Latin*
Noir (Niger)

Nik *Grec*
Victoire, peuple

Nikaï *Grec*
Victoire, peuple

Nikita *Grec*
Victoire, peuple

Niklas *Grec*
Victoire, peuple

Niklaus *Grec*
Victoire, peuple

Niko *Grec*
Victoire, peuple

Nikodemus *Grec*
Vainqueur de l'armée du peuple

Nikol *Grec*
Victoire, peuple

Nikolai *Grec*
Victoire, peuple

Nikolaï *Grec*
Victoire, peuple

Nikolajs *Grec*
Victoire, peuple

Nikolaos *Grec*
Victoire, peuple

Nikolaus *Grec*
Victoire, peuple

Nikolaz *Grec*
Victoire, peuple

Nilo *Latin*
Nom du Nil

Nils *Grec*
Victoire, peuple

Nima *Arabe*
Bien fait

Nimatallah *Arabe*
Grâce divine

Nimatoullah *Arabe*
Grâce divine

Nino *Tahitien*
Opinion de l'homme ami du ciel

Ninog *Breton*
Sommet, élévation

Nioclas *Grec*
Victoire, peuple

Nis *Grec*
Diminutif de Dionysius

Nise *Grec*
Fils de Dieu

Nizameddine *Arabe*
L'ordre harmonieux de la religion

Noagh *Hébreu*
Réconfort

Noah *Hébreu*
Réconfort

Nobertus *Germanique*
Nord, brillant

Nocenzio *Latin*
L'innocent

Noé *Hébreu*
Repos

Noel *Latin*
Relatif à la naissance

Noël *Latin*
Relatif à la naissance

Nohoarii *Tahitien*
Maison du roi, doublement sacrée

Nold *Germanique*
Diminutif de Arnold

Nollaig *Latin*
Relatif à la naissance

Nomane *Arabe*
Sang

Norberis *Germanique*
Nord, brillant

Norbert *Germanique*
Nord, brillant

Norberto *Germanique*
Nord, brillant

Nordbert *Germanique*
Nord, brillant

Nordwin *Germanique*
Nord, ami

Norman *Germanique*
L'homme du Nord

Notger *Germanique*
Qui défend la misère

Nouar *Arabe*
Eblouissant

Nouh *Hébreu*
Noé - Repos

Noumane *Arabe*
Sang

Nour *Arabe*
Lumière

Noureddine *Arabe*
La lumière de la religion

Nouri *Arabe*
De nature lumineuse

Nourredine *Arabe*
La lumière de la religion

Noury *Arabe*
De nature lumineuse

Nunui *Tahitien*
Le prince de grande renommée

Nunzio *Latin*
Annoncer

Nuto *Latin*
Bienvenue

Nye *Gallois*
Aneurin

Nys *Grec*
Fils de Dieu

O

MASCULIN

Oberon *Germanique*
Seigneur des Elfes

Ocky *Germanique*
Ase (divinité) lance

Octaaf *Latin*
Le huitième

Octave *Latin*
Le huitième

Octavian *Latin*
Le huitième

Octaviano *Latin*
Le huitième

Octavien *Latin*
Le huitième

Octavio *Latin*
Le huitième

Octavius *Latin*
Le huitième

Odalric *Germanique*
Patrimoine, roi

Odalrich *Germanique*
Patrimoine, roi

Odemar *Germanique*
Propriété, célèbre

Odilo *Germanique*
Richesse, patrimoine

Odin *Germanique*
Chef des Dieux Ases

Odo *Germanique*
Richesse, patrimoine

Odon *Germanique*
Richesse, patrimoine

Odulf *Germanique*
Propriété, loup

Odwin *Germanique*
Possession, ami

Odyssée *Grec*
Etre courroucé

Odysseus *Grec*
Etre courroucé

Ogier *Germanique*
Richesse, lance, pique

Ohlsen *Germanique*
Forme de Ulrich

Oilibhéar *Latin*
L'olivier

Oise *Hébreu*
Libération, délivrance

Oistin *Latin*
Vénérable, majestueux

Okba *Arabe*
La vie future

Oktau *Latin*
Le huitième

Oktavian *Latin*
Le huitième

Ol *Latin*
L'olivier

Olaf *Scandinave*
Fils de l'illustre

Olav *Scandinave*
Fils de l'illustre

Ole *Scandinave*
Fils de l'illustre

Oleg *Germanique*
Chance, bonheur

Olegario *Germanique*
Peuple antique

Olier *Latin*
L'olivier

Olimp *Grec*
Qui vient d'Olimpia

Olimpiades *Grec*
Qui vient d'Olimpia

Olimpio *Grec*
Qui vient d'Olimpia

Olive *Latin*
L'olivier

Oliveiros *Latin*
L'olivier

Oliver *Latin*
L'olivier

Oliverio *Latin*
L'olivier

Oliverius *Latin*
L'olivier

Oliverus *Latin*
L'olivier

Olivier *Latin*
L'olivier

Ollie *Latin*
L'olivier

Ollier *Latin*
L'olivier

Olmes *Grec*
Nom sacré

Olof *Scandinave*
Fils de l'illustre

Olrik *Germanique*
Patrimoine, roi

Oluf *Scandinave*
Fils de l'illustre

Olwen *Gallois*
Le chemin blanc

Olympas *Grec*
Qui vient d'Olimpia

Olympus *Grec*
Qui vient d'Olimpia

Omar *Arabe*
Destiné à une longue vie féconde
et prospère

Omer *Germanique*
Richesse, célèbre

Oméya   *Arabe*
Jeune serviteur

Omko   *Arabe*
Diminutif

Ommar   *Germanique*
Richesse, célèbre

Ommo   *Germanique*
Richesse, célèbre

Ommo   *Arabe*
Diminutif

Onati   *Tahitien*
Mailles diverses du filet des Dieux

Onesime   *Grec*
Utile

Onésimo   *Grec*
Utile

Onimus   *Grec*
Nom sacré

Onisim   *Grec*
Utile

Onofre   *Germanique*
Pacifique

Onorato   *Latin*
Digne d'honneurs

Onorio   *Latin*
Digne d'honneurs

Onufrie   *Germanique*
Pacifique

Oomer   *Germanique*
Richesse, célèbre

Oomke   *Germanique*
Richesse, célèbre

Opper   *Germanique*
Richesse, célèbre

Oqba   *Arabe*
La vie future

Orava   *Tahitien*
Le héros grand et svelte, admirable

Orazio   *Latin*
Nom d'une famille romaine

Orell   *Latin*
Semblable à l'or

Orencio   *Latin*
Qui vient de l'Est

Orest   *Grec*
Montagne

Oreste   *Grec*
Montagne

Orestes   *Grec*
Montagne

Orfeo   *Grec*
Obscure

Oriata   *Tahitien*
Danse des nuages au ciel

Orirau   *Tahitien*
Nuit de danses diverses des esprits

Orlando   *Germanique*
Glorieux dans la patrie

Orpheus   *Grec*
Vient de la mythologie Grec

Orso   *Latin*
Ours

Orson   *Latin*
Ours

Ortensio *Latin*
Jardin

Ortfried *Germanique*
Pointe de lance, paix

Ortger *Germanique*
Pointe de lance

Ortlieb *Germanique*
Lance, amour

Ortnid *Germanique*
Colère, animosité

Ortulf *Germanique*
Pointe de lance, loup

Ortwin *Germanique*
Pointe de lance, ami

Orville *Français*
Origine normande

Osbert *Vieil anglais*
Brillance divine

Osborn *Vieil anglais*
Dieu guerrier

Oscar *Germanique*
Ase (divinité) lance

Osgar *Germanique*
Ase (divinité) lance

Oskar *Germanique*
Ase (divinité) lance

Osmane *Arabe*
Poussin de l'outarde

Osmar *Germanique*
Dieu, renommée

Osmond *Vieil anglais*
Protection de Dieu

Osmund *Germanique*
Dieu et le tirailleur

Ossama *Arabe*
Lion

Ossip *Hébreu*
Dieu ajoute

Ossy *Germanique*
Ase (divinité) lance

Ostrald *Germanique*
Dieu, forêt

Osvaldo *Germanique*
La puissance divine

Oswald *Germanique*
Dieu, forêt

Osweald *Germanique*
Dieu, forêt

Oswell *Germanique*
Dieu, forêt

Oswin *Vieil anglais*
Dieu, ami

Otbert *Germanique*
Propriété, brillant

Otello *Germanique*
Richesse, possession

Otgar *Germanique*
Richesse, lance, pique

Otger *Germanique*
Richesse, lance, pique

Othmane *Arabe*
Jeune serpent

Othmen *Arabe*
Jeune serpent

Otis *Vieil anglais*
Fils de Ote

Otker *Germanique*
Richesse, lance, pique

Otmar *Germanique*
Propriété, célèbre

Otmund *Germanique*
Protecteur de la richesse

Ottaviano *Latin*
Le huitième

Ottavio *Latin*
Le huitième

Ottheinrich *Allemand*
Assemblage de Otto et Heinrich

Otthermann *Allemand*
Assemblage de Otto et Hermann

Ottli *Germanique*
Richesse, célèbre

Otto *Allemand*
Diminutif des prénoms assemblés
avec OT ou OD

Otto *Germanique*
Riche

Ottokar *Germanique*
Patrimoine, propriété, vigilant

Ottomar *Germanique*
Propriété, célèbre

Ottone *Germanique*
Richesse, possession

Ottorino *Germanique*
Riche

Otwald *Germanique*
Possession, régner

Otward *Germanique*
Gardien des biens et des richesses

Otwin *Germanique*
Possession, ami

Ouacil *Arabe*
Qui unit

Ouadi *Arabe*
Calme, doux

Ouadid *Arabe*
Aimant

Ouafiq *Arabe*
Qui s'accorde et qui s'entend
avec les autres

Ouahib *Arabe*
Qui offre

Ouahid *Arabe*
Sans pareil, unique

Ouajdi *Arabe*
Qui trouve ce qu'il désire

Ouajed *Arabe*
Qui trouve ce qu'il désire

Ouajih *Arabe*
Beau, remarquable

Ouakil *Arabe*
Celui à qui l'on confie ses affaires

Ouali *Arabe*
Qui vit dans la proximité de Dieu

Oualiallah *Arabe*
L'ami de Dieu

Oualid *Arabe*
Qui naît à la vie

Oualieddine *Arabe*
Le protecteur de la religion

Oualioullah *Arabe*
L'ami de Dieu

Ouassil *Arabe*
Qui désire et recherche Dieu

Ouassim *Arabe*
Qui se distingue par la beauté de
ses traits

Oubaïdallah *Arabe*
L'humble serviteur de Dieu

Ouissal *Arabe*
Union de deux êtres qui s'aiment

Oukkacha *Arabe*
Drapeau

Oulianke *Latin*
Qui vient de Julier

Oumaïr *Arabe*
Destiné à une longue vie féconde

Oumar *Arabe*
Destiné à une longue vie féconde
et prospère

Oumaya *Arabe*
Jeune serviteur

Ounsi *Arabe*
Familier

Ours *Latin*
Ours

Oussaïd *Arabe*
Jeune lion

Oussama *Arabe*
Le lion

Ousséid *Arabe*
Jeune lion

Ouwéis *Arabe*
Cadeau, don, lynx

Ovidio *Latin*
Relatif à la brebis

Owe *Germanique*
Forme de Uwe

Owen *Gallois*
Jeune guerrier

Ozzie *Germanique*
Dieu, forêt

P

MASCULIN

Paavo *Latin*
Petit, faible

Pablito *Latin*
Petit, faible

Pablo *Latin*
Petit, faible

Pacifico *Latin*
Le pacifique

Paco *Latin*
Franc, homme libre

Pacomio *Grec*
De nature robuste

Paddy *Latin*
Noble, patricien

Padern *Latin*
Paternel

Padraic *Latin*
Noble, patricien

Padraig *Latin*
Noble, patricien

Padrig *Latin*
Noble, patricien

Padriguez *Latin*
Noble, patricien

Pae'a *Tahitien*
L'esprit des deux partis

Paitje *Grec*
Pierre, rocher

Palmiro *Italien*
Le jour des Palmes

Pamphilos *Grec*
Ami total

Pancho *Latin*
Franc, homme libre

Pancracio *Grec*
Tout en force

Panfilo *Grec*
Ami total

Pangratie *Grec*
Le dominant

Pani *Tahitien*
Ciel sacré, fermé des Dieux

Pankratius *Grec*
Le dominant

Paolino *Latin*
Petit, faible

Paolo *Latin*
Petit, faible

Pär *Grec*
Pierre, rocher

Paraig *Latin*
Noble, patricien

Pare *Tahitien*
Le refuge royal imperceptible

Parfait *Latin*
Achevé, accompli

Parsifal *Latin*
Lieu normand

Parthalan *Hébreu*
Fils de Talmaj

Partlon *Hébreu*
Fils de Talmaj

Pascal *Hébreu*
Passage

Pascalin *Hébreu*
Passage

Pascalis *Hébreu*
Passage

Pascasio *Hébreu*
Passage

Paschal *Hébreu*
Passage

Paschalis *Hébreu*
Passage

Pascoal *Hébreu*
Passage

Pascoe *Hébreu*
Passage

Pascual *Hébreu*
Passage

Pasqua *Hébreu*
Passage

Pasquale *Hébreu*
Passage

Pasqualino *Hébreu*
Passage

Pasquot *Hébreu*
Passage

Patea *Tahitien*
La division du sommet, du mur blanc

Patifarsa *Hébreu*
Dieu protège sa vie

Patric *Latin*
Noble, patricien

Patrice *Latin*
Noble, patricien

Patrichie *Latin*
Noble, patricien

Patricio *Latin*
Noble, patricien

Patricius *Latin*
Noble, patricien

Patrick *Latin*
Noble, patricien

Patrik *Latin*
Noble, patricien

Patrikei *Latin*
Noble, patricien

Patriki *Latin*
Noble, patricien

Patriz *Latin*
Noble, patricien

Patrizio *Latin*
Noble, patricien

Patroclo *Grec*
Gloire du père

Patsy *Latin*
Noble, patricien

Paul *Latin*
Petit, faible

Paulien *Latin*
Petit, faible

Paulin *Latin*
Petit, faible

Paulino *Latin*
Petit, faible

Paulinos *Latin*
Petit, faible

Paulinus *Latin*
Petit, faible

Paulot *Latin*
Petit, faible

Pauls *Latin*
Petit, faible

Pauw *Latin*
Petit, faible

Pauwel *Latin*
Petit, faible

Pavel *Latin*
Petit, faible

Pavlik *Latin*
Petit, faible

Pawel *Latin*
Petit, faible

Pawl *Latin*
Petit, faible

Peadair *Grec*
Pierre, rocher

Peadar *Grec*
Pierre, rocher

Pedro *Grec*
Pierre, rocher

Peer *Grec*
Pierre, rocher

Peet *Grec*
Pierre, rocher

Pelagio *Grec*
Mer profonde

Pelayo *Grec*
Mer profonde

Pelegrin *Latin*
Qui part pour le camp

Peleo *Grec*
Qui vit dans la boue

Pepe *Hébreu*
Dieu ajoute

Pepito *Hébreu*
Dieu ajoute

Peppo *Hébreu*
Dieu ajoute

Peppone *Hébreu*
Dieu ajoute

Per *Grec*
Pierre, rocher

Peran *Grec*
Pierre, rocher

Percival   *Latin*
Lieu normand

Percy   *Latin*
Lieu normand

Peregrin   *Latin*
Le pèlerin étranger

Peregrino   *Latin*
Le pèlerin étranger

Perez   *Grec*
Pierre, rocher

Perico   *Grec*
Pierre, rocher

Perig   *Grec*
Pierre, rocher

Perikles   *Grec*
Très célèbre

Pero   *Grec*
Pierre, rocher

Perrin   *Grec*
Pierre, rocher

Perry   *Vieil anglais*
A coté d'un poirier

Pete   *Grec*
Pierre, rocher

Peter   *Grec*
Pierre, rocher

Peterus   *Grec*
Pierre, rocher

Peti   *Tahitien*
L'artisan qui termine la pirogue royale

Petr   *Grec*
Pierre, rocher

Petro   *Grec*
Pierre, rocher

Petronio   *Grec*
Pierre, rocher

Petru   *Grec*
Pierre, rocher

Petrus   *Grec*
Pierre, rocher

Petter   *Grec*
Pierre, rocher

Petz   *Grec*
Pierre, rocher

Phil   *Grec*
Qui aime le cheval

Philadelphos   *Grec*
Aimer le frère

Philander   *Germanique*
L'amoureux des hommes

Philbert   *Germanique*
Très illustre

Philemon   *Germanique*
Aimant

Philibert   *Germanique*
Très illustre

Philip   *Grec*
Qui aime le cheval

Philipp   *Grec*
Qui aime le cheval

Philippe   *Grec*
Qui aime le cheval

Philippos   *Grec*
Qui aime le cheval

Philippus   *Grec*
Qui aime le cheval

Philo   *Grec*
L'ami

Philotheos   *Grec*
Qui aime le cheval

Philp   *Grec*
Qui aime le cheval

Pia   *Latin*
Pieux

Piaras   *Grec*
Pierre, rocher

Piat   *Latin*
Pieux

Piato   *Latin*
Pieux

Piatus   *Latin*
Pieux

Pierce   *Grec*
Pierre, rocher

Pierig   *Grec*
Pierre, rocher

Pierke   *Grec*
Pierre, rocher

Piero   *Grec*
Pierre, rocher

Pierre   *Grec*
Pierre, rocher

Pierrick   *Grec*
Pierre, rocher

Pierrot   *Grec*
Pierre, rocher

Piers   *Grec*
Pierre, rocher

Piet   *Grec*
Pierre, rocher

Pieter   *Grec*
Pierre, rocher

Pietro   *Grec*
Pierre, rocher

Pilib   *Grec*
Qui aime le cheval

Pinkas   *Hébreu*
Le Maure

Pio   *Latin*
Pieux

Pionio   *Grec*
Pieux

Piotr   *Grec*
Rocher, pierre

Pippo   *Grec*
Qui aime le cheval

Pitt   *Grec*
Rocher, pierre

Pius   *Latin*
Pieux

Pjotr   *Grec*
Rocher, pierre

Placido   *Latin*
Tranquille

Platon   *Grec*
Philosophe grec

Plutarco   *Grec*
Riche gouverneur

Poema *Tahitien*
Perle propre des mers profondes

Pol *Latin*
Petit, faible

Poldi *Latin*
Peuple audacieux

Poldino *Latin*
Peuple audacieux

Pompeo *Grec*
Envoyer

Pompeyo *Grec*
Envoyer

Poncio *Latin*
Mer

Ponui *Tahitien*
Grande nuit de la victoire des Dieux

Porfirie *Grec*
Couleur pourpre

Porfirio *Grec*
Couleur pourpre

Potini *Tahitien*
Nuits multiples des étoiles s'envolant dans le ciel

Praxedes *Grec*
Actif

Primitivo *Latin*
Primitif

Prince *Latin*
Prendre la première place

Prisco *Latin*
Vénérable

Procopie *Grec*
Qui progresse

Procopio *Grec*
Qui progresse

Procopios *Grec*
Qui progresse

Proinsias *Latin*
Franc, homme libre

Prolomeo *Grec*
Qui combat

Prosper *Latin*
Florissant, prospère

Prospero *Latin*
Florissant, prospère

Protz *Grec*
Pierre, rocher

Prudencio *Latin*
Prudent

Prudens *Latin*
Prudent

Puaiti *Tahitien*
Petite fleur parfumée du Dieu Tane

Publio *Latin*
Appartenant au peuple

Punarau *Tahitien*
Sources diverses d'eau fraîche

Puni *Tahitien*
Le soleil se cachant à l'horizon

Purotu *Tahitien*
Le bel enfant sueur des Dieux

Q

MASCULIN

Qassem *Arabe*
Qui partage

Qassim *Arabe*
Au visage harmonieux

Qatada *Arabe*
Arbrisseau du désert

Qayim *Arabe*
Droit

Qouboul *Arabe*
Acceptation

Quentilien *Latin*
Le cinquième

Quentin *Latin*
Le cinquième

Quincy *Français*
Lieu du Pas-de-Calais

Quint *Latin*
Le cinquième

Quintien *Latin*
Le cinquième

Quintiliano *Latin*
Le cinquième

Quintilien *Latin*
Le cinquième

Quintilius *Latin*
Le cinquième

Quintin *Latin*
Le cinquième

Quintino *Latin*
Le cinquième

Quinto *Latin*
Ordre de naissance, cinquième

Quintron *Latin*
Le cinquième

Quintus *Latin*
Le cinquième

Quirico *Grec*
Amour de Dieu

Quirin *Latin*
L'homme de Quirinum

Quirizio *Latin*
Le cinquième

MASCULIN

Ra'anui *Tahitien*
Le roi grandement sacré de la mer

Ra'aura *Tahitien*
Sainteté rouge du Marae royal

Ra'iarii *Tahitien*
Ciel royal où se posent les Dieux

Rab *Germanique*
Gloire, brillant

Rabah *Arabe*
Profit, prospérité

Raban *Germanique*
Le corbeau

Rabbie *Germanique*
Gloire, brillant

Rabeh *Arabe*
Profit, prospérité

Rabenalt *Germanique*
Corbeau et régner

Rabi *Arabe*
Végétation abondante

Rachad *Arabe*
Droiture, bonne voie

Rached *Arabe*
Droiture, bonne voie

Rachid *Arabe*
Bien dirigé

Radeke *Germanique*
Conseil, loup

Radel *Germanique*
Conseiller, hardi

Radenko *Yougoslave*
Diminutif

Radhulbh *Germanique*
Conseil, loup

Radlof *Germanique*
Conseil, loup

Radolf *Germanique*
Conseil, loup

Radulf *Germanique*
Conseil, loup

Rael *Germanique*
Conseil, gouverneur

Rafael *Hébreu*
Dieu a guéri

Rafaïl *Hébreu*
Dieu a guéri

Rafed *Arabe*
Affluent d'un cours d'eau

Raff *Germanique*
Conseil, loup

Raffaele *Hébreu*
Dieu a guéri

Raffaelo *Hébreu*
Dieu a guéri

Rafid *Arabe*
Affluent d'un cours d'eau

Rafik *Arabe*
Ami et compagnon de route qui se montre doux et bienveillant

Rafil *Hébreu*
Dieu a guéri

Rafiq *Arabe*
Ami qui se montre doux

Raghal *Germanique*
Conseil, gouverneur

Ragnar *Germanique*
Décret, armée

Rahim *Arabe*
Clément

Rahiti *Tahitien*
Le soleil levant du roi

Rahma *Arabe*
Bonté, clémence

Rahmatallah *Arabe*
La miséricorde divine

Rahmatoullah *Arabe*
La miséricorde divine

Raimar *Germanique*
Décret, célèbre

Raimo *Germanique*
Conseil, protecteur

Raimond *Germanique*
Conseil, protecteur

Raimondo *Germanique*
Protection divine

Raimund *Germanique*
Tirailleur et décret

Raimunds *Germanique*
Conseil, protecteur

Rainald *Germanique*
Décret, régner

Rainer *Germanique*
Décret, armée

Rainier *Germanique*
Décret, armée

Rainiero *Germanique*
Conseiller du peuple

Raja *Arabe*
Espoir

Rajab *Arabe*
7e mois du calendrier islamique

Raji *Arabe*
Qui place son espoir en Dieu

Rajmund *Germanique*
Conseil, protecteur

Rakine *Arabe*
Ferme, posé

Raldoun *Arabe*
Demeurant pour l'éternité au paradis

Raled *Arabe*
Eternel

Ralf *Germanique*
Conseil, loup

Ralib *Arabe*
Le vainqueur

Ralid *Arabe*
Eternel

Ralil *Arabe*
Confident

Ralilallah *Arabe*
L'ami de Dieu

Raliloullah *Arabe*
L'ami de Dieu

Ralis *Arabe*
Pur, droit, sincère

Ralph *Germanique*
Conseil, loup

Ramadane *Arabe*
Qui consume

Rambald *Germanique*
Corbeau, audacieux

Rambert *Germanique*
Corbeau brillant

Ramdane *Arabe*
Qui consume (les péchés)

Ramezi *Arabe*
Vivant symbole

Rami *Arabe*
Tireur, archer

Ramiro *Germanique*
Conseiller illustre

Ramiz *Arabe*
Noble, honoré

Ramon *Germanique*
Conseil, protecteur

Ramuncho *Germanique*
Conseil, protecteur

Ramzi *Arabe*
Vivant symbole

Ranall *Germanique*
Décret, régner

Randolf *Germanique*
Bouclier, loup

Randolph *Germanique*
Bouclier, loup

Randolt *Germanique*
Bouclier, régner

Randy *Germanique*
Bouclier, loup

Raneiro *Germanique*
Décret, armée

Rannulbh *Germanique*
Bouclier, loup

Raou *Germanique*
Conseil, loup

Raouf *Arabe*
Compatissant

Raoul *Germanique*
Conseil, loup

Raoulet *Germanique*
Conseil, loup

Raoulin *Germanique*
Conseil, loup

Raphael *Hébreu*
Dieu a guéri

Raphel *Hébreu*
Dieu a guéri

Rayane *Arabe*
A la fleur de l'âge

Räsch *Germanique*
Conseiller, hardi

Raymond *Germanique*
Conseil, protecteur

Rasmus *Grec*
Aimable, sympathique

Razi *Arabe*
Conquérant

Rassane *Arabe*
Fougue du jeune âge

Razine *Arabe*
Au jugement solide

Ratbald *Germanique*
Avis, audacieux

Reamonn *Germanique*
Conseil, protecteur

Ratbert *Germanique*
Conseil, brillant

Réamonn *Germanique*
Conseil, protecteur

Ratfried *Germanique*
Conseil, paix

Reel *Germanique*
Conseil, loup

Ratger *Germanique*
Conseil, lance

Reg *Germanique*
La justice

Rathod *Germanique*
Conseil et messager

Regan *Latin*
Gouverner

Rathold *Germanique*
Conseil, régner

Reginald *Germanique*
La justice

Ratolf *Germanique*
Conseil, loup

Reginaldo *Germanique*
La justice

Rauf *Germanique*
Conseil, loup

Regino *Latin*
Gouverner

Raul *Germanique*
Conseil, loup

Reginos *Latin*
Gouverner

Rauthard *Germanique*
Vanter fortement

Reginus *Latin*
Gouverner

Ravel *Germanique*
Conseil, gouverneur

Régis *Latin*
Gouverner

Ray *Germanique*
Conseil, protecteur

Regnault *Germanique*
Conseil, gouverneur

Regner *Germanique*
Décret, armée

Régnier *Germanique*
Décret, armée

Rehm *Latin*
Rameur

Reia *Tahitien*
Le prince saisissant le gouvernement disponible

Reich *Germanique*
Roi fort

Reichard *Germanique*
Roi fort

Reichold *Germanique*
Roi fort

Reics *Latin*
Roi

Reim *Germanique*
Conseil, protecteur

Reimar *Germanique*
Décret, célèbre

Reimbald *Germanique*
Décret, audacieux

Reimbert *Germanique*
Décret, brillant

Reimbrand *Germanique*
Décret, épée

Reimer *Germanique*
Décret, armée

Reimund *Germanique*
Tirailleur et décret

Reinald *Germanique*
Décret, régner

Reinaldo *Germanique*
Conseil, gouverneur

Reiner *Germanique*
Dérivé de Rainer

Reinhard *Germanique*
Décret, puissant

Reinhold *Germanique*
Décret, régner

Reinmar *Germanique*
Décret, célèbre

Reinold *Germanique*
Conseil, gouverneur

Reinolf *Germanique*
Décret, loup

Reinout *Germanique*
Conseil, gouverneur

Reinward *Germanique*
Décret, garanti

Réirallah *Arabe*
Le bien venant de Dieu

Réireddine *Arabe*
Le bien de la religion

Réiroullah *Arabe*
Le bien venant de Dieu

Réis *Arabe*
Pluis abondante

Réith *Arabe*
Pluie abondante

Reiz *Germanique*
Maison du roi

Relef *Germanique*
Conseil, loup

Rembert *Germanique*
Décret, brillant

Remedios *Latin*
Remède, médecine

Remey *Latin*
Rameur

Rémi *Latin*
Rameur

Remigio *Latin*
Rameur

Remigius *Latin*
Rameur

Remo *Latin*
Rameur

Remus *Germanique*
Conseil, protecteur

Remy *Latin*
Rameur

Renard *Germanique*
Décret, puissant

Renat *Latin*
Né une seconde fois

Renato *Latin*
Né une seconde fois

Renatus *Latin*
Né une seconde fois

Renaud *Germanique*
Conseil, gouverneur

Renault *Germanique*
Conseil, gouverneur

René *Latin*
Né une seconde fois

Renner *Germanique*
Décret, armée

Reno *Germanique*
Conseil, gouverneur

Renoult *Germanique*
Conseil, gouverneur

Renz *Latin*
Le laurier

Renzo *Latin*
Le laurier

Reum *Germanique*
Conseil, protecteur

Reva *Tahitien*
Le pavillon rouge de la flotte

Rex *Germanique*
La justice

Reynard *Germanique*
Décret puissant

Reynold *Germanique*
La justice

Rhydderch *Gallois*
Rouge, brun

Rhys *Gallois*
Ardeur

Ribirt *Germanique*
Gloire, brillant

Ric *Scandinave*
Roi puissant

Ricard *Germanique*
Roi fort

Ricardo *Germanique*
Roi fort

Riccardo *Germanique*
Roi fort

Ricci *Germanique*
Roi fort

Rich *Germanique*
Roi fort

Richard *Germanique*
Roi fort

Richart *Germanique*
Roi fort

Richbert *Germanique*
Puissant, brillant

Richero *Germanique*
Roi fort

Richie *Germanique*
Roi fort

Richmar *Germanique*
Puissant, célèbre

Rick *Germanique*
Roi fort

Rickel *Germanique*
Puissance, protection

Rickert *Germanique*
Roi fort

Rickmer *Germanique*
Puissant, célèbre

Ricordino *Germanique*
Roi fort

Rida *Arabe*
Satisfaction

Ridha *Arabe*
Satisfaction

Ridouane *Arabe*
Satisfaction

Ridsert *Germanique*
Roi fort

Ridwane *Arabe*
Satisfaction

Ridzard *Germanique*
Roi fort

Rienzo *Latin*
Le laurier

Rifaa *Arabe*
Noblesse

Rifaat *Arabe*
Noblesse, élévation

Rigobert *Germanique*
Puissant, brillant

Rik *Germanique*
Puissance, protection

Rikkard *Germanique*
Roi fort

Riklef *Germanique*
Fils du puissant

Riley *Vieil anglais*
Forêt de seigle

Rimbert *Germanique*
Décret, brillant

Rinaldo *Germanique*
Décret, régner

Ringo *Germanique*
Conseil, loup

Ringolf *Germanique*
Conseil, loup

Rinner *Germanique*
Décret, armée

Rino *Germanique*
Décret, régner

Riobart *Germanique*
Gloire, brillant

Riocard *Germanique*
Roi fort

Riocard *Germanique*
Roi fort

Risteard *Germanique*
Roi fort

Ritz *Germanique*
Maison du roi

Riyad *Arabe*
Jardin luxuriant où l'eau abonde

Riyas *Arabe*
Secours, assistance

Riyasseddine *Arabe*
Le secours de le religion

Riyath *Arabe*
Pluie abondante

Ro'onui *Tahitien*
Statue de requin renommée du Dieu Tane

Roald *Germanique*
Pouvoir fameux

Roar *Germanique*
Gloire, lance

Rob *Germanique*
Gloire, brillant

Robbert *Germanique*
Gloire, brillant

Robert *Germanique*
Gloire, brillant

Roberto *Germanique*
Gloire, brillant

Roberts *Germanique*
Gloire, brillant

Robertson *Germanique*
Gloire, brillant

Robin *Germanique*
Gloire, brillant

Robinson *Germanique*
Gloire, brillant

Rocco *Nordique*
Homme fort

Rochd *Arabe*
Droiture

Rochdi *Arabe*
Qui est droit de nature

Rod *Anglais*
Amiral Lord Rodney

Rode *Germanique*
Loup glorieux

Roderich *Germanique*
Forte renommée

Roderick *Germanique*
Forte renommée

Rodewig *Germanique*
Combat célèbre

Rodge *Germanique*
Gloire, lance

Rodger *Germanique*
Gloire, lance

Rodhulbh *Germanique*
Loup glorieux

Rodin *Germanique*
Loup glorieux

Rodney *Anglais*
Amiral Lord Rodney

Rodolfo *Germanique*
Loup glorieux

Rodolph *Germanique*
Loup glorieux

Rodolphe *Germanique*
Loup glorieux

Rodrigo *Germanique*
Gloire, puissant

Rodrigue *Germanique*
Gloire, puissant

Roeland *Germanique*
Gloire, courage

Roelf *Germanique*
Loup glorieux

Rog *Germanique*
Gloire, lance

Rogelie *Germanique*
Gloire, lance

Rogelio *Germanique*
Gloire, lance

Roger *Germanique*
Gloire, lance

Rogerio *Germanique*
Gloire, lance

Rogge *Germanique*
Gloire, lance

Rogier *Germanique*
Gloire, lance

Rogorie *Germanique*
Gloire, lance

Roibeard *Germanique*
Roi, brillant

Roland *Germanique*
Gloire, courage

Rolando *Germanique*
Gloire, courage

Rolands *Germanique*
Gloire, courage

Rolann *Germanique*
Gloire, courage

Roldan *Germanique*
Gloire, courage

Roldo *Germanique*
Gloire, courage

Röle *Germanique*
Gloire, lance

Rolef *Germanique*
Loup glorieux

Rolf *Germanique*
Gloire, loup

Rolfpaul *Allemand*
Assemblage de Rolf et Paul

Rolle *Germanique*
Gloire, courage

Rollekin *Germanique*
Loup glorieux

Rollin *Germanique*
Gloire, courage

Rollo *Germanique*
Gloire, courage

Rollon *Germanique*
Loup glorieux

Rolof *Germanique*
Loup glorieux

Roluf *Germanique*
Loup glorieux

Romain *Latin*
Le Romain

Romaldo *Germanique*
Glorieux dans le commandement

Roman *Latin*
Le Romain

Romano *Latin*
Le Romain

Romanos *Latin*
Le Romain

Romanus *Latin*
Le Romain

Romaric *Germanique*
Gloire, grandeur, puissant

Romarich *Germanique*
Gloire, grandeur, puissant

Rome *Latin*
Le Romain

Romeo *Grec*
Habitant de Rome

Rommelt *Germanique*
Glorieux dans le commandement

Romolo *Etrusque*
Rome

Romuald *Germanique*
Glorieux dans le commandement

Romualdo *Germanique*
Glorieux dans le commandement

Romul *Latin*
Rome

Romulus *Latin*
Le premier fondateur de Rome

Ron *Germanique*
Décret, régner

Ronald *Germanique*
Décret, régner

Ronan *Irlandais*
Le sceau

Ronimus *Grec*
Nom sacré

Ronnie *Germanique*
Décret, régner

Ronny *Germanique*
Décret, régner

Roparz *Germanique*
Gloire, brillant

Roppel *Germanique*
Gloire, brillant

Ror *Germanique*
Gloire, lance

Rorotea *Tahitien*
La nuit de forte pluie naissance
des Dieux

Rory *Celte*
Rouge

Rosario *Latin*
Rose

Roscoe *Anglais*
Nom de famille

Ross *Anglais*
Surnom

Rosser *Germanique*
Gloire, lance

Rothard *Germanique*
Gloire et puissance

Rother *Germanique*
Le combattant

Rotkar *Germanique*
Gloire, lance

Rouchd *Arabe*
Droiture, bonne voie

Rouchdi *Arabe*
Qui est droit de nature

Roufrane *Arabe*
Le pardon divin

Rouhi *Arabe*
De nature spirituelle

Rouven *Hébreu*
Lion ou loup

Rowan *Irlandais*
Le petit roux

Rowl *Germanique*
Conseil, loup

Rowland *Germanique*
Gloire, courage

Roy *Français*
Roi

Royston *Anglais*
Règlement de Royce

Rua *Gaélique*
Rouge

Ruadhan *Irlandais*
Le petit roux

Ruairi *Celte*
Rouge

Rubén *Hébreu*
Lion ou loup

Rudel *Germanique*
Gloire, loup

Rudi *Germanique*
Gloire, loup

Rüdiger *Germanique*
Gloire, lance

Rudolf *Germanique*
Gloire, loup

Rudolfo *Germanique*
Gloire, loup

Rudolph *Germanique*
Gloire, loup

Rudy *Germanique*
Gloire, loup

Ruef *Germanique*
Gloire, loup

Rufinus *Latin*
Aux cheveux rouges

Rufo *Latin*
Aux cheveux rouges

Rufus *Latin*
Aux cheveux rouges

Ruggero *Germanique*
Gloire, lance

Rulant *Germanique*
Gloire, courage

Rumold *Germanique*
Gloire et régner

Ruodi *Germanique*
Gloire, loup

Ruoff *Germanique*
Gloire, loup

Rupert *Germanique*
Gloire, brillant

Ruperto *Germanique*
Gloire, brillant

Rüpli *Germanique*
Gloire, brillant

Ruprecht *Germanique*
Renommé, brillant

Russ *Vieux français*
Petit homme rouge

Russel *Vieux français*
Petit homme rouge

Rustico *Latin*
Habitant du champ

Rut *Hébreu*
Amical

Rutger *Germanique*
Gloire, lance

Ruth *Hébreu*
Amical

Ruthard *Germanique*
Gloire et puissance

Rutje *Germanique*
Gloire, lance

Rutlieb *Germanique*
Gloire, amour

Ruven *Hébreu*
Lion ou loup

Ruvon *Latin*
Rome

Ryad *Arabe*
Jardin luxuriant où l'eau abonde

S

MASCULIN

Saad *Arabe*
Bonheur, chance

Saadeddine *Arabe*
Le bonheur de la religion

Saadi *Arabe*
Voué au bonheur

Saadoun *Arabe*
Très heureux

Sabas *Arabe*
De la reine de Saba

Sabbas *Arabe*
De la reine de Saba

Sabbatios *Arabe*
De la reine de Saba

Saber *Arabe*
Constant, persévérant

Sabih *Arabe*
Beau comme le jour

Sabin *Latin*
Habitant de la Sabine

Sabiniano *Latin*
Habitant de la Sabine

Sabino *Latin*
Habitant de la Sabine

Sabir *Arabe*
Patient

Sabri *Arabe*
Naturellement patient

Saburo *Japonais*
Le troisième

Sacaire *Hébreu*
Dieu pense à moi

Sacheverell *Normand*
Nom de lieu (santé, chevreuil)

Sachso *Germanique*
Le Saxon

Sadarn *Grec*
Saturne

Sadi *Arabe*
Voué au bonheur

Sadid *Arabe*
Qui va droit au but

Sadoun *Arabe*
Très heureux

Sadreddine *Arabe*
Le cœur de la religion

Saerbhreathach *Latin*
Le juste

Safi *Arabe*
Pur, meilleur

Safiallah *Arabe*
L'ami intime de Dieu

Safiéddine *Arabe*
L'ami sincère de la religion

Safioullah *Arabe*
L'ami intime de Dieu

Safouane *Arabe*
Lisse, pur, limpide

Safwane *Arabe*
Pur

Said *Arabe*
Heureux, chanceux

Saïd *Arabe*
Heureux, chanceux

Saïfallah *Arabe*
Le sabre de Dieu

Saïfeddine *Arabe*
Le sabre de la religion

Sajed *Arabe*
Qui est en état de prosternation devant Dieu

Saji *Arabe*
Paisible comme la nuit

Sajid *Arabe*
Qui est en état de prosternation devant Dieu

Sajjad *Arabe*
Dont le cœur demeure en état de prosternation

Sal *Hébreu*
Souveraine

Saladin *Arabe*
L'intégrité de la religion

Salah *Arabe*
Intégrité, préservation

Salahedine *Arabe*
L'intégrité de la religion

Salama *Arabe*
Absence de défaut

Salem *Arabe*
Qui a le corps pur et droit

Salih *Arabe*
Intègre, vertueux

Salim *Arabe*
Qui a le cœur pur et droit

Salmane *Arabe*
Parfaitement sain

Salomé *Hébreu*
Royaume de la paix

Salomon *Hébreu*
Royaume de la paix

Salvator *Latin*
Sauver

Salvatore *Latin*
Sauver

Salvio *Latin*
Sauver

Sam *Hébreu*
Son nom est Dieu

Sameli *Hébreu*
Son nom est Dieu

Sami *Arabe*
Haut, élevé

Samih   *Arabe*
Large de cœur et d'esprit

Samir   *Arabe*
Compagnon de veillée

Sammel   *Hébreu*
Son nom est Dieu

Sammy   *Hébreu*
Son nom est Dieu

Samson   *Hébreu*
Le petit soleil

Samuel   *Hébreu*
Son nom est Dieu

Samuele   *Hébreu*
Son nom est Dieu

Sander   *Grec*
Repousser, défendre

Sandro   *Grec*
Repousser, défendre

Sandy   *Grec*
Repousser, défendre

Sanson   *Hébreu*
Le petit soleil

Sante   *Latin*
Le saint

Santiago   *Hébreu*
Que Dieu favorise

Santino   *Latin*
Dérivé de Sante

Santo   *Latin*
Le saint

Saroua   *Arabe*
Fortune

Sascha   *Grec*
Repousser, défendre

Saturio   *Latin*
Père, créateur

Saturnin   *Latin*
Forme savante de st Saturninus

Saturnino   *Latin*
Forme savante de st Saturninus

Saul   *Latin*
Petit, faible

Saverio   *Basque*
Maison neuve

Saveuo   *Basque*
Maison neuve

Savin   *Latin*
Habitant de la Sabine

Savino   *Latin*
Habitant de la Sabine

Savinos   *Latin*
Habitant de la Sabine

Sawney   *Grec*
Repousser, défendre

Sayid   *Arabe*
Seigneur, qui dirige

Schack   *Hébreu*
Que Dieu favorise

Scott   *Anglais*
Lieu d'Ecosse

Séacas   *Hébreu*
Dieu ajoute

Séadna   *Vieil anglais*
Bordure de la clairière

Séafra   *Germanique*
Territoire étranger

Secondo   *Latin*
Second

Seafraid   *Germanique*
Territoire étranger

Secundino   *Latin*
Second

Seain   *Hébreu*
Dieu est miséricordieux

Seddik   *Arabe*
Sincère

Seamus   *Hébreu*
Que Dieu favorise

Sédid   *Arabe*
Juste, droit

Sean   *Hébreu*
Dieu est miséricordieux

Segismundo   *Germanique*
Qui protège par la victoire

Searge   *Latin*
Marchand de serge

Seibold   *Germanique*
Dérivé de Siegbald

Séarlas   *Germanique*
Viril

Séifallah   *Arabe*
Le sabre de Dieu

Séas   *Grec*
Dieu grec

Seifeddine   *Arabe*
Le sabre de la religion

Seathrun   *Germanique*
Territoire étranger

Séifoullah   *Arabe*
Le sabre de Dieu

Seb   *Grec*
Honoré

Séim   *Hébreu*
Renommée

Sebald   *Germanique*
Victoire audacieuse

Seiorse   *Grec*
Travailleur de la terre

Sebastian   *Grec*
Honoré

Sélim   *Arabe*
Sans défaut

Sebastiano   *Grec*
Honoré

Selmane   *Arabe*
Parfaitement sain

Sebastianos   *Grec*
Honoré

Selwyn   *Vieil anglais*
L'ami prospère

Sébastien   *Grec*
Honoré

Semen   *Hébreu*
Qui est exaucé

Sebastini   *Grec*
Honoré

Sent   *Latin*
Qui vainc

Seoirse *Grec*
Travailleur de la terre

Seonaid *Hébreu*
Dieu est miséricordieux

Seorsa *Grec*
Travailleur de la terre

Seosamh *Hébreu*
Dieu ajoute (un fils)

Sepp *Hébreu*
Dieu ajoute

Serafin *Hébreu*
Le flamboyant

Serafino *Hébreu*
Le flamboyant

Serapheim *Hébreu*
Le flamboyant

Séraphin *Hébreu*
Le flamboyant

Serapio *Grec*
Nom d'un Dieu

Serapion *Grec*
Nom d'un Dieu

Serapione *Grec*
Nom d'un Dieu

Serban *Slave*
Serbe

Serenus *Latin*
Le serein

Serge *Latin*
Marchand de serge

Sergei *Latin*
Marchand de serge

Sergeil *Latin*
Marchand de serge

Sergej *Latin*
Marchand de serge

Serghie *Latin*
Marchand de serge

Sergio *Latin*
Marchand de serge

Sergios *Latin*
Marchand de serge

Sergius *Latin*
Marchand de serge

Serj *Latin*
Marchand de serge

Serres *Latin*
Pratiquer une césarienne

Servando *Latin*
Qui garde ou observe

Sesto *Grec*
Ordre de naissance, sixième

Sévère *Latin*
Rigoureux, grave

Severian *Latin*
Rigoureux, grave

Severiano *Latin*
Rigoureux, grave

Séverien *Latin*
Rigoureux, grave

Severin *Latin*
Rigoureux, grave

Severino *Latin*
Rigoureux, grave

Severinus *Latin*
Rigoureux, grave

Severo *Latin*
Rigoureux, grave

Sevir *Latin*
Rigoureux, grave

Seymon *Hébreu*
Dieu a exaucé

Seymour *Latin*
Maure, africain

Seymour *Anglais*
Nom d'un lieu

Shane *Hébreu*
Dieu est miséricordieux

Shang *Hébreu*
Dieu est miséricordieux

Shani *Hébreu*
Dieu est miséricordieux

Shaun *Hébreu*
Dieu est miséricordieux

Shaw *Vieil anglais*
Bois

Shawn *Hébreu*
Dieu est miséricordieux

Sheldon *Anglais*
Nom d'un lieu

Shelley *Vieil anglais*
Clairière en pente

Sheridan *Irlandais*
Rechercher

Shinichi *Japonais*
Vérité

Shirley *Anglais*
Lieu anglais

Siard *Germanique*
Victoire puissante

Siarl *Germanique*
Viril

Sid *Vieil anglais*
Bordure de la clairière

Sidney *Vieil anglais*
Bordure de la clairière

Sidonius *Latin*
L'homme de Sidon

Sidor *Grec*
Présent d'Isis

Sidqi *Arabe*
Véridique

Siebert *Germanique*
Victoire et combat

Siebold *Germanique*
Victoire audacieuse

Siefeddine *Arabe*
Le sabre de la religion

Sieffert *Germanique*
Victoire, paix

Siegbald *Germanique*
Victoire audacieuse

Siegbert *Germanique*
Victoire et combat

Siegel *Germanique*
Victoire et fusilier

Siegfried *Germanique*
Victoire, paix

Sieghard *Germanique*
Victoire puissante

Sieghelm *Germanique*
Victoire, casque

Siegmar *Germanique*
Victoire, célèbre

Siegmund *Germanique*
Victoire et fusilier

Siegolf *Germanique*
Victoire, loup

Siegram *Germanique*
Victoire, corbeau

Siegward *Germanique*
Victoire et gardien

Siem *Hébreu*
Dieu a exaucé

Siene *Hébreu*
Dieu ajoute

Sievert *Germanique*
Victoire et gardien

Siffrid *Germanique*
Victoire, paix

Sifrit *Germanique*
Victoire, paix

Sigefrido *Germanique*
Victoire, paix

Sigefroy *Germanique*
Victoire, paix

Sigfrido *Germanique*
Paix dans la victoire

Sigifredo *Germanique*
Victoire, paix

Sigisbert *Germanique*
Victoire, brillant

Sigismondo *Germanique*
Protecteur, victorieux

Sigismund *Germanique*
Protection victorieuse

Sigismundo *Germanique*
Victoire et fusilier

Sigurd *Germanique*
Victoire et gardien

Sikko *Germanique*
Diminutif des prénoms commençant par SIEG

Silas *Latin*
Petit, faible

Sile *Latin*
Qui vient de Julier

Sileas *Latin*
Qui vient de Julier

Silvan *Latin*
L'habitant des forêts

Silvanus *Latin*
L'habitant de la forêt

Silverio *Latin*
L'habitant de la forêt

Silvester *Latin*
L'habitant de la forêt

Silvestro *Latin*
L'habitant de la forêt

Silvestros *Latin*
L'habitant de la forêt

Silvestru *Latin*
L'habitant de la forêt

Silviano *Latin*
L'habitant de la forêt

Silvio *Latin*
L'habitant de la forêt

Silvius *Latin*
L'habitant de la forêt

Sim *Hébreu*
Dieu a exaucé

Sime *Hébreu*
Dieu a exaucé

Simeon *Hébreu*
Dieu a exaucé

Simeone *Hébreu*
Dieu a exaucé

Simmer *Hébreu*
Dieu a exaucé

Simmerl *Hébreu*
Dieu a exaucé

Simon *Hébreu*
Dieu a exaucé

Simone *Hébreu*
Dieu a exaucé

Simson *Hébreu*
Le petit soleil

Sinclair *Ecossais*
Nom d'une grande famille

Sindbert *Germanique*
Coté, brillant

Sindolf *Germanique*
Face, loup

Sindram *Germanique*
Coté, corbeau

Sine *Hébreu*
Dieu est miséricordieux

Sinead *Hébreu*
Dieu est miséricordieux

Sinesio *Grec*
Prudent

Sinforiano *Grec*
Qui se joint à

Sintbald *Germanique*
Coté, audacieux

Siofraidh *Germanique*
Territoire étranger

Siomon *Hébreu*
Dieu a exaucé

Sior *Grec*
Travailleur de la terre

Sirajeddine *Arabe*
Le flambeau de la religion

Siriano *Latin*
Qui vient de la Syrie

Sirio *Latin*
Qui vient de la Syrie

Siro *Latin*
Qui vient de la Syrie

Siseal *Latin*
Aveugle

Sisto *Grec*
Ordre de naissance, sixième

Sixto *Grec*
Sixième

Sixtus *Latin*
Le mince

Sjang   *Hébreu*
Dieu est miséricordieux

Socrat   *Grec*
Philosophe grec

Socrates   *Grec*
Philosophe grec

Sofiane   *Arabe*
Qui marche rapidement

Sol   *Hébreu*
Se demander

Solamh   *Hébreu*
Le pacifique

Soliman   *Hébreu*
Forme de Salomon

Solomon   *Hébreu*
Le pacifique

Somhairie   *Hébreu*
Son nom est Dieu

Somhairle   *Hébreu*
Son nom est Dieu

Sophus   *Grec*
La sagesse

Sören   *Latin*
Rigoureux, grave

Soufiane   *Arabe*
Qui marche rapidement

Souhaïb   *Arabe*
Lionceau

Souhaieb   *Arabe*
Lionceau

Souhaïl   *Arabe*
Aisé, facile

Souhéib   *Arabe*
Lionceau

Souhéil   *Arabe*
Aisé, facile

Soulaïm   *Arabe*
Petit, préservé

Soulaïmane   *Arabe*
Le prophète Salomon

Soulaïmene   *Arabe*
Le prophète Salomon

Souléim   *Arabe*
Petit, préservé

Souléimane   *Arabe*
Le prophète Salomon

Spartak   *Latin*
Chef des esclaves révoltés

Spencer   *Anglais*
Nom d'une grande famille

Sta   *Latin*
Constance

Stachus   *Latin*
Bel épi

Staf   *Germanique*
Qui prospère

Staffan   *Grec*
Couronne

Staines   *Grec*
Couronne

Stan   *Anglais*
Lieu anglais

Stanislao   *Slave*
Etre haut en gloire

Stanislas *Slave*
Etre haut en gloire

Stépan *Grec*
Couronne

Stanislaus *Slave*
Etre haut en gloire

Stephan *Grec*
Couronne

Stanley *Anglais*
Lieu anglais

Stephane *Grec*
Couronne

Stans *Latin*
Constance

Stéphane *Grec*
Couronne

Stazio *Grec*
Bel épi

Stephanos *Grec*
Couronne

Steanon *Grec*
Cadeau de Dieu

Stephanson *Grec*
Couronne

Steaphan *Grec*
Couronne

Stephanus *Grec*
Couronne

Stefan *Grec*
Couronne

Stephen *Grec*
Couronne

Stefanas *Grec*
Couronne

Steve *Grec*
Couronne

Stefano *Grec*
Couronnc

Steven *Grec*
Couronne

Steffel *Grec*
Couronne

Stevenje *Grec*
Couronne

Steffen *Grec*
Couronne

Stevenson *Grec*
Couronne

Steffert *Grec*
Couronne

Stewart *Anglais*
Vient d'un nom anglais

Steinhard *Germanique*
Pierre dure

Stig *Danois*
Le promeneur

Steinmar *Germanique*
Pierre, célèbre

Stijn *Latin*
Chrétien

Stenzel *Slave*
Etre haut en gloire

Stillfried *Germanique*
Calme, fidèle, paix

Stinke *Latin*
Chrétien

Stiobban *Grec*
Couronne

Stiofan *Grec*
Couronne

Stoffel *Latin*
Qui porte le Christ

Stuart *Anglais*
Gardien de maison

Suffried *Germanique*
Victoire, paix

Suimeon *Hébreu*
Dieu a exaucé

Sumner *Anglais*
Nom de famille anglais

Sven *Nordique*
Jeune guerrier

Sviatoslav *Russe*
Le saint

Sweer *Nordique*
Armée forte

Swen *Nordique*
Jeune guerrier

Swidbert *Germanique*
Gloire, brillant

Sydney *Anglais*
La vaste clairière

Sylvain *Latin*
L'habitant des forêts

Sylvanus *Latin*
L'habitant des forêts

Sylvester *Latin*
L'habitant des forêts

Sylvestre *Latin*
L'habitant des forêts

Symeon *Hébreu*
Dieu a exaucé

MASCULIN

Tad *Grec*
Cadeau de Dieu

Taddäus *Hébreu*
Courageux

Tadhg *Grec*
L'honneur de Dieu

Taffy *Hébreu*
Aimé, chéri

Tage *Nordique*
Caution

Taha *Arabe*
Nom de la 20e sourate du Coran

Taher *Arabe*
Pur, innocent

Tahir *Arabe*
Pur

Tahiri *Tahitien*
Brise éventant le grand soleil

Tahitoa *Tahitien*
Un guerrier voyageant loin, sans crainte

Tahsine *Arabe*
Rendre meilleur

Taieb *Arabe*
Bon, excellent

Taïmallah *Arabe*
Le serviteur de Dieu

Taïmoullah *Arabe*
Le serviteur de Dieu

Taizou *Japonais*
Possesseur du large

Tajeddine *Arabe*
Le diadème de la religion

Takashi *Japonais*
Intention haute

Talal *Arabe*
Ondée

Talel *Arabe*
Ondée

Talha *Arabe*
L'acacia

Taliesin *Gallois*
Le sommet brillant

Tam *Araméen*
Jumeau

Tamir *Arabe*
Qui offre des dattes

Tangi *Celte*
Feu, ardent, chien, guerrier

Tanguy *Celte*
Feu, chien

Tanino *Latin*
Habitant de Caieta

Tankred *Germanique*
Conseil et idée

Tano *Latin*
Habitant de Caieta

Tanouir *Arabe*
Illumination

Tanuccio *Latin*
Habitant de Caieta

Tanui *Tahitien*
Le héros qui augmente la puissance royal

Taoufik *Arabe*
Assistance accordée par Dieu

Taoufiq *Arabe*
Assistance accordée par Dieu

Tapunui *Tahitien*
La tête grandement sacrée

Taqiyeddine *Arabe*
Qui respecte la religion

Tarcisio *Grec*
Courageux

Tarek *Arabe*
Déesse de la beauté et de l'amour

Tareq *Arabe*
Déesse de la beauté et de l'amour

Tariq *Arabe*
Déesse de la beauté et de l'amour

Taro *Japonais*
Homme vaste

Taslim *Arabe*
Se livre entièrement à Dieu

Tasnim *Arabe*
Source paradisiaque réservée « aux rapprochés de Dieu »

Tauarii *Tahitien*
Mon prince caressé des yeux

Taupo *Tahitien*
L'oiseau se perchant la nuit au trou d'un rocher

Taura'aatua *Tahitien*
Temple sacré où se posent les Dieux

Tawfiq *Arabe*
Assistance accordée par Dieu

Tayeb *Arabe*
Bon, excellent, parfumé

Tayib *Arabe*
Bon, excellent

Te'arere *Tahitien*
Flèche volant droit au but

Teaboid *Germanique*
Peuple audacieux

Teano *Tahitien*
La solitude de la terre lointaine

Teanuhe *Tahitien*
La fougère beauté du mont rouge

Teârlach *Germanique*
Viril

Teata *Tahitien*
Le nuage rouge du ciel

Tebaldo   *Germanique*
Peuple, audacieux

Tebaud   *Germanique*
Peuple, audacieux

Ted   *Grec*
Cadeau de Dieu

Teddie   *Grec*
Cadeau de Dieu

Teddy   *Grec*
Cadeau de Dieu

Teetje   *Grec*
Cadeau de Dieu

Tehaamaru   *Tahitien*
Celui qui calme la colère des Dieux

Tehare   *Tahitien*
La carangue gros dos de la famille royale

Tehei   *Tahitien*
La couronne royale de plumes blanches

Tehina   *Tahitien*
L'arrière-petit-fils des Dieux, louangé

Teilhard   *Germanique*
Nom de fantaisie

Teina   *Tahitien*
Cadet remplaçant le roi Temana

Tel   *Germanique*
Tribu, pouvoir

Telémaco   *Grec*
Celui qui combat à distance

Telesforo   *Grec*
Porter à distance

Telmo   *Germanique*
Casque protecteur

Temana   *Tahitien*
La grande autorité des jeux divers

Temanava   *Tahitien*
La conscience des chefs

Temaru   *Tahitien*
L'aurore royale

Temim   *Arabe*
Achevé, parfait

Temoana   *Tahitien*
Héros des mers diverses

Temoe   *Tahitien*
Le sommeil du soleil sombre

Teo   *Grec*
Dieu

Teodor   *Grec*
Don de Dieu

Teodorico   *Grec*
Don de Dieu

Teodoro   *Grec*
Don de Dieu

Teodosie   *Grec*
Don de Dieu

Teodosio   *Grec*
Don de Dieu

Teodul   *Grec*
Don de Dieu

Teofan   *Grec*
Apparition de Dieu

Teofanes   *Grec*
Apparition de Dieu

Teofil *Grec*
Amour de Dieu

Teofilact *Grec*
L'ami de Dieu

Teofilo *Grec*
Amour de Dieu

Tepeva *Tahitien*
Suprématie de l'armée du roi

Tereau *Tahitien*
Voyage agréable des nuits fraîches

Terence *Latin*
Doux, tendre

Terencio *Latin*
Doux, tendre

Terentie *Latin*
Doux, tendre

Terentios *Latin*
Doux, tendre

Terenui *Tahitien*
Grand voyage nocturne, lointain

Terenzio *Latin*
De Tarente

Terepo *Tahitien*
Voyage nocturne de l'armée étrangère

Terevoa *Tahitien*
Souverain voyageant loin vers le grand large

Terito *Tahitien*
La croissance de l'astre qui monte

Terry *Germanique*
Tribu, pouvoir

Terupe *Tahitien*
L'oiseau (rupe) royal de la vallée sacrée

Tetje *Grec*
Cadeau de Dieu

Teutobald *Germanique*
Peuple hardi

Teva *Tahitien*
L'averse

Tevini *Tahitien*
Les perruches rouges de la maison royale

Tewes *Hébreu*
Don de Dieu

Tewis *Hébreu*
Don de Dieu

Thaddäus *Hébreu*
Courageux

Thaddeus *Hébreu*
Courageux

Tharoua *Arabe*
Fortune, richesse

Thebault *Germanique*
Peuple, audacieux

Themistocles *Grec*
Homme politique athénien

Theo *Grec*
Diminutif des prénoms commençant par THEO

Theobald *Germanique*
Le brave du peuple

Theodemar *Germanique*
Peuple, célèbre

Theoderich *Germanique*
Souverain du peuple

Theodor *Grec*
Cadeau de Dieu

Theodore *Grec*
Cadeau de Dieu

Theodoric *Grec*
Cadeau de Dieu

Theodorik *Grec*
Cadeau de Dieu

Theodoro *Grec*
Cadeau de Dieu

Theodoros *Grec*
Cadeau de Dieu

Theodosius *Grec*
Cadeau de Dieu

Theodulf *Germanique*
Peuple, loup

Theophil *Grec*
L'ami de Dieu

Théophile *Grec*
L'ami de Dieu

Theophilos *Grec*
L'ami de Dieu

Theophilus *Grec*
L'ami de Dieu

Théry *Germanique*
Peuple puissant

Thewald *Germanique*
Peuple qui règne

Thibald *Germanique*
Peuple, audacieux

Thibaud *Germanique*
Peuple, audacieux

Thibault *Germanique*
Peuple, audacieux

Thiemo *Germanique*
Peuple, célèbre

Thierry *Germanique*
Peuple puissant

Thiéry *Germanique*
Peuple puissant

Thietmar *Germanique*
Peuple, célèbre

Thomas *Araméen*
Jumeau

Thomasin *Araméen*
Jumeau

Thomé *Araméen*
Jumeau

Thomelin *Araméen*
Jumeau

Thor *Scandinave*
Dieu du tonnerre

Thoralf *Scandinave*
Dieu Thor, elfe

Thorbjörn *Scandinave*
Dieu Thor, ours

Thorbrand *Scandinave*
Dieu Thor, épée

Thore *Scandinave*
Dieu du tonnerre

Thorolf *Scandinave*
Dieu Thor, elfe

Thorsten *Scandinave*
Dieu Thor, pierre

Thorwald *Scandinave*
Dieu Thor qui règne

Thure *Scandinave*
Dieu du tonnerre

Thurel *Celte*
L'ours

Thurston *Scandinave*
La pierre de Thor

Tiago *Hébreu*
Que Dieu favorise

Tiamhdha *Grec*
L'honneur de Dieu

Tibbolt *Germanique*
Peuple, audacieux

Tiberius *Latin*
Vient du Dieu des eaux Tiber

Tibold *Germanique*
Peuple, audacieux

Tibor *Latin*
Vient du Dieu des eaux Tiber

Ticiano *Latin*
Nom d'un géant mythologique

Tidjani *Arabe*
Saint algérien du 18ᵉ siècle

Tiebout *Germanique*
Peuple, audacieux

Tigrane *Latin*
Tigre

Tigre *Latin*
Tigre

Tijani *Arabe*
Saint algérien du 18ᵉ siècle

Till *Germanique*
Souverain du peuple

Tillmann *Germanique*
Forme élargie de TILL

Tim *Grec*
Qui a la réputation de Dieu

Timmy *Grec*
Qui a la réputation de Dieu

Timo *Germanique*
Peuple, célèbre

Timoféi *Grec*
Qui a la réputation de Dieu

Timon *Grec*
L'estimé

Timotei *Grec*
Qui a la réputation de Dieu

Timoteo *Grec*
Qui a la réputation de Dieu

Timotheos *Grec*
Qui a la réputation de Dieu

Timotheus *Grec*
Qui a la réputation de Dieu

Timothy *Grec*
Qui a la réputation de Dieu

Tin *Celte*
Parenté, ami

Tini *Tahitien*
Multiples yeux divers des Dieux

Tino *Tahitien*
Le beau corps royal

Tioboid　*Germanique*
Le brave du peuple

Tiomoid　*Grec*
L'honneur de Dieu

Tita　*Tahitien*
Fruit produit par le soleil

Titino　*Latin*
Le méritant

Titos　*Latin*
Le méritant

Titus　*Latin*
Le méritant

Tiziano　*Latin*
Descendant des gens de Titia

Tizio　*Latin*
Forme de Tito

Tjakob　*Hébreu*
Que Dieu favorise

Tjark　*Germanique*
Souverain du peuple

Toader　*Grec*
Cadeau de Dieu

Toanui　*Tahitien*
Grand guerrier du temps passé

Tobaldo　*Germanique*
Peuple audacieux

Tobias　*Hébreu*
Dieu est bon

Toby　*Hébreu*
Dieu est bon

Tod　*Anglais*
Renard

Todaro　*Grec*
Cadeau de Dieu

Todd　*Anglais*
Renard

Toe　*Scandinave*
Dieu du tonnerre

Toffel　*Grec*
Qui porte le Christ

Toirdealbhach　*Latin*
Doux, tendre

Tom　*Araméen*
Jumeau

Tomas　*Araméen*
Jumeau

Tomaso　*Araméen*
Jumeau

Tomé　*Araméen*
Jumeau

Tomhar　*Nordique*
Dieu du tonnerre

Tomislaw　*Slave*
Tourmenter, gloire

Tommaso　*Araméen*
Jumeau

Tommy　*Araméen*
Jumeau

Toms　*Araméen*
Jumeau

Toni　*Grec*
Inestimable fleur

Tonio　*Grec*
Inestimable fleur

Tony *Grec*
Inestimable fleur

Tooru *Japonais*
Transparent

Toralf *Scandinave*
Dieu Thor, elfe

Torbjörn *Scandinave*
Dieu Thor, ours

Torbrand *Scandinave*
Dieu Thor, épée

Tord *Scandinave*
Dieu du tonnerre

Tore *Scandinave*
Dieu du tonnerre

Toribio *Grec*
Brillant

Torquato *Latin*
Orné de collier

Torsten *Scandinave*
Dieu Thor, pierre

Torulf *Scandinave*
Dieu Thor, elfe

Torwald *Scandinave*
Dieu Thor qui règne

Tossanus *Latin*
Contraction de «tous les saints»

Tosse *Scandinave*
Dieu du tonnerre

Toufaïl *Arabe*
Petit enfant

Touféil *Arabe*
Petit enfant

Toufik *Arabe*
Assistance accordée par Dieu

Toussaint *Latin*
Contraction de «tous les saints»

Toyo *Latin*
Vainqueur

Tracy *Français*
Lieu

Trauthelm *Germanique*
Homme fort

Trautmann *Germanique*
Homme fort

Trautmar *Germanique*
Fort, célèbre

Trautwein *Germanique*
Fort et ami

Travis *Français*
Traverser

Trestan *Celte*
Tumulte

Treveur *Breton*
Superieur, grand

Trevor *Gallois*
Nom de lieu

Trick *Latin*
Noble, patricien

Trifon *Grec*
Qui a une vie régulière

Tristam *Celte*
Tumulte

Tristan *Celte*
Tumulte

Tristano *Celte*
Tumulte

Trofim *Grec*
Fécond

Trofimo *Grec*
Fécond

Troy *Normand*
Troyes (la ville)

Trudbert *Germanique*
Fort, brillant

Trudo *Germanique*
Fort, brillant

Trudwin *Germanique*
Fort et ami

Trutz *Germanique*
Défense, résistance

Tryphon *Grec*
Qui a une vie régulière

Trystan *Celte*
Tumulte

Tuatini *Tahitien*
Le dixième ciel de ta'aroa

Tudor *Grec*
Cadeau de Dieu

Tudyr *Grec*
Cadeau de Dieu

Tuhiti *Tahitien*
Debout sur la frontière du grand ciel élevé

Tuhiva *Tahitien*
Délégué de compagnie allant droit au but du voyage

Tullo *Etrusque*
Pluie abondante

Tumata *Tahitien*
Stabilité des yeux farouches du grand guerrier

Tunui *Tahitien*
Grand délégué prudent du pays

Tutea *Tahitien*
Délégué blanc du roi à la ceinture rouge

Tybalt *Germanique*
Le brave du peuple

Tycho *Danois*
Nom classique

Tyrone *Irlandais*
Lieu dans le nord de l'Irlande

U

U comme **Ugo**

MASCULIN

Uffe *Germanique*
Loup

Ugenie *Grec*
De noble race

Ughetto *Germanique*
Intelligence

Ugo *Germanique*
Intelligence

Ugolino *Germanique*
Intelligence

Uguccio *Germanique*
Intelligence

Uhl *Germanique*
Patrimoine, roi

Uhland *Germanique*
Patrie, terre

Uhlig *Germanique*
Patrimoine, roi

Uileog *Grec*
Etre courroucé

Uilfrid *Germanique*
Désir, paix

Uilliam *Grec*
Volonté, protection

Uinia *Tahitien*
Œuvre hâtive de la mer étendue

Uinirau *Tahitien*
Les petits oiseaux gazouillant à l'aube

Uinseann *Latin*
Vainqueur

Uira *Tahitien*
L'éclair luit à l'horizon

Ulbert *Germanique*
Patrie, brillant

Ulderic *Germanique*
Patrimoine, roi

Ulf *Germanique*
Loup

Ulfert *Germanique*
Patrie, paix

Ulfried *Germanique*
Patrimoine, patrie, paix

Uli *Germanique*
Patrimoine, roi

Ulises *Grec*
Etre courroucé

Ulisse *Grec*
Etre courroucé

Ulman *Germanique*
Patrimoine, roi

Ulric *Germanique*
Patrimoine, roi

Ulrich *Germanique*
Patrimoine, roi

Ulrico *Germanique*
Patrimoine, roi

Ulrik *Germanique*
Patrimoine, roi

Ulysse *Grec*
Etre courroucé

Ulysses *Grec*
Etre courroucé

Ulyxco *Grec*
Etre courroucé

Umberto *Germanique*
Géant, brillant

Ummo *Germanique*
Richesse, célèbre

Unfrai *Germanique*
Guerrier, paix

Uraatua *Tahitien*
La ceinture sacrée de plumes des Dieux

Uranui *Tahitien*
La ceinture sacrée de plumes des Dieux

Uravini *Tahitien*
La couronne royale de plumes des perruches

Urb *Latin*
Citadin

Urbain *Latin*
Citadin

Urban *Latin*
Citadin

Urbano *Latin*
Citadin

Urbanus *Latin*
Citadin

Urbice *Latin*
Citadin

Uriah *Hébreu*
Dieu est lumière

Urias *Hébreu*
Dieu est lumière

Uriel *Hébreu*
La lumière de Dieu

Urle *Germanique*
Patrimoine, roi

Uro *Celte*
L'ours

Urs *Latin*
Ours

Ursel *Latin*
Ours

Ursin *Latin*
Ours

Ursinus *Latin*
Ours

Ursu *Latin*
Ours

Ursule *Latin*
Ours

Ursus *Latin*
Ours

Uto *Germanique*
Richesse, patrimoine

Utz *Germanique*
Patrimoine, roi

V

MASCULIN

Vaclav *Germanique*
Tourner

Vaea *Tahitien*
Roi qui a partagé le grand océan

Vahitua *Tahitien*
Grand héros divisant les sommets

Vaiiti *Tahitien*
La petite rivière du val sombre

Vailintin *Latin*
Vigoureux

Vairua *Tahitien*
L'esprit des gardiens du marae
royal

Vaitea *Tahitien*
Eau claire de la cascade

Val *Latin*
Vigoureux

Valens *Latin*
Vigoureux

Valent *Latin*
Vigoureux

Valentik *Latin*
Vigoureux

Valentin *Latin*
Vigoureux

Valentine *Latin*
Vigoureux

Valentino *Latin*
Vigoureux

Valerian *Latin*
Etre en bonne santé

Valeriano *Latin*
Etre en bonne santé

Valerien *Latin*
Etre en bonne santé

Valerio *Latin*
Etre en bonne santé

Valéry *Latin*
Etre en bonne santé

Valier *Latin*
Etre en bonne santé

Valten *Latin*
Vigoureux

Valtin *Latin*
Vigoureux

Van *Anglais*
Surnom

Vana'a   *Tahitien*
Prince orateur du ciel argenté

Vane   *Tahitien*
Ornement de nattes du lit royal

Vartalomeu   *Hébreu*
Fils de Talmaj

Varuamana   *Tahitien*
Ame sacrée des Dieux

Vasco   *Espagnol*
Basque

Vasile   *Grec*
Roi

Vasili   *Grec*
Roi

Vasilisc   *Grec*
Roi

Vassili   *Grec*
Roi

Veit   *Germanique*
Forêt, bois

Veit   *Latin*
Disponible

Velten   *Latin*
Vigoureux

Venanzio   *Latin*
Chasseur

Venceslao   *Slave*
Couronne, gloire

Vergil   *Latin*
Pousse, bourgeon

Vernier   *Germanique*
Qui vient protéger l'armée

Vernon   *Normand*
Lieu de Normandie

Veroarii   *Tahitien*
Soleil lançant des rayons divers

Vetea   *Tahitien*
Le ciel entrouvert de l'assemblée
des Dieux

Vibien   *Latin*
Plein de vie

Vicencio   *Latin*
Qui vainc

Vicente   *Latin*
Qui triomphe

Vicentios   *Latin*
Qui triomphe

Vicentius   *Latin*
Qui vainc

Vico   *Latin*
Vainqueur

Victoire   *Latin*
Vainqueur

Victor   *Latin*
Vainqueur

Victoriano   *Latin*
Vainqueur

Victoric   *Latin*
Vainqueur

Victorico   *Latin*
Vainqueur

Victorien   *Latin*
Vainqueur

Victorin   *Latin*
Vainqueur

Vigilio   *Latin*
Vigile

Viktor   *Latin*
Vainqueur

Viktorik   *Latin*
Vainqueur

Vilelmo   *Germanique*
Volonté, protection

Vilem   *Germanique*
Souhait, volonté, forte

Vilmar   *Germanique*
Beaucoup, célèbre

Vilmos   *Germanique*
Souhait, volonté, forte

Vince   *Latin*
Qui vainc

Vincent   *Latin*
Qui vainc

Vincente   *Latin*
Qui vainc

Vincenzo   *Latin*
Qui vainc

Vincez   *Latin*
Qui vainc

Vini'ura   *Tahitien*
Perruche rouge s'envolant loin

Vinzenz   *Latin*
Qui vainc

Virgil   *Latin*
Pousse, bourgeon

Virgile   *Latin*
Pousse, bourgeon

Virgilio   *Latin*
Pousse, bourgeon

Virginio   *Etrusque*
Feu

Viriho'a   *Tahitien*
Rouler le ho'a, poisson, de la mer profonde

Viritua   *Tahitien*
Roulant au large de la mer sacrée

Visen   *Germanique*
Illustre, bataille, combattant

Vitali   *Latin*
Le vigoureux

Vitalier   *Latin*
Le vigoureux

Vitalis   *Latin*
Le vigoureux

Vito   *Latin*
La vie

Vittore   *Latin*
Vainqueur

Vittorio   *Latin*
Vainqueur

Vitus   *Germanique*
Forêt, bois

Vitus   *Latin*
Le docile

Vivian   *Latin*
Plein de vie

Viviano   *Latin*
Plein de vie

Vivien   *Latin*
Plein de vie

Vlad *Slave*
Régner, paix

Vladimir *Slave*
Régner, paix

Vladimiro *Slave*
Régner, paix

Vlas *Latin*
Qui bégaie

Volbert *Germanique*
Peuple, brillant

Volfango *Germanique*
Loup, assaut

Volker *Germanique*
Guerre du peuple et lance

Volkert *Germanique*
Guerre du peuple, dur

Volkhard *Germanique*
Guerre du peuple, dur

Volkmar *Germanique*
Guerre du peuple, célèbre

Volko *Germanique*
Diminutif

Voikrad *Germanique*
Guerre du peuple et conseil

Volkram *Germanique*
Guerre du peuple, corbeau

Volkward *Germanique*
Guerre du peuple, fusilier

Volkwin *Germanique*
Guerre du peuple, ami

Vollrad *Germanique*
Guerre du peuple et conseil

Volrat *Germanique*
Guerre du peuple et conseil

Von *Germanique*
L'if

Vsevolod *Slave*
L'omnipotent

W

MASCULIN

Wacil *Arabe*
Qui unit

Wade *Anglais médiéval*
Gué

Wadi *Arabe*
Calme, doux

Wadid *Arabe*
Aimant

Wafiq *Arabe*
Qui s'accorde et qui s'entend avec les autres

Wahib *Arabe*
Qui offre

Wahid *Arabe*
Sans pareil, unique

Wajdi *Arabe*
Qui trouve ce qu'il désire

Wajed *Arabe*
Qui trouve ce qu'il désire

Wajid *Arabe*
Qui trouve ce qu'il désire

Wajih *Arabe*
Remarquable

Wakil *Arabe*
Garant

Walde *Germanique*
Dieu, forêt

Waldebert *Germanique*
Régner, brillant

Waldemar *Germanique*
Souverain, célèbre

Waldfried *Germanique*
Régner, paix

Waldo *Germanique*
Celui qui fait la loi

Walfried *Germanique*
Régner, paix

Wali *Arabe*
Ami de Dieu

Waliallah *Arabe*
L'ami de Dieu

Walid *Arabe*
Qui naît à la vie

Walieddine *Arabe*
Le protecteur de la religion

Walioullah *Arabe*
L'ami de Dieu

Wallace *Vieux français*
Etranger

Wallace *Ecossais*
Nom de famille écossais

Wally *Germanique*
Souverain, homme

Walram *Germanique*
Régner, corbeau

Walt *Germanique*
Gouverner, armée

Waltar *Germanique*
Gouverner, armée

Walter *Germanique*
Gouverner, armée

Walterus *Germanique*
Gouverner, armée

Walthard *Germanique*
Souverain, dur

Waltram *Germanique*
Régner, corbeau

Walz *Germanique*
Gouverner, armée

Wanja *Hébreu*
Dieu accorde

Wanko *Hébreu*
Dieu est miséricordieux

Ward *Vieil anglais*
Gardien

Warnfried *Germanique*
Mettre en garde, paix

Warnier *Germanique*
Qui vient protéger l'armée

Washington *Américain*
Du village de Washington

Wasja *Grec*
Roi

Wassil *Arabe*
Qui désire et recherche Dieu

Wassily *Grec*
Roi

Wassim *Arabe*
Qui se distingue par la beauté de
ses traits

Wastl *Grec*
Honoré

Wat *Germanique*
Gouverner, armée

Wayne *Vieil anglais*
Wagon

Wayne *Irlandais*
Surnom

Wazlav *Latin*
Très glorieux

Wedekind *Germanique*
Enfant du bois et de la forêt

Wedigo *Germanique*
Diminutif

Weigand *Germanique*
Le combattant

Weikhard *Germanique*
Guerre et dur

Welf *Germanique*
Jeune animal

Welfhard *Germanique*
Jeune animal, dur

Wellem *Germanique*
Souhait, volonté, forte

Welter *Germanique*
Gouverner, armée

Wenceslas *Germanique*
Tourner

Wenzel *Latin*
Très glorieux

Wenzelaus *Latin*
Très glorieux

Werner *Germanique*
Qui vient protéger l'armée

Wernfried *Germanique*
Mettre en garde, paix

Wernhard *Germanique*
Avertir, dur

Wesley *Vieil anglais*
Nom de lieu. La clairière de l'Ouest

Wetzel *Germanique*
Qui vient protéger l'armée

Wiard *Germanique*
Combat, dur

Wichard *Germanique*
Combat, dur

Wichert *Germanique*
Combat, dur

Wickel *Germanique*
Illustre, bataille, combattant

Widukind *Germanique*
Enfant du bois et de la forêt

Wiegand *Germanique*
Le combattant

Wieland *Germanique*
Habile et rusé

Wienand *Germanique*
Combat et audacieux

Wigand *Germanique*
Le combattant

Wigbert *Germanique*
Combat brillant

Wigbrand *Germanique*
Le combattant avec l'épée

Wigg *Germanique*
Illustre, bataille, combattant

Wiggo *Germanique*
Illustre, bataille, combattant

Wighard *Germanique*
Combat, dur

Wigmar *Germanique*
Combat, célèbre

Wigram *Germanique*
Combat, corbeau

Wikko *Grec*
Vainqueur

Wilbert *Germanique*
Désir, brillant

Wilbur *Germanique*
La volonté brillante

Wiley *Germanique*
Volonté, protection

Wilf *Germanique*
Loup

Wilfred *Germanique*
Désir, paix

Wilfried *Germanique*
Désir, paix

Wilhelm *Germanique*
Souhait, volonté, forte

Wilko *Germanique*
Volonté, protection

Will *Germanique*
Volonté, protection

Willem *Germanique*
Souhait, volonté, forte

Willen *Germanique*
Volonté, protection

Willi *Germanique*
Souhait, volonté, forte

William *Germanique*
Volonté, protection

Williamson *Germanique*
Volonté, protection

Willibald *Germanique*
Désir, audacieux

Willibert *Germanique*
Désir, brillant

Willibrand *Germanique*
Désir et feu

Willimar *Germanique*
Souhait, célèbre

Williram *Germanique*
Souhait, corbeau

Willis *Germanique*
Volonté, protection

Willo *Germanique*
Diminutif

Willy *Germanique*
Souhait, volonté, forte

Wilmar *Germanique*
Souhait, célèbre

Wilmont *Germanique*
Le garant, désir

Wilmut *Germanique*
Le garant, l'esprit

Wilrath *Germanique*
Conseil et souhait

Wilson *Germanique*
Volonté, protection

Wim *Germanique*
Souhait, volonté, forte

Wimar *Germanique*
Combat, célèbre

Winald *Germanique*
Ami, puissant

Winand *Germanique*
Combat et audacieux

Winebaldo *Germanique*
Victoire audacieuse

Winfred *Germanique*
Ami, paix

Winfried *Germanique*
Ami, paix

Winibald *Germanique*
Ami audacieux

Winibert *Germanique*
Ami, brillant

Winimar *Germanique*
Ami, célèbre

Winrich *Germanique*
Ami et puissant

Winston *Vieil anglais*
Joie, pierre

Winthrop *Vieil anglais*
Nom d'une ville anglaise

Wipert *Germanique*
Combat, brillant

Wissal *Arabe*
Union de deux êtres qui s'aiment

Witold *Germanique*
Bois, forêt, règne

Wittiko *Germanique*
Diminutif

Wladimir *Russe*
Régner, paix

Wladislaw *Slave*
Le souverain plein de gloire

Woldemar *Germanique*
Souverain, célèbre

Wolfango *Germanique*
Assaut du loup

Wolfbert *Germanique*
Loup, brillant

Wolfdietrich *Germanique*
Assemblage de Wolf et Dietrich

Wolfgang *Germanique*
Loup, assaut

Wolfger *Germanique*
Loup, lance

Wolfgerd *Germanique*
Assemblage de Wolf et Gerd

Wolfgünter *Germanique*
Assemblage de Wolf et Günter

Wolfhard *Germanique*
Loup, dur

Wolfheinrich *Germanique*
Assemblage de Wolf et Heinrich

Wolfrad *Germanique*
Loup et conseil

Wolfram *Germanique*
Loup, corbeau

Wolfrat *Germanique*
Loup et conseil

Wolfried *Germanique*
Loup, paix

Wolt *Germanique*
Gouverner, armée

Wolter *Germanique*
Gouverner, armée

Woodrow *Vieil anglais*
Celui qui habite dans une rangée
de maisons

Wouter *Germanique*
Gouverner, armée

Wulf *Germanique*
Loup

Wolf *Germanique*
Loup

Wulfdietrich *Germanique*
Forme de Wolfdietrich

Wulfhard *Germanique*
Loup, dur

Wulfila *Germanique*
Loup

Wyatt   *Germanique*
Forêt, bois

Wynne   *Vieil anglais*
Ami

Wyndham   *Vieil anglais*
Nom de lieu

Wystan   *Vieil anglais*
Bataille, pierre

X

MASCULIN

Xablier *Basque*
Maison neuve

Xander *Grec*
Repousser, défendre

Xaveer *Basque*
Maison neuve

Xaver *Basque*
Maison neuve

Xaverl *Basque*
Maison neuve

Xavier *Basque*
Maison neuve

Xerxes *Grec*
Nom du roi de Perse

Xever *Basque*
Maison neuve

Xidi *Basque*
Maison neuve

MASCULIN

Yachkour *Arabe*
Toujours remerciant

Yaqine *Arabe*
Certitude

Yacoub *Hébreu*
Jacob fils d'Isaac

Yaqoub *Hébreu*
Jacob fils d'Isaac

Yago *Hébreu*
Jacob fils d'Isaac

Yaqzane *Arabe*
Prudent

Yahia *Hébreu*
Jean-Baptiste « qu'il vive »

Yassar *Arabe*
Facilité, aisance

Yahya *Hébreu*
Jean-Baptiste « qu'il vive »

Yasser *Arabe*
Prospère, doux

Yaïch *Arabe*
Vivant

Yassine *Arabe*
Nom de la 36ᵉ sourate du coran

Yakoub *Hébreu*
Jacob fils d'Isaac

Yassir *Arabe*
Prospère

Yamine *Arabe*
Heureux, fortuné

Yazid *Arabe*
Il prospère

Yann *Hébreu*
Dieu est miséricordieux

Yf *Germanique*
L'if

Yannic *Hébreu*
Dieu est miséricordieux

Yft *Germanique*
L'if

Yannick *Hébreu*
Dieu est miséricordieux

Yorick *Grec*
Travailleur de la terre

Yannis *Hébreu*
Dieu est miséricordieux

York *Grec*
Travailleur de la terre

Youcef *Hébreu*
Joseph de l'hébreu : que Dieu ajoute

Youli *Latin*
Qui vient de Julier

Youmni *Arabe*
D'heureuse nature

Younes *Hébreu*
Jonas « intimité » (entre Dieu et l'homme)

Younous *Hébreu*
Jonas « intimité » (entre Dieu et l'homme)

Youri *Grec*
Travailleur de la terre

Yousri *Arabe*
De nature facile

Youssef *Hébreu*
Joseph de l'hébreu : « Que Dieu ajoute »

Youssouf *Hébreu*
Joseph de l'hébreu : « Que Dieu ajoute »

Yukio *Japonais*
Origine de la raison

Yvan *Hébreu*
Dieu est miséricordieux

Yve *Germanique*
L'if

Yven *Germanique*
L'if

Yves *Germanique*
L'if

Yvo *Germanique*
L'if

Yvon *Germanique*
L'if

Z

MASCULIN

Zacarias *Hébreu*
Dieu se souvient

Zacchaeus *Hébreu*
Dieu se souvient

Zachariah *Hébreu*
Dieu se souvient

Zacharias *Hébreu*
Dieu se souvient

Zachary *Hébreu*
Dieu se souvient

Zafir *Arabe*
Chanceux

Zahed *Arabe*
Qui est détaché de ce monde

Zaher *Arabe*
Florissant

Zahir *Arabe*
Florissant, épanoui, brillant

Zaïdane *Arabe*
Accroissement

Zaig *Germanique*
Illustre, bataille, combattant

Zaïm *Arabe*
Chef, prince

Zaïneddine *Arabe*
La parure de la religion

Zaïtoun *Arabe*
L'olivier

Zakaria *Hébreu*
Zacharie : Dieu se souvient

Zakariya *Hébreu*
Zacharie : Dieu se souvient

Zakhar *Hébreu*
Dieu pense à moi

Zaki *Arabe*
Pur, vertueux

Zakir *Arabe*
Qui invoque Dieu

Zaky *Arabe*
Pur, vertueux

Zander *Grec*
Repousser, défendre

Zdenko *Latin*
L'homme de Sidon

Zebadiah *Hébreu*
Le cadeau de Dieu

Zechariah *Hébreu*
Dieu se souvient

Zeid *Arabe*
Accroissement, abondance

Zéidane *Arabe*
Accroissement

Zéineddine *Arabe*
La parure de la religion

Zéitoun *Arabe*
L'olivier

Zeke *Hébreu*
Dieu donne la force

Zelindo *Germanique*
Bouclier heureux

ZemZem *Arabe*
Bruissement de l'eau

Zéna *Grec*
Don de Zeus

Zenas *Grec*
Don de Zeus

Zéné *Grec*
Don de Zeus

Zengo *Latin*
Le laurier

Zeno *Grec*
Don de Zeus

Zénobé *Grec*
Don de Zeus

Zénobin *Grec*
Don de Zeus

Zenobio *Grec*
Don de Zeus

Zénodore *Grec*
Don de Zeus

Zenon *Grec*
Don de Zeus

Zenone *Grec*
Don de Zeus

Zenovie *Grec*
Don de Zeus

Zenz *Latin*
Qui vainc

Zephaniah *Hébreu*
Protégé par Dieu

Zephyrin *Latin*
Zéphir

Zeus *Grec*
Dieu suprême du Panthéon Grec

Ziad *Arabe*
Abondance, accroissement

Zikrallah *Arabe*
Le souvenir de Dieu

Zikroullah *Arabe*
Le souvenir de Dieu

Zilal *Arabe*
Ombrage, protection

Ziskus *Latin*
Franc, homme libre

Zito *Vieil italien*
La jeune fille

Zitoun *Arabe*
L'olivier

Ziyad *Arabe*
Abondance, accroissement

Zjak *Hébreu*
Que Dieu favorise

Zlatko   *Slave*
Diminutif

Zoé   *Grec*
Vie

Zoello   *Grec*
Vie

Zoilo   *Grec*
Vie

Zölestin   *Latin*
Céleste

Zoubaïer   *Arabe*
Au corps robuste

Zoubaïr   *Arabe*
Au corps robuste

Zoubéir   *Arabe*
Au corps robuste

Zoubir   *Arabe*
Eclatant, brillant

Zouhad   *Arabe*
Dépouillement

Zouhéir   *Arabe*
Eclatant, brillant

Zoulkifl   *Arabe*
Celui qui a reçu double rétribution

Zounnoum   *Arabe*
L'homme au grand poisson

Zygmunt   *Germanique*
Victoire et fusilier

Zyprian   *Latin*
Originaire de l'île de Chypre

BIBLIOGRAPHIE

Diccionario de los nombres de persona, editorial De Vecchi, Jordi Bas I Vidal.

Le livre des prénoms arabes, association Vivre l'Islam, Younous et Néfissa Geoffroy.

Un prénom pour toujours, le livre de poche, P. Besnard, G. Desplanques.

La vraie vie des prénoms, guide Marabout, P. Corinte.

Grand choix de prénoms bretons, Coop Breizh, Gwennole Le Menn.

Choose your baby's name, Penguin Books, Rosalind Fergusson.

Dizionari dei nomi propri, Manuali sonzogno, Giuseppe Pittano.

Babies' names, Foulsham, Hilary Spence.

The New American Dictionary of Baby Names, A signet book, Leslie Dunkling, William Gosling.

Les prénoms tahitiens, les éditions du Pacifique, Pai-Arii Cadousteau.

L'officiel des prénoms d'Europe, guide Marabout, Philippe Raguin.

La Fleur des Saints, Albin Michel, Omer Englebert.

3 500 prénoms d'hier et d'aujourd'hui, Robert Laffont, Marie-Andrée Fournier.

REMERCIEMENTS

Nous tenons à remercier pour leur aide précieuse :

L'Ambassade d'Albanie à Paris,
Le Consulat d'Algérie à Nanterre,
L'Ambassade d'Allemagne à Paris,
Le Temple Saint Jean-Baptiste à Paris 8e pour l'Arménie,
L'Ambassade d'Autriche à Paris,
L'État Civil de Bruxelles pour la Belgique,
L'Ambassade de Bulgarie à Paris ainsi que M. Bonev,
L'Ambassade du Danemark à Paris,
L'Église Cœur Immaculé de Marie à Paris 16e,
L'Ambassade d'Espagne à Paris ainsi que Melle Alcantara,
L'Ambassade de Finlande à Paris,
L'Ambassade de Grande-Bretagne à Paris,
Le Temple Orthodoxe Saint Étienne à Paris 16e ainsi que
La librairie hellénique Desmos à Paris 14e, pour la Grèce,
L'Ambassade de Hongrie à Paris,
L'Ambassade d'Irlande à Paris,
L'Ambassade d'Islande à Paris,
L'Ambassade du Luxembourg à Paris,
L'Ambassade du Maroc à Paris,
L'Ambassade de Norvège à Paris,
L'ambassade de Pologne à Paris,

L'Ambassade du Portugal à Paris,
La Bibliothèque Portugaise, ainsi que l'Église Notre Dame de Fatimata
Marie médiatrice à Paris 19ᵉ,
L'Ambassade de Roumanie ainsi que le Temple Saint Archanges à Paris 5ᵉ,
L'Ambassade de Suède à Paris,
L'Ambassade de Suisse à Paris,
L'Ambassade de Tunisie à Paris,
Madame Arbutina à Paris pour la Russie,
Mesdames Camus à Paris pour la Yougoslavie,
Monsieur Zadam à Sousse pour le Maroc et la Tunisie,
Monsieur Benayoun pour ses traductions,
Monsieur Germinet pour sa prose…

Ainsi que tous les autres…

Vos notes personnelles

Vos notes personnelles

Vos notes personnelles

Au catalogue
Marabout

Enfants - grossesse

- **30 gâteaux rigolos**
  D. Brown - Petits plats
- **100 recettes pour booster l'intelligence de votre enfant**
  N. Graimes - Marabout Pratique
- **10 000 prénoms du monde entier**
  P. Raguin - Poche n° 3139
- **Adolescents, la crise nécessaire**
  S. Clerget - Poche n° 3189
- **Ados**
  A. Schapiro-Niel - Poche n° 3187
- **Ados, comment les motiver ?**
  V. Acker, C. Inzirillo, B. Lefebvre - Poche n° 3162
- **Ados, les bons plans**
  S. Turcaud - Marabout Pratique
- **Aimer sans tout permettre**
  Dr F. Dodson - Poche n° 3101
- **Alimentation santé : la femme enceinte**
  S. Bambridge et J. Copeland - Marabout Pratique
- **Après une césarienne**
  C. Gallagher-Mundy - Marabout Pratique
- **Au coeur des émotions de l'enfant**
  I. Filliozat - Poche n° 3171
- **Autorité, pourquoi, comment (L')**
  A. Bacus - Psy
- **Aux petits maux les bons remèdes**
  Dr G. Pacaud - Poche n° 3209
- **Bébé calme**
  C. Deacon - Poche n° 3204
- **Bébé dis-moi qui tu es**
  Dr P. Grandsenne - Poche n° 3160

- **Kilos ados**
  Dr A. Cocaul et M. Belouze - Marabout Pratique
- **Livre de bord de bébé (Le)**
  C. Pinson - Livre de bord
- **Livre de bord de la future maman (Le)**
  M.-C. Delahaye - Poche n° 2717
- **Livre de bord de votre enfant de 1 jour à 3 ans (Le)**
  A. Bacus - Livre de bord
- **Livre de bord de votre enfant de 3 ans à 6 ans (Le)**
  A. Bacus - Livre de bord
- **Livre de bord des prénoms (Le)**
  F. Le Bras - Livre de bord
- **Maman solo**
  K. Tavarès et G. Viala - Psy
- **Massages pour bébé**
  D. Belforti, S. Testas et K. Vyas - Santé
- **Maxi prénoms**
  F. Le Bras - Maxi
- **Même plus peur !**
  A. Bacus - Psy
- **Mon bébé comprend tout**
  Dr A. Solter - Poche n° 3156
- **Mon enfant a confiance en lui**
  A. Bacus - Poche n° 3192
- **Ne sois pas triste, mon enfant**
  Dr S. Clerget - Poche n° 3185
- **Nounou ou crèche que choisir ?**
  Dr S. Angel - Poche n° 3210
- **Où accoucher en France**
  V. Lamour - Poche n° 3208
- **Parents efficaces**
  Dr T. Gordon - Poche n° 3102
- **Parents efficaces au quotidien**
  Dr T. Gordon - Poche n° 3138

Psychologie

- **100 % Ados**
  Mc Graw - Marabout Pratique
- **150 tests d'intelligence**
  J. E. Klausnitzer - Poche n° 3529
- **80 tests de logique**
  J. E. Klausnitzer - Poche n ° 3530
- **Ados, les bons plans**
  S. Turcaud - Marabout Pratique
- **Amour, sexualité, travail... tous les tests
  pour faire les bons choix**
  G. d'Ambra - Poche n° 3685
- **Amour sans condition (L')**
  L. I. Hay - Poche n° 3662
- **Analyse transactionnelle (L')**
  R. de Lassus - Poche n° 3516
- **Apprivoiser le deuil**
  M. Ireland - Poche n° 3677
- **Be happy**
  D. Koffman - Poche n° 3697
- **Bonne mère, mauvaise mère**
  L. Bonara-Ades - Actualité
- **Ce que veulent les hommes**
  Gertsmam, Pizzo, Seldes - Poche n° 3672
- **Ces amours qui nous font mal**
  P. Delahaie - Actualité
- **Ces gens qui vous empoisonnent l'existence**
  L. Glas - Poche n° 3597
- **Cette famille qui vit en nous**
  C. Rialland - Poche n° 3636

IMPRIMÉ EN ESPAGNE PAR LIBERDÚPLEX (Barcelone)

pour le compte des
Nouvelles Éditions Marabout
D.L. n° 79188 - décembre 2006
ISBN : 978-2-501-05249-8
40.9027.0/01